BASTEI
LÜBBE

MICHAEL FREEDLAND

Shirley MacLaine

Aus dem Amerikanischen übersetzt
von Julia Edenhofer

BASTEI
LÜBBE

BASTEI-LÜBBE-TASCHENBUCH
Band 61 169

Deutsche Erstveröffentlichung

Printed in West Germany, Januar 1990
Einbandgestaltung: Roberto Patelli
Titelfoto: Archivfoto
Satz: Kremer-Druck-Hartegasse GmbH, Lindlar
Druck und Bindung: Ebner Ulm
ISBN 3-404-61169-1

Der Preis dieses Bandes versteht sich einschließlich
der gesetzlichen Mehrwertsteuer

Für meine Mutter,
in Liebe und Dankbarkeit

Danksagungen

Es wäre schön gewesen, wenn ich mich in erster Linie bei Shirley MacLaine hätte bedanken können. Aber ihr Agent sagte mir klipp und klar, daß es für eine Frau, die mit jedem ihrer eigenen Bücher neunhunderttausend Dollar verdient, nicht sonderlich interessant sei, als Co-Autor mit einem anderen Schriftsteller zusammenzuarbeiten, der ihr Leben beschreiben möchte.

Shirley MacLaine hat viel über sich selbst geschrieben, und man fragt sich trotzdem, ob damit wirklich alles über sie gesagt worden ist. Ich hatte das Gefühl, daß das nicht der Fall war. Der Blick aus der Entfernung unterscheidet sich immer von dem direkten Blick in den Spiegel. Aus der Entfernung werden auch andere Menschen zu Wort kommen, die Shirley MacLaine kennen.

Viele der Personen, mit denen ich gesprochen habe, wollen anonym bleiben. Die Gründe dafür akzeptiere ich. Andere, die sich im Verlauf der Nachforschungen nicht nur zu diesem Thema geäußert haben, nenne ich mit Namen. Einige widmeten mir viel Zeit, nur um über dieses Projekt zu sprechen. Ihnen allen gilt mein herzlicher Dank – und dazu gehören:

Ray Anthony, Louis Benjamin, Joey Bishop, der verstorbene Maurice Chevalier, Jack Cummings, Ivor

Davis, George ›Bullets‹ Durgom, der verstorbene Eddie Foy jr., John Green, der verstorbene Laurence Harvey, Wilfrid Hyde White, Martha Hayer, Perry King, der verstorbene Peter Lawford, Jack Lemmon, Dean Martin, Fred MacMurray, Mr. und Mrs. Vincente Minnelli, Ron Moody, Richard Quire, David Rose, Hal Wallis, Tony Wells und Billy Wilder. Natürlich möchte ich auch all denjenigen, die mir Informationen geliefert haben und nicht genannt werden möchten, danken.

Zu tiefstem Dank verpflichtet bin ich den Bibliothekaren der Academy of Motion Picture Arts and Sciences in Beverly Hills, dem British Film Institute und der British Library.

1. Kapitel

Es war im Wilshire Theater in Los Angeles, einem dieser Gebäude, die den Eindruck erwecken, als hätten sie schon bessere Tage gesehen. Diese Nacht gehörte bestimmt zu den besseren Nächten.

Die Theater in Amerika sind groß, sie sind wesentlich größer als irgendwo sonst. Dieses Haus ist riesig – und es war bis auf den letzten Platz ausverkauft. Ich saß auf der Galerie, und zwar in der letzten Reihe, es war der einzige noch erhältliche Platz gewesen. Als ich auf das blickte, was ich mit viel Wohlwollen für die Bühne hielt – sie war so weit entfernt, daß man mir genausogut hätte einreden können, daß es ein Briefkasten sei, und ich hätte es geglaubt – erschien es mir fast besser, ich hätte die zwanzig Dollar, die ich ausgegeben hatte, für eine Dauerkarte im Flohzirkus verwendet. Da wären die Akteure wenigstens echte Flöhe gewesen. Das, was ich auf dieser Bühne erkennen konnte, sah nur so aus, als ob es Flöhe wären. Nur mit viel Phantasie konnte ich mir einreden, daß sich dort Menschen tummelten.

Und dann stimmten diese Flöhe die Melodie von ›If They Could See Me Now‹ an – und ich konnte sie tatsächlich sehen. Die Frau, die jetzt auf die Vorbühne trat, war keineswegs ein Floh. Sie trug ein hautenges schwarzes Trikot, das Kurven hervorhob, wo Flöhe garantiert keine Kurven haben. Auf ihrem Gesicht lag ein Lächeln, und ich schwöre, daß ich selbst dort oben, sozusagen Meilen entfernt, dieses Lächeln erkennen konnte. In ihren Augen lag ein Glitzern, und ich versichere Ihnen, daß ich dieses Glitzern im Rampenlicht schimmern sah.

Wenn an ihrem Trikot eine Naht verrutscht gewesen wäre, hätte ich das auch bemerkt. Das war Shirley MacLaine *In Concert* – fünfzig Jahre alt, und sie sah immer noch so aus, als hätte sie gerade ihre erste Liebesaffäre angeknüpft. Wenn sie älter wirkte als eine Oberschülerin, dann konnte ich auf diese Entfernung keine Anzeichen davon feststellen.

Und was die Liebe betrifft, bin ich davon überzeugt, daß sie sich tatsächlich so fühlte, als hätte sie sich frisch verliebt. Ein Entertainer gibt nicht alles, so wie es Shirley MacLaine – Schauspielerin, Künstlerin und Schriftstellerin – an diesem Abend im Jahre 1984 tat, wenn er nur einfach einen Job erledigt. Diese Ausstrahlung ist genau das, was Männer von Jungen unterscheidet und Shirley MacLaine von anderen Frauen.

Andere Künstler hätten von meinem Sitzplatz in schwindelnder Höhe aus mit Sicherheit weiterhin wie Flöhe ausgesehen, aber nicht Shirley MacLaine. Sie machte die Zuschauer glauben, daß sie ihr Gesicht auch vom entferntesten Platz aus erkannt hätten, selbst wenn sie nicht so stark geschminkt gewesen wäre oder wenn ihr Name nicht auf dem Programmheft gestanden hätte.

Sie trat in diesem Theater auf, nachdem sie am Broadway mit einem Stück großen Erfolg gehabt hatte. Ein paar Monate zuvor hatte ihr neuester Film *Zeit der Zärtlichkeit* fünf Oscars bekommen. Das allein war schon bemerkenswert. Andere hatten geschrieben, daß ihnen Shirley MacLaine nur als Schauspielerin bekannt sei – als ernsthafte Darstellerin oder als Schauspielerin, die in ihren Filmen so viele zwielichtige Mädchen dargestellt hatte, daß sie behauptete, die Studios hätten ihr nie einen Scheck zugeschickt, sondern das Geld einfach am Morgen auf den Schminktisch gelegt.

Was hatte sie also an diesem Abend vor? Würde sie ein bißchen tanzen? Das hatte sie auch schon in ihren Filmen getan. Oder singen? Gesungen hat sie schon ziemlich gut in *Sweet Charity*. Geschichten erzählen? Von einer Schauspielerin wie Shirley, die bereits drei sehr erfolgreiche Bücher unter ihrem Namen veröffentlicht hatte, konnte man sehr wohl erwarten, daß sie genauso problemlos Geschichten erzählen konnte, wie sie imstande war, einen Wasserhahn aufzudrehen.

Ich staunte, als sie begann, sowohl zu tanzen und zu singen als auch Geschichten zu erzählen. Ihre Darbietung, insgesamt gesehen, war viel besser als es einzelne Passagen gewesen wären. Das gehört irgendwie zu ihrem Stil.

Obwohl sie schon so lange im Rampenlicht steht – Shirley MacLaines Karriere hat früh begonnen, und sie ist immer noch sehr populär – ist sie immer ein Rätsel geblieben. Sie hat zwar viel über sich selbst geschrieben, aber ihre Schilderungen bezogen sich nur auf einzelne Abschnitte ihres Lebens – ihr genauer Werdegang und die Auslöser für ihren Aufstieg sind bis jetzt noch nicht bekannt. Deshalb wäre es ganz hilfreich, das Leben des Mädchens, das vor über einem halben Jahrhundert als Shirley Maclean Beaty geboren wurde, etwas genauer zu erforschen und die Geschichten, die im Grunde jeder von ihr kennt, aus einem anderen Blickwinkel zu beleuchten. Dazu sollten auch Menschen aus ihrer näheren Umgebung zu Wort kommen.

Manchmal erscheinen uns Stars wie Shirley MacLaine, die zeit ihres Lebens auf Podeste erhoben wurden, gar nicht mehr richtig menschlich. Sie werden zu Göttern, wenn sie einmal den Olymp erreicht haben, und niemand kann glauben, daß auch sie menschliche Schwächen haben.

Diesen Eindruck aufrechtzuerhalten, bringt den Göttern nicht viel ein. Shirley MacLaine ist ein Mensch geblieben. Einige Dinge, die sie getan hat, wirken auf den Beobachter nicht gerade sympathisch. Aber auch über solche Episoden – ebenso wie über die guten Taten – wird hier berichtet.

Diejenigen, die Shirley MacLaine kennen, werden nicht überrascht sein, obwohl sie selbst den Eindruck erweckt, daß sie eigentlich nichts anderes will, als ihre Mitmenschen ständig in Erstaunen zu versetzen. Warum sonst hätte sie das Lied ›If They Could See Me Now‹ als sentimentalen Erkennungssong gewählt?

Shirley MacLean Beaty wurde in Virginia geboren, und das sagt eine Menge über ihre Mentalität aus. Die Menschen in Virginia sind überzeugt, daß sie zu den besseren dieser Welt gehören und sind trotzdem nicht unbedingt überheblich.

Shirleys Mutter, Mrs. Kathlyn Maclean Beaty, bemühte sich so sehr, das Haus in Richmond in Ordnung zu halten, daß es fast schon an Besessenheit grenzte; die blumenverzierte Einrichtung wirkte immer wie geleckt. Und bei den Mahlzeiten, die sie selbst zubereitete, richtete sie sich immer ganz präzise nach den Rezepten und Zutatenmengen.

Früher einmal hatte sie ein bißchen gemalt und manchmal Theater gespielt. Shirley behauptete immer, daß Kathlyn ihre eigenen Ambitionen nicht ausleben konnte, weil sie verheiratet war – und deshalb hätte sie ihre Tochter nie zu einer Ehe gedrängt.

Ira, Kathlyns Ehemann, lebte in seiner eigenen Welt von virginianischer Wohlanständigkeit, die er bis ins hohe Alter aufrechterhielt. Das bedeutete jedoch nicht, daß seine Vorstellung von einem Südstaaten-Gentleman unbedingt den allgemeinen Konventionen entsprach, aber er verabscheute Freizügigkeiten, und das sagte er seiner Tochter auch, als sie wieder einmal einen gewaltigen Kassenerfolg zu verzeichnen hatte. Was ihm besonders mißfiel, war die Tatsache, daß sie ihre ›Titten‹ zeigte.

Shirley hing nicht sehr an ihm oder an dem Haus, in dem ihre Familie die ersten Jahre nach ihrer Geburt, am 24. April 1934, verbrachte.

»Meine Eltern haben ihre kreativen Möglichkeiten nie ausgeschöpft«, erzählte sie dem *Time* Magazin kurz nach ihrem fünfzigsten Geburtstag. Ihre Eltern waren damals beide einundachtzig Jahre, also in einem Alter, in dem sie erwarten konnten, ihre Tage ohne Kritik von seiten ihrer Tochter genießen zu können.

»Ich wuchs in einer Atmosphäre von Furcht auf und wurde oft enttäuscht.«

Wie so viele andere berühmte Menschen, hat sie das Gefühl, von ihren Eltern nie wirklich verstanden worden zu sein. Als sie volljährig wurde, kritisierte sie ihre Eltern auf eine Art und Weise, die manche Menschen als sehr undankbar bezeichnen würden.

Und weder Vater noch Mutter, die trotz aller Meinungsverschiedenheiten ihre erfolgreiche Tochter bewunderten, wehrten sich gegen die Vorwürfe.

Aber in Shirleys Kindheit hatte Ira das Sagen. Es gefiel ihm nicht, daß die Nachbarn über Kathlyn klatschten, wenn sie im Garten mit Shorts und einem riesigen Sonnenhut herumlief. Shirley schrieb später, daß ihre Mutter damit wie ein wandelnder Sonnenschirm ausgesehen hat.

Kurz vor ihrem dritten Geburtstag kam Shirleys Bruder Warren auf die Welt. Es hatte den Anschein, daß sich die beiden Kinder dem Wunsch ihrer Eltern entsprechend zu wohlanständigen, konservativen Menschen entwickeln würden.

Shirley behauptete, daß sie zu Warren nie eine enge Beziehung hatte – die Geschwister verband nur das gemeinsame Bestreben, sich über die Mittelmäßigkeit zu erheben.

Shirley hat nie versucht, ihre Kindheit zu beschönigen oder ein Geheimnis aus den Schwächen der Familienmitglieder zu machen. Mr. Beaty trank – und, wie so viele weiße Männer in Virginia war er von dem Gedanken, mit einem Schwarzen an einem Tisch zu sitzen, nicht gerade begeistert.

Andererseits meinte Warren, daß seine Eltern ziemlich liberal gewesen seien – und daß sie sogar seine Schwester in ihren frühen feministischen Aktionen ermutigt hätten. Falls Warrens Erinnerungen ein wenig undeutlich sein sollten und tatsächlich Shirley das bessere Gedächtnis hat, könnte man die MacLaine'sche Begeisterung für den linken politischen Flügel als Auflehnung gegen Familientraditionen bezeichnen.

Sowohl Shirley als auch Warren gaben zu, daß sie

so oft wie möglich dem Familienleben zu entkommen versuchten – und in ihrer Jugend gelang es ihnen häufig, ins Kino zu fliehen. In der besonderen Atmosphäre eines dunklen Vorführraums nahmen ihre eigenen Ambitionen langsam Formen an.

Sie verstanden die Ansichten ihrer Eltern genauso wenig, wie ihre Eltern ihre Wünsche und Träume verstanden. Vielleicht nahmen die Beaty-Eltern deshalb so eine starre Haltung ein, weil beide von Berufs wegen Pädagogen waren. Im Virginia der zwanziger und dreißiger Jahre waren die Erziehungsmaßstäbe ziemlich streng und ließen wenig Raum für Phantasie oder Wunschträume. Kathlyn, die nicht nur Gelegenheitsschauspielerin, sondern eben auch Lehrerin gewesen war, hatte – genauso wie Ira, Direktor der Richmond High School, das Ziel, aus ihren Kindern beständige und anständige Menschen zu machen.

Es war jedoch keineswegs so, daß sich Kathlyn und Ira keine Vergnügungen oder Hobbies gegönnt hätten. Kathlyn, deren Mutter angehenden Schauspielern Sprechunterricht gegeben hatte, führte mit Begeisterung Regie bei Laienaufführungen, und Ira war davon überzeugt, ziemlich virtuos Geige spielen zu können. Er hatte außerdem ein Talent dafür, Geschichten zu erzählen, die viel Aufmerksamkeit erforderten – vor allen anderen mußte Kathlyn sich darauf konzentrieren. Die beiden zusammen zu beobachten, so pflegte Shirley zu sagen, war wie eine Szene aus dem Varieté.

Aber auch von Varieté-Künstlern weiß man, daß sie hinter der Bühne sehr barsch sein können, und der junge Warren litt genauso wie Shirley unter den Launen des Vaters. Wie alle anderen Jungen spielte

Warren gern mit Spielzeugautos, die gewöhnlich – wie es bei Kindern nun mal üblich ist – überall verstreut herumlagen. Ira Beaty schimpfte ständig über das Chaos – und eines Tages tat er so, als wäre er über die Autos gestolpert und hingefallen. Warren spielte niemals mehr mit den Autos. Später verbrachte er den größten Teil seiner Zeit damit, die Stücke von Eugene O'Neill auswendig zu lernen und Pantomimen zu den Platten von Al Jolson zu erfinden. In den späten vierziger Jahren wollte jeder Junge Larry Parks spielen, die Hauptfigur in der *Al Jolson Story*. Der junge Mr. Beaty konnte das offensichtlich genauso gut wie jeder andere, aber seine Eltern schenkten seinen Bemühungen keinerlei Beachtung.

Shirley hatte Schwierigkeiten, ihren eigenen Weg zu gehen, und die Beaty-Eltern waren bestimmt sehr enttäuscht, daß ihre Tochter sich ganz anders entwickelte, als sie es sich erhofft hatten.

Der Zeitschrift *Look* erzählte Shirley 1959, als sie den Gipfel des Ruhms erreicht zu haben schien, daß ihre Eltern und sie nicht den gleichen Sinn für Humor und Spaß hatten.

Warren hat Shirley als »ziemlich sportlich« beschrieben. Sie spielte im Alter von vierzehn Jahren in der Schule im Baseball-Team als linke Feldspielerin. Alle anderen Spieler waren Jungen, aber Shirley konnte sich durchsetzen und gab schon damals ein eindrucksvolles Beispiel von Emanzipation.

Shirley erzählte *Look*, daß sie einfach nur ein »Wildfang« gewesen wäre, und zwar einer, der Puppen und all die anderen Sachen verabscheute, mit denen wohlerzogene kleine Virginia-Mädchen sich gern umgaben.

Diese Charakterisierung stimmt offensichtlich nicht ganz, denn Shirley erinnert sich gern daran, daß sie als Sechsjährige durchaus wie ein ganz normales Mädchen reagierte. Sie trug an einem schönen Sommertag ein buntgemustertes Kleid aus dünnem Stoff und saß auf einer Schaukel. Als sie hoch in die Luft flog, schlug der Rock über ihrem Kopf zusammen, und sie sah die Welt durch ein buntes Farbengemisch, als könnte sie plötzlich alles durch eine durchsichtige Malerpalette betrachten. Sie sah einen Schmetterling und fühlte sich eins mit ihm – bis der Schmetterling wegflog und mit ihm auch die Illusion. Es war eine glückliche Zeit, die nur ein empfindsames Mädchen so erleben konnte.

Das einzige, was sie daran zweifeln ließ, ein echter Wildfang zu sein, war die Tatsache, »daß es weh tat, wenn man in die Brüste geboxt wird«.

Sie behauptete auch immer wieder, daß sie für Warren mehr ein großer Bruder als eine ältere Schwester gewesen sei. Mr. Beaty weist das weit von sich.

Wie dem auch sei, Miss MacLaine besteht darauf, daß sie nicht zögerte, Prügel auszuteilen, wenn sich der kleine Bruder in Schwierigkeiten befand. Der liebste Zeitvertreib der Geschwister war, den Inhalt von Mülltonnen in die Vorgärten ihrer Nachbarn zu kippen.

Wenn Shirley tatsächlich ein Wildfang gewesen war, dann einer, der Ballettänzerin werden wollte. Dieses Ansinnen war angesichts der Tatsache, daß ein Arzt ihr viel zu schwache Fußgelenke bescheinigt hatte, ziemlich utopisch. Aber Mrs. Kathlyn Beaty war fest entschlossen, aus ihrer Tochter eine Ballerina zu machen.

»Ich hatte sozusagen keinen richtigen Halt mit meinen Knöcheln«, erzählte Shirley, als sie so berühmt geworden war, wie es sich ihre Mutter damals niemals hätte träumen lassen. »Ich watschelte wie eine Ente«. Kathlyn war der Meinung, daß diese Schwäche am besten mit Ballettunterricht bekämpft werden könnte.

Shirley war drei Jahre alt, als sie zum erstenmal eine Halle betrat, in der fünfundzwanzig andere Kinder eine jener Ballettstunden hatten, die für sie bald genauso wichtig wurden wie ein Eis an einem heißen Nachmittag.

»Ich liebte das Ballett«, sagt Shirley – und es zeigte sich schon sehr früh, daß Kathlyn recht behalten hatte. Tatsächlich war diese Art von Körperertüchtigung nützlicher als jede Beinstütze oder orthopädische Übungen. Und Mrs. Beaty versuchte ihre Tochter für die Ballettstunden zu begeistern. Natürlich konnte sie damals noch nicht ahnen, wieviel Shirley der Tanz später bedeuten würde. Shirley liebte es, sich nach Musik zu bewegen. Aber noch glücklicher war sie, wenn sie vor einem Publikum, das sie sehr bald in ihren Bann zog, auftreten durfte. Schon als Vierjährige wurde sie zu einer kleinen Ballerina.

Shirley selbst sagte über diese Zeit: »Ich lag schon damals meiner Mutter ständig damit in den Ohren, daß ich ein Tanzgirl werden wollte.«

Ihr erster großer Auftritt vor einem Publikum fand 1938 im Mosque Theater in Richmond statt. Aber schon am Anfang verhedderte sich die Vierjährige im Saum des Vorhanges, und so fiel die kleine Shirley mit einem gewaltigen Plumps auf die Bühne. Das Publikum war begeistert. Als Shirley das Gelächter hörte, suchte sie für den Rest der Show nach Vorwänden, um immer wieder hinzufallen.

»Ich hätte schon damals so klug sein und das Ballet für die Schauspielerei aufgeben sollen.« Mehr als zwanzig Jahre später sollte sie dann sagen, daß sie ein sehr einsames Kind gewesen sein mußte, denn sie glaubte damals, das Publikum sei ihr einziger Freund.

Ihre Begeisterung für das Tanzen war durch nichts zu dämpfen. Selbst als ihre Schwierigkeiten mit den Knöcheln so gut wie ausgestanden waren – der rechte wurde allerdings nie so kräftig, wie alle erhofft hatten –, blieb sie beim Ballett.

Mit elf Jahren wechselte Shirley die Schule – zur selben Zeit zog die Familie um. Die Beatys übersiedelten von Richmond nach Arlington, das wegen seines berühmten Soldatenfriedhofs, in dem die beiden ermordeten Kennedy-Brüder ihre letzte Ruhestätte gefunden haben, bekannt geworden ist. Von Arlington aus kann man zu Fuß über die Brücken des Potomac-Flusses das Capitol in Washington, D.C., erreichen.

In Washington besuchte Shirley natürlich auch eine Tanzschule. Sie wurde von Miss Lisa Gardiner geleitet, die früher einmal mit der Pawlowa getanzt hatte. Einer anderen Lehrerin namens Julia Mildred Harper, so behauptete Shirley, »verdanke ich, daß ich nicht wie die meisten Tänzerinnen extrem muskulöse Beine habe«. Das war natürlich für ein junges Mädchen, das vierzig Jahre später in Netzstrümpfen umwerfend aussehen sollte, sehr wichtig.

Zu dieser Zeit sagte noch niemand der gertenschlanken Shirley, daß sie zu groß war, um Ballerina werden zu können. Und niemand in Lisa Gardiners

Tanzschule nahm Shirleys Ehrgeiz wirklich ernst. Aber das Tanzen wurde für Shirley zur Besessenheit.

Natürlich gab es Schwierigkeiten, die Liebe zum Ballett mit den normalen Schulstunden und den Hausaufgaben zu koordinieren. Denn jeden Morgen mußte Shirley um sechs Uhr aufstehen, um den Sieben-Uhr-Bus zu erreichen, damit sie rechtzeitig um acht in die Schule kam. Gewöhnlich endete der Unterricht um zwölf, und Shirley hatte gerade genug Zeit, um einen kleinen Imbiß zu sich zu nehmen. Dann hetzte sie schon wieder zu dem Institut, in dem sie zum Cheer-Leader ausgebildet wurde – ein sehr hübscher Cheer-Leader, dem niemand ansah, daß er lieber einen Helm und gepolsterte Schulterteile tragen und mit dem Ball zur Ziellinie rennen würde. Die Unterweisungen dauerten bis vier Uhr. Danach mußte sie sich beeilen, um rechtzeitig zum Tanzunterricht zu kommen.

Wenn Miss Gardiner Aufführungen organisierte – Shirley schrieb in einem ihrer Bücher, daß Miss Gardiner und ihre jüngere Partnerin Mary Day die vielleicht beste Amateurgruppe von ganz Amerika leitete, die sogar manchmal zusammen mit dem Nationalen Symphony-Orchester auftrat –, wollte Shirley natürlich auch mit dabei sein.

Jeder, der Zweifel an Shirleys Engagement für das Showbusiness hegte, brauchte sich nur einen Tanzabend, der von Miss Gardiners Institut arrangiert wurde, anzusehen.

Shirley tanzte gerade *Malaguena*, als sie spürte, daß der Knopf, der ihren Petticoat festhielt, weggeplatzt war – sie hatte das Geräusch ganz deutlich gehört, war sich aber nicht sicher, ob das Publikum etwas bemerkt hatte. Also tanzte sie weiter – natürlich hatte das Folgen. Sie tanzte schneller und wirbelte temperamentvoll herum, und der Petticoat rutschte immer tiefer. Die Zuschauer, die sich nur für ihre eigenen Kinder interessierten und eigentlich alles andere langweilig fanden, wurden plötzlich wach. Statt zu gähnen lachten sie. Das hätte vielleicht andere Kinder so sehr entmutigt, daß sie tränenüberströmt von der Bühne gelaufen wären – aber nicht Shirley. Sie warf die Kastagnetten weg, mit denen sie bei ihrem Tanz geklappert hatte, raffte den Petticoat und wickelte ihn sich wie den Umhang eines Matadors um den Körper. Diese Episode zeigte, daß sie die einstudierten Posen nicht nur mechanisch darbot, sondern sich auch etwas dabei dachte und eine Show improvisieren konnte.

Im Alter von zwölf Jahren war Shirley schon einen Meter siebzig groß und, wie alle befürchtet hatten, war sie für eine Ballerina einfach zu hoch aufgeschossen. Wenn sie auf Spitzen tanzte, war sie sogar noch volle zwölf Zentimeter größer. Trotzdem fanden die Leute, daß Shirley Beaty auch beim Tanzen reizend aussah. Natürlich wußte sie das auch und war fest entschlossen, bei allen Shows, die das Institut veranstaltete, mitzutanzen.

Ira war nicht ganz so begeistert wie seine Tochter – aber er war auch nicht mehr so konservativ wie früher. Eine Zeitlang leitete er in Arlington sogar eine eigene Musikkapelle, und das Schulleben schien ihn sogar anzuwidern. Er beschloß, ins Immobiliengeschäft einzusteigen. Dieser Job schien mit Sicherheit bessere finanzielle Aussichten zu bieten. Sogar Shirley gefiel die Idee. Etwa zu dieser Zeit begleitete ihn Shirley einmal zu einem Verkaufsgespräch. Sie saßen zusammen im Wagen vor einem Haus und warteten auf die Interessenten. Ira rauchte eine dicke Zigarre und langweilte sich. Um sich selbst die Wartezeit etwas zu verkürzen, entschloß er sich, Shirley im Wagen zu lassen und eine Tasse Kaffee trinken zu gehen.

Shirley, der Teenager, war fest davon überzeugt, daß man alles im Leben einmal ausprobieren mußte, und griff nach der Zigarre, die der Vater zurückgelassen hatte, und paffte sie. Als sie dann sah, daß eine Familie vor dem Haus anhielt, das Ira zu vermakeln versuchte, beschloß sie, die Herausforderung anzunehmen. Das Dumme war nur, daß sie sich schier die Lunge aus dem Hals hustete und keuchte, als sie die potentiellen Käufer als persönliche Assistentin des Verkaufsagenten begrüßte. Inzwischen hatte ihr Gesicht die Farbe von grünem Salat angenommen.

Das war zwar keine so großartige Vorstellung, wie im Mosque Theater über den Vorhang zu stolpern, aber die Wirkung war auch nicht zu verachten. Ob die Leute, die das Haus in Arlington besichtigen wollten, Mitleid mit dem kranken Kind hatten, das seinem armen Vater half, den kärglichen Lebensunterhalt zu verdienen, wird man nie erfahren. Aber zwei Tage nachdem sie mit Shirleys Verkaufstalent Bekanntschaft gemacht hatten, hatten sie den Vertrag unterschrieben und das Haus erworben. Zehn Jahre später erzählte Shirley, daß sie immer noch auf ihre Provision warten würde – ihr Vater hatte ihr, bevor er den Wagen verlassen hatte, zehn Prozent von seinem Gewinn versprochen, falls die Käufer erscheinen und Shirley es schaffen würde, das Projekt an den Mann zu bringen.

Ira davon zu überzeugen, daß sie genügend Talent hatte, um die Cinderella zu tanzen, war sehr viel schwieriger. Er hielt sie für nicht gut genug und sagte ihr das auch ganz offen und ohne Umschweife.

Man muß Shirley MacLaine nicht auf die Couch eines Analytikers legen, um herauszufinden, daß sie nicht in erster Linie dem Publikum, sondern vor allem ihrem Vater zeigen wollte, wie erfolgreich sie sein konnte. Schon vorher hatte er die Nase gerümpft, als sie bei einem Schulkonzert den Song »I Can't Say No« aus dem Musical *Oklahoma* singen wollte. Und jetzt sagte er ihr klipp und klar, daß er sie für zu unbegabt einstufte, um die Hauptrolle in der Weihnachtsaufführung von *Cinderella* zu übernehmen.

Sie war darüber so wütend, erzählte Shirley, daß ihr übel wurde. Aber Ira schien recht zu behalten. Die Tanzlehrerin sagte, daß Shirley für eine Cinderella zu groß sei. Aber Shirley bekam dennoch die Gelegenheit, ihr Können unter Beweis zu stellen. Sie bekam die Rolle der Fee und tanzte sie auf Zehenspitzen, obwohl ihr Knöchel gebrochen war. Es ist tatsächlich wahr, die sechzehnjährige Shirley Maclean Beaty tanzte im Spitzenballett die Rolle der Fee mit einem gebrochenen Knöchel. Sie hatte den stechenden Schmerz in ihrem ohnehin schwachen rechten Knöchel schon während der letzten Probe verspürt – aber kurz darauf hob sich schon der Vorhang.

Sie faßte sich ein Herz und schaute sich den Knöchel genauer an. Er war stark angeschwollen. Mit den Bändern ihrer Ballettschuhe schnürte sie ihn ganz fest ein. Den Schmerz ignorierte sie und tanzte. Das Publikum schien von ihrer Verletzung nichts zu merken. Shirley sagte später, daß es ihr gelungen war, den Schmerz zu verdrängen.

Nach der Aufführung wurde sie vom Krankenwagen ins Hospital gebracht und konnte vier Monate lang nicht laufen. Offensichtlich ist das Tanzen der Fee nicht als Heilmittel für gebrochene Knöchel in die Geschichte der Medizin eingegangen.

Diese Verbissenheit war verrückt, dumm und gefährlich. Aber die Episode schaffte auch Klarheit. Kathlyn verstand jetzt, warum ihre Tochter nach New York gehen und einen Job im *wirklichen* Showbusiness finden wollte. Aber sie war sich auch darüber im klaren, daß Ira schwer zu überreden war, seine Einwilligung dazu zu geben.

Shirley war immer noch Schülerin an der Washington and Lee High School in Arlington, aber die Sommerferien waren lang. Shirley wollte sie nutzen, um in Amerikas größter Stadt in einer Show mitzuwirken. Wenn sie nichts fand oder wenn es sich erweisen sollte, daß sie nicht talentiert genug war, so schwor sich die angehende Feministin namens Shirley Beaty, wollte sie Physikerin werden. Sie hatte in der Schule Physik als Hauptfach und schien darin gut genug zu sein, um es zu ihrem Beruf zu machen. Außerdem war das Atomzeitalter angebrochen, Shirley war überzeugt, daß Physiker gute Zukunftaussichten hatten. Aber trotzdem gefiel ihr diese Idee nicht besonders, und sie wollte nach wie vor im Showbusiness Karriere machen. Ihr Vater, der inzwischen mit ihrem Plan einverstanden war, bot ihr fünfundzwanzig Dollar Taschengeld wöchentlich, damit sie nicht völlig mittellos in New York war. Shirley hatte nicht unbedingt großes Glück bei ihrer Jobsuche – sie konnte nur gelegentlich bei einigen Shows einspringen. Eine dieser Shows tingelte mit einer Version von *Oklahoma* durch die Vororte von New York.

Shirley durfte nicht »I Can't Say No« singen. Aber

wenn Sie damals im Publikum saßen, dann erinnern Sie sich vielleicht an das Tanzgirl in der Mitte der Truppe. Wenn Sie sich tatsächlich an sie erinnern, waren Sie aufmerksamer als der Direktor der Show. Er beschränkte sich darauf, zu Shirley immer nur »Hey, du mit den langen Beinen« zu sagen.

Aber es gab einige Menschen, die diese Show während ihrer Tournee im Sommer 1950 sehr aufmerksam verfolgten. Unter ihnen war das Autorenteam Rodgers und Hammerstein, die nach Talenten Ausschau hielten. Sie wollten neue, unverbrauchte Akteure für die Londoner Produktion anheuern, um mehr Elan in die Besetzung zu bringen, die schon seit ewigen Zeiten das Stück in der Drury Lane spielte und ein Gastspiel in Deutschland geben sollte.

Würde das Mädchen mit den langen Beinen mit nach Deutschland kommen?

Das Mädchen mit den langen Beinen sagte ja, das würde sie gern tun. Aber der Vater des Mädchens verbot es. Wieder einmal lag Shirley mit Ira auf Kollisionskurs, und wie schon so oft behielt Mr. Beaty die Oberhand. Er bestand darauf, daß Shirley zu Hause bleiben und die Schule beenden sollte.

Im Grunde genommen kämpfte Shirley nicht allzu hartnäckig um diese Chance. »Mir muß wohl klargeworden sein, daß ich noch viel Gelegenheit erhalten würde, ins Showbiz zu kommen, aber daß ich nur eine einzige Chance hatte, mein High School-Diplom zu machen.«

Es war merkwürdig – als Shirley nachgab, wurden auch ihre Eltern flexibler.

Shirley sagte: »Dad und Mutter überließen mir eigentlich die Entscheidung, aber ich wußte, wie sie über diese Sache dachten, denn sie waren beide aufs

College gegangen, und mein Dad war Lehrer gewesen.«

Nach dem Schulabschluß packte Shirley sofort ihre Koffer und fuhr wieder nach Manhattan – sowohl um ihrem Vater als auch um sich selbst zu beweisen, daß sie es schaffen konnte.

Sie wußte schon von ihrem letzten Aufenthalt her, daß New York ganz anders als Virginia war. In New York lag immer ein Prickeln in der Luft. Natürlich war die junge Tänzerin mit den schwachen Knöcheln klug genug, um zu wissen, daß auf den schmutzigen Straßen der Stadt keineswegs Gold lag.

Ira bot Shirley an, ihren Lebensunterhalt zu finanzieren, aber Shirley zeigte sich so unabhängig, wie sie immer schon hatte sein wollen, und lehnte das Angebot freundlich ab.

Zuerst wohnte sie im Ferguson Club für Mädchen – mußte aber bald wieder ausziehen, weil sie mit der Hausregel, die besagte, daß die Bewohner jeden Abend um halb zwölf zu Hause sein mußten, nicht klarkam. Zu allem Übel hatte man auch noch bemerkt, daß die junge Lady Fußgänger vom Fenster aus mit der Wasserpistole naßspritzte. Shirley mußte also eine Unterkunft finden, in der die Regeln nicht so streng waren.

Sie zog mit anderen Mädchen in eine Wohnung. Alle hofften auf ein besseres Leben – einige von ihnen verdienten sich ihren Lebensunterhalt mit dem ältesten Gewerbe der Welt. Ihre ständigen Besucher waren Ungeziefer und Ratten – und sie hatten nicht viel zu essen.

Wenn Shirley es sich leisten konnte, zum Essen auszugehen, ging sie immer zum Automaten-Restaurant nebenan. »Im Automaten«, erklärte sie,

»bekam man ein Glas Eistee mit einem Stück Zitrone, das nichts kostete.« Natürlich gab es dort auch nahrhafteres Essen. »Dort gab es Rosinenbrot mit Erdnußbutter für einen Dime.« Aber das Tollste war natürlich der Eistee. Immer war das Stückchen Gratis-Zitrone dabei. Shirley sammelte die Zitronen, holte sich Eiswasser aus dem Trinkbrunnen und hatte für einen ganzen Abend Zitronenlimonade, die sie nichts kostete. »Natürlich«, gab sie später zu, »konnte ich nicht immer ins selbe Automaten-Restaurant gehen.«

Sie bekam Gelegenheitsjobs, durfte ein bißchen tanzen und im Chor singen.

»Ich probte gerade mit einer Gruppe von jungen Leuten für eine Morgenshow im Fernsehen«, berichtete David Rose, der Orchesterchef und Komponist, der *Holiday For Strings*, *The Stripper* und viele andere berühmte Nummern geschrieben hat, »als mir plötzlich ein Mädchen mit großen Augen und einem breiten Lächeln auffiel, dessen Stimme alle anderen übertönte. Ich rief sie nach vorne. Ich freue mich, daß ich einer der ersten war, die auf Shirley MacLaine aufmerksam geworden sind.«

Etwa zu dieser Zeit war sie auf den Gedanken gekommen, daß Beaty kein Name für eine Künstlerin war – Warren war später ganz anderer Meinung, auch wenn er ein zweites ›t‹ in den Namen einfügte –, und so nahm Shirley den Mädchennamen ihrer Mutter an, änderte jedoch die Schreibweise und die Aussprache, um ihn interessanter zu machen.

Es war im Grunde noch viel zu früh für einen Künstlernamen, denn Shirley hatte nicht viel Arbeit, und mit den wenigen Engagements, die sie ergattern konnte, war nicht viel Staat zu machen.

In Lambertville, New Jersey, schloß sich Shirley einem Ensemble an, das »St. John Terrel Music Circus« hieß. Es existierte nicht lange, und schon bald war Shirley wieder in New York City und tanzte und sang, wann immer man sie engagierte.

Manchmal waren die Jobs wirklich entmutigend, zum Beispiel pries sie singend und tanzend Kühlschränke an. Natürlich verkaufte sie sie nicht selbst wie ein Vertreter oder ein Verkäufer im Laden. Sie erfüllte nur einen Programmpunkt in einer Liveshow, die nichts anderes war als eine riesige Werbeveranstaltung.

Kühlschrank-Verkäufer – die sich hübschen Mädchen gegenüber keineswegs so kühl benahmen wie die Ware, die sie an den Mann bringen sollten – kamen zu großen Treffen zusammen und Mädchen wie Shirley tanzten um die Kühlschränke herum und hatten nichts anderes zu tun, als niedlich auszusehen.

Diese Veranstaltungen wurden ›Fliegende Verkaufsshows‹ genannt, weil sie von einem Ort zum nächsten zogen. Wenn die Polizei herausgefunden hätte, daß Shirley noch nicht volljährig war, wäre sie ihren Job los gewesen und möglicherweise sogar unter die Aufsicht des örtlichen Überwachungsbeamten für Mädchen gestellt worden. Sie arbeitete illegal und war sehr leichtsinnig. Sie erzählt, daß sie fünfundfünfzigmal ihre Pirouetten um die Kühlschränke herum drehen mußte. »Wenn ich an ein Rührwerk angeschlossen gewesen wäre, hätte ich Sahne schlagen können.«

Als Neunzehnjährige nahm sie immer noch zwischen den Jobs Tanzunterricht. »Vermutlich hatte ich«, meinte Shirley, »immer das dringende Verlangen, mich selbst darzustellen.«

Zu dieser Zeit hatte sie sich einen Südstaaten-Akzent zugelegt, der so breit war, daß man ihn mit einem Messer hätte schneiden können. Sie sollte niemals richtig lernen, die Endsilbe ›ing‹ korrekt auszusprechen.

Aber man kann nicht längere Zeit in New York leben, ohne die dort übliche nasale Sprechweise anzunehmen, die vor allen Dingen die Taxifahrer in Manhattan so perfekt beherrschen.

Shirley hatte eine Figur mit den Maßen 85–60–85 und schier endlos lange Beine. Im New York des Jahres 1953 hatte man nicht viel Verwendung für Stunden-Gläser. Aber Shirley MacLaine ließ mit ihrer Stunden-Glas-Figur die Männer, die in einer der Theateraufführungen, bei denen sie mitwirkte, saßen, ihre mehr zeitgemäßen Armbanduhren vergessen. Sie war einen Meter siebzig groß, hatte Sommersprossen im Gesicht und auf den Händen, und ihr rotes Haar trug sie sehr, sehr lang.

Sie bot tatsächlich einen sehr erfreulichen Anblick, und die jungen Männer, die versuchten, sich mit ihr zu verabreden – und die alten, die es gerne getan hätten, wenn sie ihnen nur eine Chance gegeben hätte –, waren von ihr sehr angetan. Das Dumme war nur, daß man zu dieser Zeit nicht freizügig wie heute war und daß junge Mädchen aus Arlington, Virginia eigentlich von der großen, weiten Welt, in die sie sich begeben hatten, nicht sonderlich viel wußten.

Shirley bekennt heute, daß sie wirklich vorhatte, sich einen Film anzusehen, wenn ein Junge sie einlud, mit ihr ins Kino zu gehen. »Da ich größer war als die Jungen, mit denen ich mich traf«, erzählte sie der Zeitschrift *Family Weekly*, »konnte mir eigentlich nicht viel passieren.«

Es hatte auch den Anschein, daß ihr in beruflicher Hinsicht nicht viel passieren konnte. Dreimal sang sie vor, um in den Chor für eine Braodway-Show aufgenommen zu werden – wieder bei Rodgers und Hammerstein –, aber sie hatte nicht sofort Erfolg.

Später erklärte sie dazu: »Da waren ungefähr zehn Millionen Leute, jeder sollte singen, tanzen, Rad schlagen und seinen eigenen Nebel erzeugen.« Sie gehörte nicht zu den Auserwählten dieser zehn Millionen.

Aber man macht nicht die lange Reise von Arlington an den Broadway, um sich dann von solchen Fehlschlägen entmutigen zu lassen. Also lieh sich Shirley von einem Freund eine Equity Card, die Mitgliedskarte der amerikanischen Schauspielergewerkschaft, und versuchte es unter falschem Namen noch einmal. Wieder wurde ihr nach ihrer Darbietung mitgeteilt, daß man sich gegebenenfalls später bei ihr melden würde – das war eine sichere Absage. Aber sie versuchte es natürlich erneut und beim drittenmal hatte sie Glück. Shirley wurde für *Me And Juliet* – das nicht die erfolgreichste Rodgers-und-Hammerstein-Produktion war – engagiert. Sie sollte tanzen, die Beine werfen und hübsch aussehen – aber nicht so hübsch, daß die Aufmerksamkeit des Publikums von den eigentlichen Stars der Show abgelenkt wurde.

Natürlich war dieses Engagement für Shirley die aufregenste und wichtigste Sache der Welt – ein richtiger Job in einer richtigen Show! Das hatte sie sich schon immer gewünscht, und zwar von dem Augenblick an, in dem sie festgestellt hatte, daß der Broadway eine Straße in New York ist, auf der die Menschen tanzen und singen und auf der Bühne stehen.

Aber kaum war sie engagiert, tauchten bereits Probleme auf: zum Beispiel ihr Haar. Sie trug es als langen, schwingenden Pferdeschwanz; er war so auffällig, daß die Produzenten der Meinung waren, er würde zuviel Aufmerksamkeit auf sich ziehen. Die Zuschauer würden das Mädchen mit dem schwingenden roten Pferdeschwanz betrachten und der Handlung des Stücks keine Beachtung mehr schenken – das wäre zwar wunderbar für das Mädchen mit dem üppigen Pferdeschwanz, aber schlecht für die Show. Der Bühnen-Manager bat Shirley, sich das Haar schneiden zu lassen. Sie weigerte sich. Aber ein Tanzgirl hat kein Recht, Anweisungen nicht zu befolgen, wenn es zu den weniger Privilegierten einer Broadway-Show gehört. In der Nacht vor der Show lauerten ihr die Kolleginnen auf. Sie hielten Shirley fest und schnitten ihr das Haar ab. Für Shirley, die an persönliche Freiheit glaubte, war das kein Spaß, aber durch diese Episode gewann Shirley MacLaine ein Image, das ihr lange Zeit erhalten blieb – und sie bekam wegen dieser Geschichte ihren nächsten Job.

Arbeit war ohne Frage das Wichtigste in ihrem Leben. Und die Arbeit half ihr auch, über ihre erste unglückliche Liebe hinwegzukommen.

Shirley und ein Student, der ungefähr in ihrem Alter war, hatten beschlossen zu heiraten. Sie verlobten sich. Shirleys Verlobter liebte ihr Aussehen, sogar ihren etwas eigenartigen Sinn für Humor und das, was man am einfachsten als ihre Persönlichkeit bezeichnen könnte. Aber es gab auch Dinge, die ihn störten – eines davon war, daß er nicht viel für eine Ehefrau übrighatte, die auf der Bühne stand. Und noch mehr störte ihn eine Ehefrau, die nicht auf der Bühne stand, aber mit allen Mitteln versuchte, dorthin zu kommen. Shirleys Bemühungen entsprachen nicht seiner Vorstellung von einer trauten Zweisamkeit.

Shirley hätte das sicher alles verstanden und sich tatsächlich dem Physikstudium gewidmet, wenn da nicht dieses Vorsingen für *Me And Juliet* gewesen wäre. Der dritte geglückte Versuch und das Engagement veranlaßten sie, ihre Arbeit und ihre Karriere wichtiger als alles andere zu nehmen. Damit war die Romanze beendet. Ihr Verlobter verließ sie und leckte sich die Wunden, aber Shirley MacLaine schien glücklicher zu sein als je zuvor.

Es gab aber auch noch andere Dinge, die sie interessierten, wenn jede Nacht nach der Vorstellung der Vorhang fiel und sie mit ihrer Zeit anfangen konnte, was sie wollte.

Die meisten jungen Schauspielerinnen hatten damals Umgang mit anderen jungen Schauspielerinnen. Keine von ihnen hatte viel Geld, aber es gab gewisse Bars und Coffee-Shops in der Nähe des Broadways, in die Mädchen gehen konnten, um sich zu unterhalten, ohne daß ihnen etwas passierte. Keine von ihnen mußte am nächsten Morgen früh aufstehen, und so zogen sich die Nächte hin, bis der Himmel hell und die Ringe unter ihren Augen dunkel wurden.

In einer von diesen Bars im Theaterviertel saß Shirley, unterhielt sich kichernd über die Vorstellung an diesem Abend und nippte an ihrem Soda, als ihr Steve Parker vorgestellt wurde.

Es war nicht gerade ein besonders vielversprechendes Zusammentreffen. Eine gemeinsame Freundin namens Lorraine machte Shirley mit diesem Schauspieler, der dreizehn Jahre älter war als sie, bekannt. Shirley erzählte später dem *Redbook* Magazin: »Ich mochte ihn nicht. Er sah zwar gut aus, aber er war zu alt.«

Damals dachte sie nicht daran, daß irgend etwas aus dieser Bekanntschaft entstehen könnte, aber ein erwachsener Mann schien sie einzuschüchtern. Für Steve jedoch war ein schüchternes Tanzgirl mit Sommersprossen und rotem Haar eine attraktive Herausforderung. Shirley jedoch vermittelte er bei dieser ersten Begegnung das Gefühl, ein unerfahrenes Schulmädchen zu sein, das Soda mit einem Strohhalm schlürfte. Er dagegen kippte sein Bier so selbstsicher hinunter, als hätte er gerade nach zwei Jahren auf einem Walfangkutter abgemustert.

Steve hatte seine Kindheit in Japan verbracht. In dieser Nacht sprach er von nichts anderem. Er redete, und Shirley hörte zu. Viel zu intellektuell, dachte sie. Und diese Rederei ... viel zuviel. Steve war kurz nach dem Abwurf der Atombombe in Hiroshima gewesen, und obwohl das, was er darüber erzählte, sehr ernst und erschreckend war, interessierte es Shirley nicht sonderlich.

Aber trotzdem sagte sie zu, ihn wiederzusehen. Er lud sie zum Abendessen ein – die erste richtig gepflegte Mahlzeit, die sie seit Monaten gehabt hatte, denn den Großteil dessen, was sie verdiente, investierte Shirley in Gesangs- und Tanzunterricht. Während des Abendessens redete Steve wieder viel, und Shirley hörte zu. Steve brachte sie zum Lachen – das war gefährlich –, und er sprach über seine eigene Karriere so ernsthaft, daß Shirley den Eindruck hatte, daß er ernsthafte Absichten hatte.

Sein größter Wunsch war es, wieder in den Fernen Osten zu kommen. Er wollte dort arbeiten und, was noch wichtiger war, er wollte dort Erfolg haben. Steves Vater war in Tokyo und zeitweise in Bangkok Diplomat gewesen und starb, als Steve fünfzehn Jahre alt war. Steve war Waise und mußte sich allein durchschlagen, um wieder in die Staaten zu kommen. Während des Krieges hatte er die Aufgabe, japanische Soldaten zu verhören. Steve war ein paar Wochen vor der ersten Begegnung mit Shirley zum erstenmal wieder in Japan gewesen – als Mitglied des Ensembles, das mit einer Show, die bei US-Truppen aufgeführt wurde, auf Tournee war.

Steve wollte Filmproduzent werden und lernte sein Handwerk von der Pike auf – er wirkte bei militärischen Ausbildungsfilmen mit und bekam ab und zu einen Job beim Fernsehen – einem Medium, das damals noch in den Kinderschuhen steckte und von niemandem richtig ernst genommen wurde.

Steve und Shirley verliebten sich ineinander, aber für Shirley war die Karriere immer noch das Wichtigste – auch wenn sie die Tatsache, daß sie sich in *Me And Juliet* die Absätze schief tanzte, nicht unbedingt zu einem strahlenden Stern am Broadway machte.

Shirleys Mutter drängte nicht auf eine frühe Heirat, und dafür war Shirley dankbar. Aber Kathlyn machte ihrer Tochter klar, daß eine Frau unberührt in die Ehe gehen sollte. »Vergiß es«, antwortete ihre Tochter – das hätte Steve, wenn er es gehört hätte, bestimmt sehr gefallen.

Fast könnte man den Eindruck gewinnen, daß die junge Shirley MacLaine sehr selbstsicher war. Sie versuchte es mit Schauspielunterricht, gab ihn aber schnell wieder auf, und sie hatte damit, wie sich später herausstellen sollte, nicht unrecht. Schon damals wußte Shirley, daß jede Art von Schauspielerei natürlich wirken mußte. Sie war sich zwar bewußt, daß sie noch eine Menge zu lernen hatte, aber sie ahnte auch, daß ein richtiger Schauspielunterricht nicht zu ihrer Art paßte.

George Abbott, einer der großen Veteranen des Broadway – er war damals etwa sechzig Jahre alt – hatte bei *Me And Juliet* Regie geführt. Als er mit der Arbeit an einer neuen Show begann, beschloß er, Shirley mitzunehmen. Sie sollte immer noch im Chor auftreten. Aber die Show sollte auf sie eine sehr viel größere Auswirkung haben – und auf uns. Sie hieß *The Pyjama Game* (Picknick im Pyjama).

2. Kapitel

Wenn man heute auf die Karriere von Shirley MacLaine zurückblickt, dann war *Picknick im Pyjama* für sie genau der richtige Start.

Picknick im Pyjama handelte von Beziehungen im Arbeitsleben und natürlich auch von Liebe. Es kamen auch einige wunderschöne Songs darin vor, wie ›Hey There‹, ›Once A Year Day‹, ›Hernando's Hideaway‹ und ›Steam Heat‹. Der letztere Song sollte im späteren Leben von Shirley MacLaine noch eine sehr wichtige Rolle spielen.

Shirley gehörte nicht nur zum Chor. Sie ergriff die Initiative und setzte ihr gewaltiges Selbstbewußtsein ein, um sich noch einen weiteren Job zu sichern. Sie überzeugte Abbott davon, daß sie eine weitaus bessere Zweitbesetzung für Carol Haney, die weibliche Hauptdarstellerin wäre, als das Mädchen, das man bereits dafür ausgewählt hatte. Wie sie Abbott überhaupt dazu brachte, ihr zuzuhören, darüber kann man nur Vermutungen anstellen. Aber er hörte ihr zu und pflichtete ihr bei, daß sie tatsächlich eine sehr gute Zweitbesetzung wäre. Vermutlich dachte er aber auch daran, daß Miss Haney jung und sehr gesund war, und daß man wahrscheinlich die Dienste einer Zweitbesetzung überhaupt nicht würde in Anspruch nehmen müssen.

Richard Adler, einer der beiden Autoren des Stükkes, hielt eine Zweitbesetzung für vollkommen unnötig. »Liebes«, sagte Adler zu Shirley, »warum gehst du nicht und machst dich für die Show fertig, anstatt dir den Kopf über Zweitbesetzungen zu zerbrechen? Wer braucht denn eine Zweitbesetzung?«

Niemand glaubte daran, daß in dieser Show je eine Zweitbesetzung zum Einsatz kommen würde.

Carols Rolle war ideal für eine junge Schauspielerin mit kurzem Haar, die gleichzeitig tanzen, einen Bowler hoch in die Luft werfen, ihn wieder auffangen und singen konnte.

Shirleys Gage betrug hundertzehn Dollar in der Woche. Das war für ein Mädchen in ihrem Alter und mit ihrer Erfahrung nicht übel, aber sie wollte nicht mehr eine unter vielen sein, sondern eine Einzelrolle spielen.

Wahrscheinlich hat jeder schon einmal von einer Ersatzschauspielerin gelesen, die unerwartet ihren ersten Auftritt bekommt und gegen die Buh-Rufe des ärgerlichen Publikums kämpfen muß, das gekommen ist, um den Star zu sehen, über den seit Wochen in den Schlagzeilen der Zeitungen zu lesen war ... und das Publikum bricht nach der Vorstellung in frenetischen Applaus aus.

Auch Shirley MacLaine hatte von solchen wunderbaren Geschichten gehört. Und man liegt sicher nicht falsch, wenn man behauptet, daß sie enttäuscht war, als sie, die nun tatsächlich Zweitbesetzung war, keine Chance bekam, die Hauptrolle zu spielen – wenigstens nicht am ersten Abend und nicht in der ersten Woche.

Es gab für den Regisseur auch keinen Grund, Shirley einzusetzen. Carol Haney war von allen Kritikern hoch gelobt worden, und sie war tatsächlich nicht nur gut, sie war einfach hervorragend. Von Auftritt zu Auftritt wurde sie besser, und ihr Publikum lag ihr von Mal zu Mal mehr zu Füßen.

Carol Haneys Triumph war Shirley MacLaines Mißerfolg. Aber wie viele Stars gab es schließlich im Show-Geschäft? Es gab unzählige arbeitslose Schauspieler, und es war schon ein großes Glück, überhaupt ein Engagement zu haben, die meisten mußten sich mit winzigen Rollen zufriedengeben und taten es, wohl oder übel, auch. Das Dumme war nur, wie Shirley einmal selbst sagte, daß sie dem Erfolg einer anderen Person zuschauen mußte und monatelang, vielleicht sogar jahrelang, jede Woche ihren Gehaltsscheck bekommen, aber niemandem jemals auffallen würde.

Diese Zeit war für Shirley eine harte Geduldsprobe. Privat ging es ihr gut, Steve liebte sie, und die beiden lebten zusammen. So etwas war in den fünfziger Jahren keineswegs üblich, und die Beatys hatten kein Verständnis für die moralische Einstellung ihrer Tochter, wenn sie auch Shirleys Einstellung dem Leben gegenüber respektierten.

Die Beaty-Eltern beschwichtigten sich mit dem Gedanken, daß Steve ihre Tochter schon irgend wann einmal heiraten würde und daß er eine wunderbare und erfolgreiche Karriere vor sich hatte. Was machte es da schon aus, ob Shirley es schaffte oder nicht? Aber Shirley machte es etwas aus.

Als sie der Anruf des Produzenten eines anderen Broadway-Erfolgsstückes namens *Can-Can* erreichte – das später ebenfalls eine wichtige Station für Shirley MacLaines Karriere bilden sollte –, traf sie eine Entscheidung. Sie wollte das Angebot des Produzenten annehmen, als Zweitbesetzung für die Hauptrolle der Tänzerin zu fungieren. Sie war zwar wieder nur der Ersatz für die Hauptdarstellerin, aber zumindest hatte diese Tänzerin nicht so sehr die Aufmerksamkeit der Öffentlichkeit auf sich gezogen, und vielleicht würde sie ja einmal zu einer Vorstellung zu spät kommen.

Shirley beschloß nicht nur, einen neuen Vertrag einzugehen und die kleine Rolle in *Picknick im Pyjama* aufzugeben, sie wollte das Management auch sofort an diesem Abend von ihrem Entschluß in Kenntnis setzen. Sie kritzelte eine entsprechende Notiz auf ein Blatt Papier, stopfte es in ihre Handtasche, ging mit Steve zum Essen und fuhr dann gemütlich mit der Subway zum Theater.

Das Showgeschäft ist voll von Widersprüchen. Einem Schauspieler wird zu Beginn einer Show niemals »Viel Glück« gewünscht, weil man überzeugt ist, damit Unheil heraufzubeschwören. Aus Tradition heraus wünscht man ihm »Hals- und Beinbruch«. Jemandem zu sagen, er soll sich den Hals und das Bein brechen, ist so offenkundig lächerlich, daß damit eigentlich nur das Gegenteil gemeint sein kann. Nun, als Carol Haneys Freunde ihr »Hals- und Beinbruch« wünschten, brachte es in diesem Fall tatsächlich Glück, aber nicht Carol, sondern Shirley. Carol brach sich wirklich ein Bein, und Shirley sprang für sie ein.

Dieser Abend war ganz und gar nicht so wie die anderen. Er war tatsächlich so ungewöhnlich, daß Shirley die Notiz, die ihr die ganze Zeit über ein Loch in ihre Tasche zu brennen schien, vergaß. Vor dem Bühneneingang lief Hal Prince aufgeregt auf und ab.

Hal Prince war der Produzent der Show. Er stand in dem Ruf, jede Show zu einem Leckerbissen zu machen. Hal Prince marschierte vor dem Bühneneingang auf und ab, als wäre er Dracula kurz vor dem Abflug zum nächsten Friedhof. Er wartete auf das Mädchen Shirley MacLaine, das in seiner Show eine so winzige Rolle spielte, daß niemand sie bis jetzt beachtet hatte.

Aus dem Zuschauerraum ertönten Geräusche, die für kein Management erfreulich waren – das Knistern von Papier, das Scharren von Füßen, laute Gespräche von einer Reihe zur anderen – die Atmosphäre langsam wachsender Ungeduld machte sich allmählich breit.

Shirley hatte keine Ahnung, was das alles bedeutete. Hal Prince hingegen wußte nur zu gut, was es mit diesem Lärm auf sich hatte. Shirley hatte nicht das Gefühl, zu spät gekommen zu sein. Schließlich hatte sie ihren Auftritt erst in der zweiten Hälfte des zweiten Aktes. Jedenfalls dachte sie das.

Wie hätte sie auch erfahren sollen, daß sich Carol Haney an diesem Nachmittag ein Bein gebrochen hatte und daß dem Publikum mitgeteilt worden war, daß Miss Shirley MacLaine ihre Rolle übernehmen würde? Wenn das irgendeinem Publikum in den achtziger Jahren mitgeteilt worden wäre, hätte sich der Preis der Eintrittskarten von einer Sekunde zur anderen verzehnfacht. Im Mai 1954 waren die Theaterbesucher dagegen alles andere als glücklich über diese Mitteilung. Wer war denn Shirley MacLaine?

Sie sollten es herausfinden.

Shirley vergaß ihre Kündigung. Sie lief in ihre Garderobe, probierte Miss Haneys Kostüm – Shirley macht sich niemals die Mühe, Kleider, die sie sich kauft, anzuprobieren, geschweige denn Kleider, die für jemand anderen gemacht worden waren – und hörte das erleichterte Aufatmen des versammelten Managements, als ihr alles zu passen schien – das Trikot, das Jackett, der Bowler. Das einzige, was nicht paßte, waren die Schuhe. Aber Shirley fand ein Paar von ihren Übungs-Tanzschuhen und zog sie an.

Was ihr etwas mehr Probleme verursachte, waren die Lieder von Carol. Der Leadsänger John Rait erklärte sich bereit ›Hernando's Hideaway‹ für sie zu singen. Die übrigen mußte sie selbst bewältigen.

Shirley kam auf die Bühne und sah sich einem eher mißgünstigen Publikum gegenüber. Sie ließ ihren Hut fallen, und als sie, wie sie in ihrem eigenen Buch berichtet, auf diesen Fehler mit einem geflüsterten »Scheiße« reagierte, schnappten die Zuschauer in den ersten Reihen deutlich vernehmbar nach Luft. Junge Damen am Broadway kannten solche Worte nicht.

Kurz vor ihrem Auftritt fand Shirley noch genügend Kraft, um Steve anzurufen. Er fand wunderbarerweise sofort ein Taxi, fuhr ins Theater, setzte sich dort mit einem Block in der Hand hin und notierte sich jeden Fehler, den Shirley bei ihrem Auftritt machte.

Mehr als zwei Stunden war Shirley MacLaine auf der Bühne. Sie tanzte, sang und sie mobilisierte all ihre Energie wie damals, als sie sich vor ihrem Auftritt als Fee den Knöchel gebrochen hatte.

An diesem Abend war sie wirklich eine Fee – obwohl die arme Carol Haney, die mit eingegipstem Bein und angeknackstem Selbstbewußtsein im Bett lag, ihr geholfen hatte.

Die begeisterten Zurufe aus dem Publikum bewiesen, daß Shirley einen Zauberstab geschwungen hatte. Die anfänglichen Buhrufe hatten sich in Jubelrufe verwandelt, und die unbekannte Shirley MacLaine riß das ganze Publikum mit.

Hal Prince überschüttete sie mit Dankbarkeitsbezeugungen und Küssen, bestellte ein Dutzend Blumenbouquets und jubelierte zusammen mit den anderen. Immer wieder wurde Shirley vor den Vorhang gerufen. Shirley MacLaine war ein Star geworden.

Der einzige, der nicht so sehr begeistert war, war Steve. Die Person, die einem Schauspieler am nächsten steht, ist auch immer der strengste Kritiker. Steve sagte Shirley, daß sie nicht annähernd so gut gewesen war, wie jedermann sie glauben machen wollte. Natürlich erkannte auch er, daß sie aus dem Nichts eine hervorragende Show geliefert hatte und sowohl das Publikum als auch das Management entsprechend darauf reagiert hatten. Aber er vermutete, daß sicher auch die Erleichterung eine Rolle bei den Beifallsstürmen gespielt hatte. Er sagte, daß Shirley beim nächsten Auftritt nicht wieder den Hut fallen lassen durfte. Sie mußte lernen, wann sie ihr Gesicht dem Publikum zuwenden mußte und wann nicht. Sie mußte jeden Text von jedem Lied kennen – einschließlich von ›Hernando's Hideaway‹. ›Steam Heat‹, eine herrliche Nummer mit Jazzrhythmen und Zischlauten, die im Kesselraum einer Pyjama-Fabrik spielte, war eine Sensation gewesen, aber das reichte noch nicht. Das nächste Mal mußte sie es noch besser machen.

Bis sechs Uhr morgens ging er mit ihr zusammen seine Notizen durch, Wort für Wort, Zeile für Zeile, Shirley arbeitete zuerst aus dem Stegreif an den Fehlern, die er ihr aufgezeigt hatte, aber dann trainierte sie hart. Fünf Abende probierte sie. Dann kam der Punkt, an dem Steve sie für perfekt hielt – und an dem er zu zweifeln begann, ob sie eine gemeinsame Zukunft hätten. Shirley würde ihren Weg machen. Aber würde er für sie mehr als nur ein Anhängsel sein? Im Augenblick war er nicht scharf darauf, das herauszufinden.

Auch wenn Steve nicht daran geglaubt hatte, die zweite Vorstellung war noch besser als die erste ... Besser? Sie war hervorragend. So hervorragend, daß ihr das ganze Ensemble zujubelte und glücklich war, mit einer solchen Künstlerin zusammenarbeiten zu können.

Eddy Foy jr. spielte den Manager der Fabrik, den Experten für Zeitarbeit. »Es war eine Vorstellung, die ich niemals vergessen werde«, erzählte er mir. »Ich bin mit den größten Stars auf der Bühne gestanden, einschließlich der Astairs während ihrer Glanzzeit in den zwanziger Jahren, aber Shirley MacLaine war an diesem Abend etwas ganz anderes – und etwas ganz Besonderes. Sie war so selbstsicher wie jemand, der sein ganzes Leben lang vor dem Publikum am Braodway getanzt und gesungen hatte. Das war ein Vergnügen, wie ich es niemals zuvor erlebt hatte. Sie kannte jede Zeile und beherrschte jede Bewegung – aber als sie auf der Bühne war, schien es, als hätte sie sie selbst erfunden, als hätte sie die Dialoge geschrieben und die Choreographie ausgearbeitet. Sie war sehr viel besser als Carol Haney.«

Das war das Urteil eines Vollprofis, eines Mannes, der mit seinem Vater Eddie Foy sen. ein Teil der Seven Little Foys gewesen war. Es war tatsächlich eine ganz besondere Ehrung. Aber Foy war nicht der einzige, der sie für großartig hielt.

Die Beatys nahmen den siebzehnjährigen Warren mit in die Show. »Ich dachte nur ganz einfach, daß es wunderbar ist«, erzählte er dem *Time* Magazin. »Sie schien geradezu in ihre Rolle zu schlüpfen, so daß ihre Technik als Tänzerin, die für sie ja immer sehr wichtig war, gar nicht mehr so beachtet wurde.«

Die Kunde eines Erfolgs verbreitet sich in der Welt des Showbusiness fast genauso schnell wie die eines Mißerfolgs. In dieser Woche sprach die ganze Branche über Shirley MacLaine.

Die Berichte kamen von den Leuten, die während ihres zweiten Auftritts im Publikum gesessen hatten. Andere Showleute, die zunächst gezögert hatten, kamen ebenfalls, um sich von ihrem Können zu überzeugen. Sie wurden nicht enttäuscht. Künstleragenturen schickten ihre Spione, um zu sehen, ob die Kleine wirklich so gut war, wie jeder behauptete. Natürlich wollte jeder sie unter Vertrag nehmen, ehe ihre Gagen in schwindelnde Höhen stiegen und sie für die meisten Theater am Broadway zu teuer wurde.

Es gab aber auch noch andere aus der Branche, die dachten, daß sie Shirleys Talente und Energie in verschiedene Richtungen lenken könnten, sogar das Fernsehen, das sozusagen noch immer in den Kinderschuhen steckte, zeigte Interesse an ihr.

Aber es gab auch Hollywood. Die Bosse aus der Filmmetropole waren nach wie vor davon überzeugt, daß man die vielversprechendsten Talente – musikalische wie darstellerische – auf den Bühnen am Broadway finden konnte.

Das glaubte auch einer der mächtigsten Männer am Broadway – Hal Wallis. Er hatte die Warner Brothers Studios von den zwanziger Jahren an bis zu der

Entstehung von *Casablanca* geleitet und war nun unabhängiger Produzent und einer der einflußreichsten Männer in der Filmbranche.

Er sah Shirley MacLaine und war sofort davon überzeugt, daß sie sich auch im Film sehr gut machen würde. Er erzählte mir: »Ich hatte keine Ahnung, was mich an diesem Abend erwartete. Ich hatte eine Karte gekauft, um Carol Haney zu sehen. Die Kritiken waren so hervorragend gewesen, daß ich selbst sehen wollte, ob sie wirklich so gut war. Ich saß im Theater, schlug mein Programmheft auf und entdeckte eine Notiz, daß Carol an diesem Abend nicht auftreten würde, dafür aber ein Mädchen namens Shirley MacLaine. Das tat mir natürlich leid, aber so was passiert öfter – ein Star kann nicht auftreten und eine annehmbare Zweitbesetzung springt ein. Es war ärgerlich. Aber dann kam Shirley MacLaine auf die Bühne, und sie war bezaubernd. Das Publikum reagierte so stürmisch, wie ich es nur sehr selten erlebt habe. Sie waren von ihr einfach hingerissen.« Nach der Show machte Wallis sich auf den Weg zu Shirleys Garderobe. Er traf sie auf der Treppe. »Ich winkte ihr zu, zu mir zu kommen«, erinnerte sich Hal Wallis. Sie stieg die Treppe wieder herunter, und er stellte sich ihr vor. »Wären Sie bereit, sich später mit mir zu treffen?« fragte er sie. Shirley war noch viel zu aufgeregt, um irgend etwas bei diesem Vorschlag zu argwöhnen.

Sie trafen sich ungefähr eine Stunde später im Oak Room des Plaza Hotels, einem Restaurant, in dem schon viele wichtige Verträge ausgehandelt und unterschrieben worden waren. Shirley, Steve und Wallis saßen im George M. Cohan Nebenraum.

In ihrem Buch schreibt Shirley, daß sie und Steve

bei diesem Treffen riesige Steaks vertilgten, während Wallis praktisch nichts zu sich nahm. Sie sagte, er hätte das aus Geiz getan. »Aber überhaupt nicht«, sagte der Produzent in einem Gespräch mit mir. »Es war schon sehr spät, und ich hatte schon zu Abend gegessen. Shirley und Parker aßen dagegen fast alles, was auf der Karte stand. Ich glaube, ich weiß auch warum. Sie waren noch niemals in ihrem Leben in einem derartigen Restaurant gewesen. Ich kann mir vorstellen, daß sie bis zu diesem Abend nur in Automaten-Restaurants gegessen haben.«

Wallis war davon überzeugt, daß er einen dicken Brocken an Land gezogen hatte. »Ich machte den Vertrag mit Shirley nur wegen der einen Vorstellung, die ich an diesem Abend gesehen hatte. Es war ihre erstaunliche Hingabe, ihr temperamentvolles Tanzen und ihr Gesang. Ich wußte, wenn sie damit auf der Bühne am Broadway Erfolg hatte, konnte sie genausogut auf der Leinwand Erfolg haben.«

Das war natürlich noch nicht das Ende der Geschichte, eigentlich nicht einmal das Ende des Anfangs. Ehe die Einzelheiten endgültig angesprochen wurden, nahm sich Shirley einen Agenten. Zunächst teilte der Agent Mr. Wallis mit, daß sein Angebot von zweihundert Dollar in der Woche in keiner Weise akzeptiert werden könnte und schlug vor, den Betrag zu verdreifachen. Der Produzent war über diese Forderung keineswegs glücklich und sagte, daß er auf Probeaufnahmen bestehen müßte, ehe er einen Vertrag mit einer derartig enormen Summe unterschreiben würde.

In der Zwischenzeit waren auch andere Filmleute an Shirley interessiert. Harry Cohn, der eiserne Diktator von Columbia Pictures, erschien sogar persönlich, und sowohl MGM als auch Paramount hatten ihre Talentsucher im Publikum, denen die Show und ganz besonders Miss MacLaine sehr gut gefielen. Aber nachdem sie sich bereits mit Wallis getroffen und mit ihm alles besprochen hatte, akzeptierte sie sein Angebot, Probeaufnahmen zu machen.

Man braucht nicht extra zu erwähnen, daß diese Aufnahmen bewiesen, daß sich der Vertrag auszahlen würde. Mit Sweater und Shorts – wobei keines von beiden groß genug war, um ihren wohlgeformten Körper zu verbergen –, sah Shirley einfach überwältigend aus, obwohl sie fast überhaupt nicht geschminkt war.

Daniel Mann, der damals einer der führenden Regisseure Hollywoods gewesen ist, leitete die Probeaufnahmen. Danach fragte er Shirley, auf welchem Gebiet sie Karriere machen wolle. Ihre Antwort war ebenso einfach wie direkt: »Ich möchte Komödien machen. Komödien mit wirklich guten Rollen.«

»Es würde eine Menge Ärger geben«, erzählte Wallis, »das war mir schon nach ein paar Tagen klar. Mit Shirley mußte es viel Ärger geben.«

Schon sehr bald sollten beide Vertragspartner große Zweifel an der Richtigkeit ihrer Entscheidung hegen, aber im Augenblick war Shirley mit Manns Prophezeiung, daß sie eine sehr aufregende Karriere vor sich hätte, zufrieden.

Später erzählt der Regisseur dem *Time* Magazin: »Die Probeaufnahme war in ihrer Natürlichkeit geradezu animalisch. Man spürte Shirleys brennendes Verlangen, und sie machte niemandem vor, anspruchsvoll sein zu wollen.«

Die Ansprüche kamen später – und ganz massiv. Aber zu diesem Zeitpunkt dachten Wallis und Daniel

Mann nur an die vielen Rollen, die auf Shirley zu warten schienen.

Innerhalb von ein paar Tagen sprach ganz Hollywood über Wallis' neue Entdeckung. Bei Warner Brothers versuchte Bill Orr, der nicht nur der Chef der Produktion, sondern auch der Schwiegersohn von Jack L. Warner war, herauszufinden, ob er Wallis – der schließlich sein Vorgänger in diesem Amt gewesen war – noch ausbooten konnte, mußte sich aber bald geschlagen geben.

»Eigentlich war es ja meine Mutter gewesen, die Shirley entdeckt hatte«, erzählte mir der inzwischen pensionierte Verantwortliche von Warners. »Sie besuchte eine Matinee von *Picknick im Pyjama* und war begeistert. Sie rief mich sofort in Hollywood an und erzählte mir, daß es da ein Mädchen namens Shirley MacLaine gäbe, das einfach hinreißend wäre und das wir sofort unter Vertrag nehmen sollten. Ich sagte ihr, daß wir schon von diesem Mädchen gehört hätten und daß Hal Wallis uns aber zuvorgekommen sei. Trotzdem setzte ich alle Hebel in Bewegung, aber Wallis hatte Shirley schon unter Vertrag genommen.«

Wallis' schnelle Vorgehensweise erregte sicher in ganz Hollywood Neid, und diese Episode gehört zu den Geschichten, die sich die Filmleute immer wieder gerne erzählen. Wallis bereute seinen Entschluß nicht – auch wenn sich in den folgenden Jahren der Entdecker und die Entdeckte nicht immer ganz grün waren. Wallis bewundert noch heute Shirleys Talent und weiß ganz genau, welch geschickter Schachzug ihm 1954 gelungen war. Shirley jedoch nimmt ihm immer noch übel, was sich nach dem Vertragsabschluß ereignete.

3. Kapitel

Für fast jede junge Schauspielerin in ihrem Alter war eine Einladung nach Hollywood das Zeichen dafür, daß sie es geschafft hatte. Am Broadway ein Star zu sein, war zwar wundervoll, aber so weit war Shirley ja gar nicht gekommen. Sie war schließlich nur die Zweitbesetzung – natürlich eine sehr erfolgreiche Zweitbesetzung, die ein großes Maß an Publikumsinteresse hervorgerufen hatte, aber die *New York Times* zum Beispiel, hatte ihre Darbietungen völlig ignoriert, und alle Anzeichen sprachen dafür, daß Carol Haney die Rolle wieder übernehmen würde.

In Hollywood hatte Shirley die Chance, das zu beweisen, was sie am Broadway nur angedeutet hatte. Außerdem war die alles überragende Gegenwart von Hal Wallis so gut wie eine Versicherungspolice für die Art von Erfolg, von der Mädchen wie Shirley sonst nur träumen konnten.

Wallis produzierte Filme, die eine Menge Geld einbrachten. Wallis-Filme hatten einen ganz bestimmten Stil. Er hatte weder das Gefühl dafür verloren, was das Publikum sehen wollte, noch hatte er vergessen, wie notwendig es war, gewissen Qualitätsansprüchen Genüge zu tun.

Er stand gerade am Anfang der langen Erfolgsreihe von Filmen mit Dean Martin und Jerry Lewis, die viel Geld einbrachten und die, weniger feinfühlig produziert, sehr viel schlechter hätten ausfallen können. Sehr bald sollten auch die Elvis Presley-Filme folgen – Filme, die von den Kritikern verrissen wurden. Doch Wallis sah das Potential, das in dem Newcomer mit dem Spitznamen ›The Pelvis‹ steckte.

Wallis war auch davon überzeugt, daß Shirley MacLaine zu den neuen Darstellern gehörte, die eine höchst erfolgreiche Zukunft vor sich hatten. Und er war nur zu bereit, diese Zukunft ins Rollen zu bringen. Wallis betrachtete das Ganze als Projekt, das sich zu beiderseitigem Nutzen auswirken konnte. Er hatte die Möglichkeit, ein gutes Geschäft zu machen, und Shirley konnte ein sehr großer Star werden. Nachdem Shirley sich in Kalifornien eingewöhnt hatte, stellte sich aber heraus, daß sie und Wallis vollkommen verschiedene Intentionen hatten. Shirley wurde das erst klar, nachdem sie einen neuen Agenten gefunden hatte, den ganzen Papierkram durchgegangen war und die Einzelheiten abgeschlossen hatte. Sie dachte, daß Mr. Wallis, der fast schon legendäre Filmmann, jeden ihrer Schritte leiten würde, aber das war ein Irrtum.

Sie hatte mit Wallis einen Vertrag über sieben Jahre abgeschlossen, der eigentlich nur Wallis Vorteile bot – so zumindest urteilt Shirley selbst.

Auch Steve stellte Forderungen an sie. Mitten in harten Verhandlungen mit verschiedenen Agenturen, die natürlich auch von dem angehenden Star profitieren wollten, machte er Shirley einen Heiratsantrag. Sie sagte ja, wollte aber erst mit der Arbeit in Hollywood anfangen.

Zunächst einmal mußte sie den Vertrag bei *Picknick im Pyjama* erfüllen. Als Carol Haney wieder gesund war, spielte Shirley wieder ihre kleine Rolle. Und dann wiederholte sich die Geschichte. Miss Haney wurde erneut krank, und Shirley übernahm abermals ihren Part. Dieses Mal saß ein anderer Filmmann im Publikum – und bot ihr einen Vertrag an.

Alfred Hitchcock hatte jemanden beauftragt, außergewöhnliche Künstler zu suchen, und der Agent war überzeugt, in Shirley die Richtige gefunden zu haben.

Hitchcock lud Shirley in seine Suite im St. Regis Hotel ein. Der imposante Mann, neben dem seine Frau Alma winzig wirkte, fragte Shirley nach den Filmen, in denen sie eine Hauptrolle gespielt hatte. Sie antwortete ihm, daß sie noch nie eine Hauptrolle gespielt hätte. Und wie stand es mit Filmen, in denen sie eine Nebenrolle gespielt hatte? Und wieder lautete die einfache Antwort: Es gibt keine. Aber was war mit dem Fernsehen? Würde sie ihm freundlicherweise ein paar Kinescopes – das waren Filme von schlechter Qualität, die direkt vom Bildschirm aufgenommen wurden – überlassen? Das würde sie sehr gern tun, aber leider ... es gab keine. *Me And Juliet* und *Picknick im Pyjama* waren alles, was sie jemals gemacht hatte.

Trotzdem forderte Hitchcock Shirley auf, sich Garderobe, die sie in seinem neuen Film tragen konnte, zu kaufen. Das Angebot war zwar verlockend, aber Shirley mußte ablehnen, weil sie schon bei Mr. Wallis unterschrieben hatte. Hitchcock wußte davon, wollte aber trotzdem, daß sie in *The Trouble With Harry* (Immer Ärger mit Harry) spielen sollte. Er würde schon die notwendigen Vereinbarungen mit Mr. Wallis treffen.

»Und damit«, erklärt Shirley selbst, »begann mein Leben in der Sklaverei.« Dieser Satz ist nur zum Teil als Scherz gemeint. Hitchcock bezahlte keinen Pfennig an sie. Ihre Gage strich Wallis – ebenso wie die späteren Tantiemen ein.

Shirleys allererster Film entstand also nicht bei dem Mann, bei dem sie den Vertrag unterzeichnet hatte.

In ihren Augen zahlte Wallis ihr nur einen Hungerlohn – den er zudem sofort mehr als nur wieder einnahm, in dem er sie an andere Filmgesellschaften auslieh.

Aber so war Wallis. Und man mußte ihm zugestehen, daß er Shirley »entdeckt« hatte und Kapital aus seinem Star schlagen wollte.

In ihrem Buch ›Don't Fall Off The Mountain‹ (Raupe mit Schmetterlingsflügeln) beklagt sich Shirley bitter über die Art und Weise, wie sie von Hal Wallis behandelt wurde. Sie spricht zum Beispiel von einem Kuß, der für ihren Geschmack zu intim war. Aber was wirklich böses Blut machte, waren die finanziellen Auseinandersetzungen.

Es ist nicht schwer zu verstehen, daß Schauspieler und Schauspielerinnen wütend werden, wenn sie das Gefühl haben, ausgebeutet zu werden. Wenn sie an andere Firmen »ausgeliehen« werden, kommen sie sich vor, als wären sie ein Stück Vieh, das auf dem Markt verhökert wird. Aber so etwas – das sagen alle – gehörte nun einmal zu ihrem Geschäft, und es blieb ihnen nichts anderes übrig, als sich damit abzufinden.

Hitchcock war genauso wie Wallis davon überzeugt, daß er einen neuen Star entdeckt hatte.

»Kümmern Sie sich um dieses Mädchen«, sagte

Hitchcock zu einem Reporter, kurz nachdem sie mit den Dreharbeiten zu seinem Film angefangen hatte. »Kein Mensch hat jemals etwas von ihr gehört, aber ich schwöre Ihnen, daß sie ein großer Star werden wird.«

Inzwischen hatte wenigsten eine Zeitung in Los Angeles, nämlich der *Herald Express*, die Spur aufgenommen.

»Hollywood«, berichtet das Blatt, »eine Stadt, die für ihre Großzügigkeit gegenüber unbekannten Künstlern bekannt ist, setzt zwanzig Millionen Dollar auf eine vielversprechende Newcomerin namens Shirley MacLaine.«

Wie der Journalist auf diese Summe gekommen war, konnte niemals ganz geklärt werden, aber es spielte auch weiter keine Rolle.

»Shirley«, heißt es weiter, »ist ein niedliches kleines Ding, das aus einem Paar strahlender Broadway-Pyjamas direkt in die Hauptrolle ihres ersten Films stolperte – sie ist eine der wenigen Zweitbesetzungen, die aus dem Nichts über Nacht ein Star werden. Doch Shirley ist keineswegs eine blutige Anfängerin, auch wenn sie beim *Picknick im Pyjama* nur die Zweitbesetzung für Carol Haney war.«

Solche Artikel waren Gradmesser für ihren Erfolg, zumal sie noch niemand auf der Leinwand gesehen hatte. Die Tatsache, daß Hitchcock sie engagiert hatte, reichte offenbar völlig aus.

Der legendäre Regisseur gehörte von Anfang an zu Shirleys größten Bewunderern. »Alle Schauspieler sind wie Vieh«, behauptete er. Aber Shirley, so fand er, hätte etwas ganz Besonderes. Der *Time* erzählte Hitchcock, sie sei »einzigartig«, und dieses Attribut würde einen wirklichen Star ausmachen. Sie hätte

»die seltene Qualität, die wir uns immer wünschen«. Hitchcock hatte natürlich seine eigenen Ideen darüber, wie man diese Qualität zur Geltung bringen konnte. Hollywoods Geschichte ist voll mit Histörchen über sein Team, das sich immer seinen Wünschen unterwarf. Wie der Autor, der erklärte, er könne bei einer besonders schwierigen Probe nicht dabei sein, »weil ich mir gerade ein paar von diesen speziellen Szenen ausdenken mußte, für die Hitchcock-Filme berühmt sind«.

Für Shirley war es nervtötend, bei diesen speziellen Szenen mitzuarbeiten, vor allen Dingen auch deshalb, weil sie vorher noch nie im Leben in einem Filmstudio gewesen war. Aber Hitchcock war ein außergewöhnlicher Mensch mit außergewöhnlichen Methoden. Soweit sie es beurteilen konnte, führte er eigentlich überhaupt nicht richtig Regie.

»Er ist immer nur herummarschiert und hat Cockney-Witze erzählt«, behauptet sie.

Der größte Witz, den er sich ihrer Meinung nach erlaubte, war – obwohl sie es damals keineswegs für besonders lustig hielt –, daß er Steve verbot, Shirley bei der Arbeit zuzusehen.

»Er konnte Ehemänner nicht leiden«, erzählt Shirley. »Er hatte offensichtlich ganz eigene Vorstellungen.«

Aber solche Marotten brauchten schon eine ganz besondere Art von Verständnis. Shirley konnte einfach nicht begreifen, warum Hitchcock ihr direkt in die Augen blickte und sagte: »Genuine Chopper (echtes Hackbeil), altes Mädchen.« Sie warf ihm einen ebenso direkten Blick zu, der besagte: »Ich habe nicht die leiseste Ahnung, was Sie damit sagen wollen.« »Kennen Sie ein anderes Wort für Genuine?«

fragte er. Vielleicht dachte sie, daß er damit zeigen wollte, daß er ein Mann mit Kultur und guter Bildung wäre und nicht einfach nur ein Typ aus London, der etwas vom Filmemachen verstand. Sie dachte über sämtliche Synonyme von »Genuine« nach. Schließlich sagte sie: »Real (wahr), O.K..« Hitchcock nickte: »Real. Und wie steht's mit einem anderen Wort für Chopper?« Sie bot ihm »Axe (Axt)« an. Er akzeptierte es. Axe. Jetzt setzt man die beiden Worte zusammen. Statt Genuine das Wort Real und statt Chopper das Wort Axe. Real-Axe. »Relaxe (entspannen).« Sie hatte verstanden.

Hitchcock war von Shirleys Talent sehr beeindruckt. Sie erzählt, daß er ihr beibrachte, wie man den Mund öffnete. Aber was Hitchcock wirklich bewunderte, war ihre Unerschütterlichkeit – sie hätte eiserne Nerven, wie ein Bankräuber, sagte er.

Mildred Dunnock, eine von Hollywoods Charakter-Schauspielerinnen, beurteilte Shirley ein wenig anders. Sie erteilte der jungen Schauspielerin auf Wunsch Hitchcocks ein wenig Schauspielunterricht.

Die beiden waren gerade mitten in einer »Unterrichtsstunde«, als Shirley plötzlich sagte, daß sie jetzt gehen müsse. Miss Dunnock war darüber ziemlich ungehalten. Aber Shirley gab nicht nach. »Ich heirate in einer Stunde.«

Am 17. September 1954 heirateten Shirley und Steve. Dr. Norman Vincent Peale, der Autor von *Die Macht des positiven Denkens*, traute sie.

Ehe die Arbeit am Hitchcock-Film begann, sprang Shirley noch einmal für einen Star ein. Und diesmal für einen sehr viel berühmteren als Miss Haney. Betty Grable konnte bei der Fernseh-Show *Die Show der Stars* nicht teilnehmen, und so trat statt ihr Shirley auf. »Innerhalb von drei Minuten für die Grable eingekauft«, schrieb die Zeitschrift *Life* darüber. »Shirley MacLaine war das Wunder in der letzten Minute, als sie ihr Tanzkleidchen ablegte und wie ein alter Hase in verschiedene Kostüme schlüpfte.«

Natürlich war der Film, den sie für Hitchock machen sollte, für sie und ihre Karriere wesentlich wichtiger.

Immer Ärger mit Harry war eine schwarze Komödie, in der eine Leiche einfach nicht in ihrem Grab liegen bleiben kann. Die meisten Drehorte lagen in Neu-England, und nur die Schlußaufnahmen entstanden in Hollywood.

Hitchcock mochte Shirley, und Shirley mochte ihn – fast genauso sehr, wie sie Wallis haßte. Von dem Augenblick an, in dem er den Handel mit Hitchcock abschloß, war sie wütend auf Wallis.

Wallis schenkte ihr als verspätetes Hochzeitsgeschenk einen MG, schrieb Shirley in ihrem Buch. Er behauptet dagegen, daß der Wagen sowohl ein Geburtstagsgeschenk als auch eine Anerkennung für ihre Arbeit und für das Geld, das sie einbrachte, gewesen war.

»Ich kaufte ihr einen MG, weil ich wollte, daß sie auch etwas von dem Geschäft mit Hitchcock profitierte. Ich hielt das nur für richtig.«

Shirley konnte zu diesem Zeitpunkt noch nicht Auto fahren. Stundenlang suchte sie nach dem Startknopf und studierte die Gebrauchsanweisung. Unglücklicherweise gab es keine Gebrauchsanweisung dafür, wie man mit wichtigen Studio-Bossen umgeht. Als ich mit Mr. Wallis sprach, war er noch immer davon überzeugt, daß er damals im Recht gewesen war. Er behauptete, daß er mit diesem Geschenk nichts anderes im Sinn gehabt hätte, als ihr zu zeigen, wie sehr er sie schätzte. »Sie hat sich den Wagen selbst gewünscht. Ich wußte, daß sie Geburtstag hatte, aber ich war noch viel mehr darauf bedacht, ihr eine Anerkennung zukommen zu lassen. Ich ging davon aus, daß ihr Geburtstag eine gute Gelegenheit dafür wäre, und daß das Ganze dann sehr viel persönlicher wirken würde. Also sagte ich zu ihr im Studio, daß ich wüßte, was sie sich von mir zum Geburtstag wünschen würde. Sie hatte einmal – wohl mehr im Scherz – gesagt, daß ein MG ein ganz nettes Geschenk wäre. Also hab' ich ihr einen gekauft. Als ich ihr die Schlüssel überreichte, konnte sie gar nicht mehr aufhören, abwechselnd zu lachen und zu weinen.«

In dem Interview mit der *Time* behauptet Shirley dagegen, daß es ihr mit diesem Wunsch sehr ernst gewesen war. »Wenn man mit einem Mann spricht, der vierundvierzig Millionen Dollar besitzt, scherzt man nicht«, soll sie angeblich gesagt haben.

In seiner eigenen Biographie *Starmaker*, die er zusammen mit Charles Higham geschrieben hat, äußert sich Wallis noch direkter. »Der schwierigste und unerfreulichste Star, mit dem ich jemals gearbeitet habe, ist Shirley MacLaine ... Sie besitzt nicht ein Fünkchen Dankbarkeit. Ich brachte ihre Filmkarriere ins Rollen, und sie weigert sich, diese Tatsache anzuerkennen.«

Diese Wunde, die Shirley Wallis beigebracht hatte, heilte nie. »Ohne mich«, sagt er 1970, »wäre sie ein unwichtiges Chormädchen geblieben, aber so ist sie ein Star.«

Immer Ärger mit Harry wurde zwar kein Kassenknüller, aber er war ein bemerkenswertes Filmdebüt und bewirkte, daß Shirley ins Gespräch kam.

Ihren zweiten Film machte sie für Wallis. Darin spielte sie mit Dean Martin und Jerry Lewis, hatte aber keine Hauptrolle. In *Artists And Models* (Maler und Mädchen) verliebt sich Shirley in Jerry Lewis, und es gibt ein Happy-End. Shirley war darüber nicht gerade glücklich, obwohl sie sagte, daß sie Lewis nett fand. »Ich halte ihn für ein echtes Genie. Er brachte mir viel bei und war ungemein geduldig.« Wenn man sich an die Dinge erinnert, die damals über Jerry geschrieben wurden – wie er und Dean ihren Produzenten die Hemden und Krawatten zerschnitten und im Studio das totale Chaos verursacht haben –, ist das wirklich ein großes Lob.

Shirley verkündete lauthals, daß Dean der komischste Mann der Welt wäre, und er gab das Kompliment postwendend zurück, in dem er Shirley als das beste Publikum überhaupt bezeichnete. Sie brach jedesmal vor Lachen fast zusammen, wenn er seinen Mund aufmachte und ein paar Worte nuschelte.

Steve hatte inzwischen allen Grund sich zubeklagen – obwohl Shirley ständig allen Leuten, die es hören wollten, erzählte, wie eng ihre Beziehung wäre und daß sie beide nichts lieber täten, als in ein Autokino zu fahren und sich Science-Fiction-Filme anzusehen.

Zusammen mit dem Strandhaus, das sie in Santa Monica Bay gemietet hatten, hatten sie einen Buick aus zweiter Hand übernommen. Da Shirley immer noch nicht fahren konnte, nahm es Steve auf sich, sowohl ihr Chauffeur zu sein als auch die gesamten Einkäufe zu erledigen. Bei einer dieser Einkaufstouren überfuhr ein anderer Autofahrer das Rotlicht und krachte voll in den Buick. Steve lag fünf Wochen im Krankenhaus. Dieser Unfall konnte natürlich nicht dazu beitragen, seine häufigen und verständlichen Depressions-Anfälle zu lindern.

Shirley und er waren sich darüber im klaren, daß Steve eine eigene Karriere anstreben mußte. Aber er hatte kein Glück. Hal Wallis wäre sicher manches erspart geblieben, wenn Steve Erfolg gehabt hätte.

»Sobald Shirley den süßen Duft von Erfolg gewittert hatte, wurde sie unzufrieden«, erzählte Hal Wallis. »Immer wieder behauptete sie, daß sie meine Sklavin wäre.« Als Anerkennung für *Maler und Mädchen* schenkte ihr Wallis einen Nerzmantel – das erwähnte sie in ihrem Buch nicht.

Wallis behauptet, daß er Shirleys Gehalt bei ihrem dritten Film – für den er sie wieder ausgeliehen hatte – angemessen erhöht hätte. Dieses Mal wurde sie von Mike Todd für den Film *Around The World In Eighty Days* (In 80 Tagen um die Welt) verpflichtet.

Es war einer jener Filme, die von vornherein dazu bestimmt waren, in die Schlagzeilen zu kommen. Der Star des Films war, wie vermutlich jeder weiß, David Niven. Außerdem spielten ein Dutzend oder mehr Topstars Nebenrollen. Todd wußte, daß das Publikum es liebte, den jeweiligen Lieblingsschauspieler überhaupt auf der Leinwand zu sehen, deshalb verpflichtete er so viele bekannte Schauspieler wie möglich.

Frank Sinatra war ein Klavierspieler, dessen Gesicht man nur ganz kurz sah. Charles Boyer, Ronald Colman, George Raft und John Gielgud hatten ähnlich bescheidene Rollen. Und Shirley MacLaine spielte eine indische Prinzessin, die zweifellos nach allem, was man unter den Juwelen und dem Sari sehen konnte, von rothaarigen und sommersprossigen

Eltern als Baby in einem Körbchen vor dem Schloß der Maharani ausgesetzt worden war.

Um die Sache noch verworrener zu machen, mußte sie einen englischen Akzent lernen. Das war für eine zwanzigjährige Schauspielerin auch nicht schwieriger, als die jugendliche Hauptrolle in *Picknick im Pyjama* zu tanzen. Warum sie mit englischem Akzent sprechen mußte und nicht mit indischem, wurde niemals erklärt.

Sofort ging das Gerücht in Hollywood um, daß sie »unangenehm« – das Lieblingswort der damaligen Zeit – wäre, was ihre Sprechweise anging.

»Das stimmt nicht«, erwiderte sie so ärgerlich, wie sie später nur auf wesentlich ernsthaftere Angelegenheiten reagierte. »Mir wurde gesagt, daß ich in dieser Rolle wie eine Engländerin zu sprechen hätte. Ich sagte, daß ich das erst üben müßte. Es hat mich Jahre gekostet, bis ich meinen Südstaaten-Akzent abgelegt habe, und ich kann ohne Vorbereitung nicht einfach mit englischem Akzent sprechen. Also ging ich nach Hause und übte mit Steve.«

Als Steve zufrieden war – und er war jetzt auch nicht leichter zufriedenzustellen als in den Tagen von *Picknick im Pyjama* –, wußte sie, daß sie für die Filmaufnahmen bereit war.

Shirley hatte zum erstenmal Gelegenheit zu zeigen, daß sie sich keineswegs wie ein üblicher Hollywoodstar benahm. Als sie bei der Premiere des Films erschien, wurde sie mit Jubel und Hochrufen begrüßt. Dann ging sie über den langen roten Teppich zu einem Mikrophon, da sie für die Radio- und Fernsehstationen interviewt werden sollte. Es war fast genauso wie eine Szene aus *Singin' In The Rain*, nur – sie sagte nicht einfach, daß alles wundervoll war, ein wundervoller Film, eine wundervolle Arbeit mit wundervollen Kollegen, einem wundervollen Regisseur, und daß sie so glücklich darüber wäre, jetzt vor diesen wundervollen Menschen zu stehen, die gekommen waren, um sie zu sehen. Nein, Shirley fing an zu kichern. Sollte das etwa bedeuten, daß sie betrunken war? Nein, versicherten die Studios schnell, sie trank fast überhaupt nichts. Es war nur so, daß sie sehr glücklich war, und das wollte sie auf diese Art und Weise zum Ausdruck bringen. Sie zeigte es bei Talkshows im Fernsehen so oft, daß die Sender in diesem Medium, das sich allmählich immer mehr entwickelte, ihr bis zu fünfunddreißigtausend Dollar für einen Auftritt anboten.

In 80 Tagen um die Welt wirkte sich auf Shirleys Leben sehr bedeutsam aus. Der größte Teil des Films wurde in Japan gedreht. Und dort hielt sich auch Steve auf. Es schien auf den ersten Blick so, als wäre das nur ein ganz gewöhnliches eheliches Arrangement, aber das war es keineswegs. Tatsächlich war es der Anfang einer der unkonventionellsten Ehen, die Hollywood je erlebt hat.

Steve war ein Mann mit zweierlei Ambitionen, die beide durch die Tatsache gehemmt wurden, daß er der Ehemann einer vielversprechenden Schauspielerin war, die offensichtlich wesentlich interessanter als jedes andere Starlet war. Sie war zwar noch kein Star, aber sie schien auf dem besten Wege dazu zu sein. Und das genau war Steve Parkers Problem. Es gibt nur wenige Männer, die es vertragen können, im Schatten ihrer Frauen zu leben, noch dazu, wenn sie eigene Ambitionen haben. Es fällt wohl jedem Mann schwer, zugunsten einer Frau auf die eigene Karriere zu verzichten, auch wenn die

Liebe noch neu ist, wie bei den MacLaines. Sie haben richtig gelesen: die MacLaines. Steve wurde nach nur zwei Filmen »Mr. Shirley MacLaine« genannt. Mit scharfen Augen überwachte er die Arbeit seiner Frau – aber natürlich war er auch stolz auf sie. Er war von ihrem Erfolg begeistert und durchlebte auch mit ihr gemeinsam die Enttäuschungen. Aber keine ihrer Enttäuschungen war so groß wie seine eigenen. Er unterstützte ihre Karriere und vernachläßigte dabei seine eigene.

Wie er Shirley schon bei ihrem ersten Treffen erzählt hatte, war es sein größter Traum, selbst Filme zu machen und ein erfolgreicher Produzent zu werden. Dabei strebte er es nicht unbedingt an, in Amerika Fuß zu fassen. Er sehnte sich so sehr danach, nach Japan zurückzukehren, wie ein kleiner Junge, der an Heimweh litt. Ihm lag Japan so sehr im Blut, als wäre ihm eine großzügige Dosis Sake direkt in die Adern injiziert worden.

Nachdem *Maler und Mädchen* abgedreht worden war, teilte er Shirley mit, daß er in Tokyo arbeiten, aber trotzdem mit ihr verheiratet bleiben wollte. Er hoffte, sie würde ihn besuchen, und er selbst wollte so oft wie möglich in das Strandhaus kommen, das sie sich außerhalb von Los Angeles gekauft hatten. Shirley stimmte zu, ohne über die Konsequenzen dieser Entscheidung nachzudenken.

Ein Teil der Dreharbeiten für *In 80 Tagen um die Welt* fand in Japan statt – das bedeutete für Shirley nicht nur die Möglichkeit, ihre Beziehung aufrechtzuerhalten, sondern sie konnte auch herausfinden, was Steve an Japan so begeisterte.

Ihr erster Besuch im Fernen Osten entfachte bei ihr die Liebe zu diesem Teil der Welt, den sie vor ihrer

Begegnung mit Steve lediglich aus Geographiebüchern oder Zeitungen kannte. Steve hatte viel über Asien erzählt, und nun konnte sie selbst feststellen, daß er mit Recht so enthusiastisch war.

Der geschäftige und geräuschvolle Verkehr von Tokyo und die ruhige Gelassenheit der Tee-Zeremonien: Shirley lernte alles kennen. Und mehr noch: sie wurde ein Teil davon. Ihr Besuch war nur relativ kurz, aber sie fühlte sich den Frauen von Japan sofort verbunden. Die Architektur, der Stil der Kleidung, alles wurde ein Teil ihrer selbst. Wenn es das Geld und Mr. Wallis erlauben würden, daß sie zwischen Kalifornien und Japan hin und her pendeln konnte, dann würde sie es tun. Die Skeptiker zerrissen sich das Maul über Shirleys Begeisterung und über ihre unmögliche Ehe. Ihre Freunde, die sie seit ihrer Ankunft in Hollywood gefunden hatte, lachten darüber. Es war schon schwierig genug, eine »normale« Schauspielerehe zu führen, aber wie konnte eine Verbindung über Kontinente hinweg halten? Steve und Shirley wollten sich und der Welt beweisen, daß sie so etwas fertigbrachten.

Natürlich half dabei der Erfolg von *In 80 Tagen um die Welt*. Daß die Rolle einer indischen Prinzessin mit Shirley besetzt worden war, mag damals zwar ein wenig bizarr gewesen sein, aber das Ergebnis war triumphal. Und wieder greife ich auf Shirley MacLaines eigene Aussagen zu diesem Thema zurück. Sie schreibt, daß ihr damals die meisten Leute geraten hätten, so schnell wie möglich eine andere Rolle zu spielen, sonst würde sie auf ihren Untergang zusteuern. Die Leute irrten sich. Natürlich konnte Shirley in dieser Rolle nicht gerade ihr schauspielerisches Talent beweisen, aber durch die Arbeit an diesem

Film knüpfte sie neue Kontakte, und sie verstand sich ausgezeichnet mit Mike Todd.

Die Ehe der Parkers/MacLaines schien trotz aller Unkenrufe zu funktionieren. Zumindest beteuerten Steve und Shirley das immer wieder. Shirley meint dazu: »Ich lernte eine Menge über das Leben, als ich den schmutzigen Klatsch und die Gerüchte, die über mich im Umlauf waren, hörte. Ich war frivol und intrigant für die Leute. Sie ließen kein Mauseloch für mich übrig. Die Zeit war für mich ziemlich hart.«

Steve behauptete später, er hätte Shirley geheiratet, als es noch gar nicht sicher war, daß sie erfolgreich werden würde. Als er sich dessen dann sicher war, wollte er wieder sein eigener Herr sein, und zwar für immer. Außerdem haßte er Los Angeles und seine Umgebung.

Gegen Ende der Dreharbeiten von *In 80 Tagen um die Welt* in Japan fühlte sich Shirley unwohl. Sie und Steve unternahmen eine Bootsfahrt, und Shirley wurde seekrank. Diese Übelkeit dauerte acht Tage an. Als Shirley nach Hause fuhr, wußte sie, daß ihre Ehe in einer Beziehung ganz sicher funktioniert hatte: Sie war schwanger. Sie bekam ein Kind, dessen Mutter in Kalifornien arbeitete, während sich der Vater in Japan sein Brot verdiente. Steve kam gerade rechtzeitig in die Staaten zurück, um Shirley und das Baby aus dem Krankenhaus abzuholen.

Am Samstag, dem 1. September 1956, war Steve in Tokyo. Als die Wehen einsetzten, setzte sich Shirley in ihr Auto. Mit einem Mantel über ihrem Nachthemd, zwängte sie ihren gewaltigen Bauch zwischen Vordersitz und Lenkrad und fuhr selbst nach Santa Monica in das St. Johns Krankenhaus. Zwei Stunden später war sie im Kreißsaal und ungefähr sechzig Minuten später stand sie auf, um ihr Nachthemd zu waschen. Sie behauptet auch, daß sie sofort hätte wieder arbeiten können.

Beide, Steve und Shirley hatten sich ein Mädchen gewünscht, und ihr Wunsch ging in Erfüllung. Steve hatte aus Hiroshima mehr als nur einen tiefsitzenden Haß gegen den Krieg und eine immer währende Liebe für die Japaner mitgebracht: Es war die Erinnerung an ein kleines Mädchen. Er hatte das Kind im Schutt der von der Atombombe zerstörten Stadt gefunden und es sozusagen adoptiert. Die amerikanischen Militärbehörden hatten ihm die Erlaubnis erteilt, das kleine Mädchen mit nach Amerika zu bringen. Weil sich das Kind nicht an seinen Namen erinnern konnte, suchte Steve einen aus: Sachiko, das bedeutet »glückliches Kind«, die Abkürzung davon war Sachi. Das kleine Mädchen kam nie nach Amerika. Es starb an den Folgen der radioaktiven Verseuchung, ehe noch die letzten Papiere für die Übersiedlung ausgefüllt waren. So erschien es nur natürlich, daß Shirley und Steve ihre eigene Tochter auch Sachiko nannten. Denn sie wollten beide ein glückliches Kind – abgesehen von der Tatsache, daß Shirley eigentlich nicht so wahnsinnig darauf erpicht zu sein schien, Mutter zu sein. Jahre später gab sie dann auch zu, daß Sachi ein »Unfall« gewesen war.

Kein Mensch zweifelte daran, daß Shirley ihr Kind liebte und das auch immer tun würde, aber sie wollte kein zweites Kind. Shirley fragte sich, ob Sachi vielleicht später Probleme mit ihrem Namen haben würde, und deshalb gab sie ihr auch einen amerikanischen – Stephanie. Sie schickte Sachi zu ihrem Vater nach Tokyo. In der japanischen Hauptstadt fand dann auch hauptsächlich das Familienleben statt.

Aber das war nicht normal, und vermutlich hatte diese Belastung Auswirkungen auf Shirleys Karriere. Shirley versuchte ihr bestes, um das zu verhindern. Wenn Sachi in Kalifornien war, setzte sie alles daran, dem Kind das Leben so konfliktlos wie möglich zu machen. Wenn Shirley zu einer Party eingeladen wurde, nahm sie Sachi in einem Korb mit. Sie stellte den Korb ab und nahm ihn Stunden später, wenn sie sich verabschiedete, wieder auf und fuhr mit Sachi nach Hause.

Shirley fühlte sich aber in diesem Zuhause nicht wohl. Im Oktober 1957 kündigte sie den Mietvertrag, obwohl sie dadurch erhebliche finanzielle Einbußen erlitt. »Ich tat das nicht gern, aber das Haus deprimierte mich.« Möglicherweise war sie aber am meisten wegen ihrer Arbeit, die sich ganz und gar nicht nach ihren Vorstellungen entwickelte, deprimiert.

Als Steve zu einem seiner kurzen Besuche nach Los Angeles kam, bezogen sie ein anderes Haus, das auf einem Hügel stand. Und um sich selbst eine Freude zu machen, möblierten sie es im japanischen Stil – niedrige Tische, von denen sie gekleidet in Kimonos mit Stäbchen ihre Mahlzeiten aßen. Das bedeutete aber nicht, daß Shirley jetzt auf ihre Karriere verzichten wollte, um Hausfrau zu werden. Sachi wuchs in zwei völlig verschiedenen Kulturkreisen auf.

»Falls und wenn ich ein Star sein werde«, sagte Shirley damals, »dann will ich keine Eintagsfliege sein. Ich möchte dauerhaften Erfolg haben.«

Das war der Beweis dafür, daß Shirley ganz und gar nicht unter mangelndem Selbstbewußtsein litt. Ab und zu gab sie auch der Presse gegenüber richtiggehende Bekenntnisse ab. Einmal sagte sie einem Reporter: »Ich bin kein unerfahrenes junges Mädchen. Aber ich bin auch keine Charakterdarstellerin. Ich glaube, ich habe nur Charakter.«

Shirley spielte an der Westküste in einem Stück namens *The Sleeping Prince* (Der schlafende Prinz), zusammen mit Hermione Gingold und Francis Lederer. Sie hatte die Rolle, die später Marilyn Monroe neben Laurence Olivier in der Filmfassung spielte. Der Film hieß *The Prince And The Showgirl* (Der Prinz und die Tänzerin).

Hal Wallis bot ihr eine Rolle in *Hot Spell* (Hitzewelle) an, eine Rolle, die für sie längst nicht so heiß war, wie der Titel des Films vermuten ließ. Die Geschichte handelte von einem Mann (Anthony Quinn) in einer kleinen Stadt im Süden, der sich in ein Mädchen verliebt, das dreißig oder vierzig Jahre jünger als er ist. Natürlich hat er Schwierigkeiten mit seiner Frau (Shirley Boothe) und seinen drei Kindern. Shirley spielte das mittlere der Kinder – eine kleinere Rolle. Regisseur war wieder Daniel Mann, aber das genügte nicht, um sich auf Shirleys Zukunft auszuwirken. Sie stand immer noch bei Wallis unter Vertrag, der ein unabhängiger Produzent war und dessen Werke im Verleih von Paramount erschienen. Den nächsten Film drehte Shirley für Paramount. Sie spielte die Putzmacherin in Thornton Wilders *The Matchmaker* (Die Heiratsvermittlerin). Das Musical *Hello, Dolly* entstand Jahre später nach diesem Stoff. Shirley Boothe spielte die Rolle von Dolly Levi – damit standen die beiden Frauen abermals gemeinsam vor der Kamera. Und wieder war es ein Film, den Shirley keineswegs als nützlich für ihre Karriere betrachtete und der auch in keiner Weise dazu beitrug, die wachsende Bitterkeit zwischen ihr und Wallis zu mildern. Wallis hatte nichts anderes vor, als Geschäfte und

Geld zu machen, aber Shirley wollte mehr. Natürlich gibt es einige Zeugen, die die konfliktreiche Beziehung zwischen den beiden miterlebt haben. Martha Hyer, die Wallis später heiratete, ist eine von diesen Zeugen. Sie war eine vielversprechende, attraktive Schauspielerin in den fünfziger Jahren. Sie hatte ein sehr schönes Gesicht und eine Figur, bei der die Kurven an den richtigen Stellen saßen. Sie machte alles, was von ihr als Schauspielerin erwartet wurde, perfekt, aber sie wollte kein Superstar werden. Trotzdem wurde Martha genauso wie Shirley für den Oscar nominiert für ihre Rolle in *Some Came Running* (Verdammt sind sie alle). Dieser Film enthielt auch die bis dato wichtigste Rolle für Shirley MacLaine.

Die meisten Leute, die an dem Film gearbeitet haben oder ihn im Kino gesehen haben, waren von Shirley hingerissen.

»Ich muß zugeben, daß ich damals von Shirley sehr beeindruckt gewesen bin«, erzählt Martha Hyer. »Als wir den Film zusammen drehten, konnte ich bereits voraussagen, daß sie etwas ganz Besonderes an sich hatte und daß sie eine hervorragende Leistung bringen würde, an die wir uns inzwischen schon gewöhnt hatten. Aber etwas berührte mich seltsam. Shirley beklagte sich ständig über irgend etwas, sie war die ganze Zeit über schlecht gelaunt. Ich kannte Hal Wallis damals noch gar nicht, und deshalb nahm ich ihr Benehmen auch nicht persönlich, aber ihre andauernden Klagen kamen mir doch merkwürdig vor. Eines Tages saßen wir im Studio, und sie erzählte mir, was Wallis ihr bot – ein Gehalt und einen Nerzmantel. Für mich klang das phantastisch.«

Die Rolle der leichtlebigen Ginny war Shirleys Einführung in den »Clan«, der von Frank Sinatra und

Dean Martin, ihren beiden Co-Stars in dem Film, angeführt wurde. Mit dieser Rolle schien Shirley auch auf ein ganz bestimmtes Genre festgelegt zu sein – ab diesem Zeitpunkt spielte sie oft die Rolle der Hure mit dem goldenen Herzen.

Shirley sagte, daß Ginny jemand sei, den sie verstehen könnte. Sie war jemand, den man leicht übers Ohr hauen konnte, eine ungebildete Person ohne Manieren – aber ein Mädchen, das seine Liebe verschenken und rücksichtsvoll sein wollte.

Der Film wurde an Schauplätzen in Indiana gedreht, Martha Hyer nannte das »eine lustige Gegend«. Sinatra, der die Drehzeiten diktierte – von Mittag bis sieben Uhr – sagt über seine Kollegin: »Als Schauspielerin war Shirley wundervoll.«

Das hat auch Hal Wallis nie bestritten. »Sie war eine perfekte Schauspielerin. Keiner ihrer Produzenten oder Regisseure hatte jemals Ärger mit ihr.«

In *Verdammt sind sie alle* führte Vincente Minnelli Regie, und er ist, ganz zu Recht, davon überzeugt, daß er einen Gutteil dazu beigetragen hat, Shirleys Karriere voranzutreiben. Minnelli hatte erhebliche Schwierigkeiten mit MGM, der Firma, die den Film produzierte, weil der Regisseur darauf bestand, die Rolle der Ginny mit Shirley zu besetzen.

Die Geschichte handelt von einem Soldaten, der in seine Heimatstadt zurückkehrt und sich mit einer Prostituierten und einem Spieler einläßt. Der Spieler wurde von Dean Martin dargestellt, der in diesem Film seine erste ernsthafte Rolle spielte. Die Handlung selbst entsprach eigentlich den gängigen Klischees. Minnelli wollte mit Shirley MacLaine in der Rolle der Hure aus dem Klischee ausbrechen.

Frank Sinatra erzählt, daß es damals äußerst

schwierig war, eine passende Schauspielerin für die Rolle der Ginny zu finden. »Aber, als wir eines Nachts bei der Dinah Shore-Show waren, tanzte unsere Traum-Ginny auf uns zu. Sie trug ein hautenges schwarzes Trikot und sang aus vollem Hals ein Lied mit einer Stimme, die man am besten als schreckliches Geschrei bezeichnen konnte – das war Shirley MacLaine. Sie war einfach entzückend, so direkt und humorvoll ... Sie hatte alles, was unserer Meinung nach die Ginny haben sollte.«

Das Studio dagegen war mit dieser Wahl nicht unbedingt einverstanden. Die Verantwortlichen wollten Shirley nicht, weil sie bis zu diesem Zeitpunkt noch kein einziges Mal irgendein großes dramatisches Talent gezeigt hätte. Sie waren davon überzeugt, daß Shirley nicht sexy genug aussah. Shirley MacLaine wäre immer nur das Mädchen mit den Sommersprossen und den roten Haaren.

»Ich begriff, daß ich irgend etwas unternehmen mußte, um die Filmbosse zu überzeugen«, erzählt Minnelli. »Das konnte ich natürlich nur mit Probeaufnahmen tun, und dafür mußte Shirley richtig ausstaffiert und geschminkt werden.« Sie sollte so aussehen, daß ein Mann gern Geld dafür bezahlt, mit ihr ins Bett zu gehen. Minnelli gab klare Anweisungen an den Maskenbildner und suchte die Kostüme aus. Er wollte etwas ungeheuer Aufreizendes. Shirley sollte ein Kleid aus schwarzem Satin tragen. Die MGM-Chefs schauten sich die Probeaufnahme an, bei der Minnelli selbst Regie geführt hatte, und waren begeistert.

Miss MacLaine sah auch bei den »Clan«-Veranstaltungen bezaubernd aus, auch wenn sonst nur zahlende Mitglieder anwesend waren; sie mußte Blumen arrangieren und den Mitgliedern bei ihren Gin Rommé-Spielen Gesellschaft leisten.

»Wir waren keine besonders engen Freunde«, sagt sie, »wir mochten und akzeptierten uns und stellten keine Fragen.«

Tatsächlich bestritten Shirley und die anderen Mitglieder lange Zeit, daß dieser »Clan« überhaupt existierte. »Ich habe nie gehört, daß jemand aus unserer Gruppe die Bezeichnung ›Clan‹ verwendete. Keiner von uns hatte irgendwelche Aufgaben, und wir wählten auch keine Anführer.«

»Es stimmt«, sagt sie der *Saturday Evening Post*, »daß Frank Sinatra, Dean Martin und ich ein gutes Verhältnis zueinander haben. Das ist schön und etwas sehr Seltenes. Aber es gibt nichts Schlimmes oder sogar Fragwürdiges an unserer Beziehung.« Wesentlich wichtiger war für Shirley das Gefühl des gegenseitigen Respektierens. »Keiner von ihnen trat mir jemals zu nahe«, sagt sie. Und das war für ein junges Mädchen, das zu einer Gruppe von Männern gehörte, die gern ihren Spaß hatten, ziemlich wichtig.

Natürlich interessierte sich die Öffentlichkeit besonders dafür, was Frank, Dean und Sammy Davis jr. von Shirleys ungewöhnlicher Ehe hielten.

»Kann sein, daß meine Freunde Steve und mich nicht verstanden«, sagt Shirley, »aber keiner sprach jemals darüber. Unsere Freundschaft muß nicht gehätschelt und gepflegt werden. Wenn man einen der anderen braucht, sind sie da.«

Ganz Hollywood beteiligte sich an dem Laß-uns-Shirley-doch-mal-analysieren-Spiel. Der Komiker George Gobel sagte: »Sie ist die Art von Mädchen, das einen Bowler mit einem Löwenzahn als Feder tragen kann, und niemand würde das merkwürdig finden.« Andere Leute entdeckten in ihr eine Gedankentiefe, die man bei Starlets nicht erwartete. Da gab es zum Beispiel das Interview mit der *New York Times* im Jahr 1959, in dem sie sagte, daß sie Filme hasse, in denen es dem schwarzen Star niemals erlaubt sei, zum Schluß das weiße Mädchen zu bekommen. »Rassentrennung – das hätte man schon im 18. Jahrhundert abschaffen sollen.«

Und Shirley machte auch kein Geheimnis aus ihrer Einstellung dem Geld und ihrer Arbeit gegenüber. »Ich schätze einen Dollar genauso wie jeder andere auch. Aber ich möchte Teil von etwas Wirklichem sein. Ich möchte Filme machen, mit denen sich die Leute identifizieren können, die authentisch sind. Man muß ein großer Könner sein, um solche Rollen überzeugend zu spielen«, und sie zweifelte nicht daran, daß sie schon bald ein solcher Könner sein würde. »Ich versuche, das zu erreichen. Wenn jedermann die Wahrheit sagen würde, wäre nie jemand verletzt. Der ganze Ärger auf dieser Welt ist, daß die Hälfte der Menschheit lügt. Wenn ich jemanden oder etwas nicht leiden kann, dann sage ich das auch, und damit ist alles klar. Ich bin nicht das, was man einen echten Hollywoodstar nennt. Nicht, weil ich sie nicht mag, sondern weil ich das, was ich bin, lieber mag.«

Und das schienen auch ihre Schauspieler-Kollegen lieber zu mögen.

Frank Sinatra erzählt, daß er immer wieder fasziniert war, worüber sie sich alles unterhalten konnte – von Büchern bis zu japanischer Kunst. Später sagt er darüber: »Es stellte sich heraus, daß dieser Struwwelkopf das Gehäuse für eine gutgeölte Denkmaschine ist.«

Die Studiobosse waren jetzt davon überzeugt, daß man keinen großen Namen, der zu Sinatra und Martin gepaßt hätte, auf die Besetzungsliste setzen mußte. Martin selbst bekam die Rolle nur, weil sein Freund Frank darauf bestanden hatte. Martin hatte damals den Ruf, lediglich die leichtgewichtige Hälfte seines Partners Jerry Lewis zu sein. Sein erster eigener Film, *Ten Thousand Bedrooms*, war ein totaler Reinfall gewesen, und bislang hatte noch niemand *The Young Lions* gesehen, in dem er sehr viel Talent zeigen sollte.

Shirley war wirklich eine sehr gute Schauspielerin. Man glaubte ihr ihre Rolle, sie tat einem leid, man hatte sogar das Gefühl, irgendwie in den Film eingreifen und sie aus ihren Schwierigkeiten herausholen zu müssen, wenn Sinatra, der Soldat, sie verhöhnt und zu ihr sagt: »Was soll das, du hast doch überhaupt keine Ahnung, wovon ich rede.« »Nein, ich verstehe es nicht«, antwortet sie, »aber das heißt nicht, daß ich es nicht mag. Ich verstehe auch dich nicht, aber das heißt noch lange nicht, daß ich dich nicht mag. Ich liebe dich. Was soll daran falsch sein?«

MGM hatte einen Star gefunden – und Shirley war von nun an auf den Charakter des leichten Mädchens festgelegt.

Jahre später waren Minnelli und seine Frau bei Shirleys Eröffnungsabend im Hilton Hotel in Las Vegas. Sie wollte, daß die Spotlights auf den Regisseur gerichtet wurden und erklärte: »Wenn er nicht gewesen wäre, stünde ich heute nicht hier.« Das war nicht nur eine nette Geste einem berühmten Mann gegenüber – diese Worte entsprachen der Wahrheit.

Trotzdem gab es auch Kritik an Shirley. Einige Kritiker waren der Meinung, daß sie den Charakter des Mädchens Ginny überzeichnet hätte.

»Ich glaube nicht, daß Ginny überhaupt Eindruck gemacht hätte, wenn ich sie nicht so überzogen gespielt hätte«, sagt sie. »Die meisten Charaktere muß man ein bißchen übertrieben darstellen. Sagen wir einfach, daß es mir möglich war, mich selbst an Ginnys Stelle zu versetzen.«

Heute liest sich das wie eine höchst intelligente und altkluge Bemerkung eines jungen Mädchens, das in gewisser Weise viel zu unreif war, als daß man ihre Worte ganz ernst hätte nehmen können.

Natürlich nahm Shirley das Leben nicht so ernst, wie es den Anschein hatte. Sie gestand, daß es für sie nicht ganz einfach war, sich in Ginny hineinzuversetzen. »Weil ich bei Dean Martin, wenn er gerade nicht vor der Kamera stand, immer damit rechnen mußte, daß er mir genau vor den großen, gefühlsbetonten Szenen irgendwelche komischen Geschichten erzählen würde.«

Sie sagte, daß sie die Leute, die sich lobend über ihre Schönheit äußerten, nicht beachtete. »Wenn ich mir ein paar von den hübschen Mädchen, die da rumliefen, ansah, kam ich mir wie Rin Tin Tin vor.«

Ein Journalist schrieb, daß sie jede Heuchelei, die eventuell falsch ausgelegt werden könnte, vermied. »Ich versuche nie jemand anderer als ich selbst zu sein. Und wenn einige von den Dingen, die ich sage oder tue, etwas seltsam erscheinen, was soll's?«

So wie Shirley, diese schlaue Geschäftsfrau, die Dinge betrachtete, lag es eigentlich nur in ihrem eigenen Interesse, sich so merkwürdig wie nur irgend möglich zu benehmen.

Ungefähr zu dieser Zeit soll einer ihrer Freunde gesagt haben: »Versuchen Sie nicht, Shirley zu analysieren. Seien Sie doch dankbar dafür, daß es in dieser trübsinnigen Welt noch Wesen wie sie gibt.«

Kurz nachdem der Film abgedreht war, sagte Minnelli: »Mir ist es egal, welche Rolle ansteht, sie kann alles spielen.«

Dwight Taylor, ein Drehbuchautor, behauptete damals: »Es gibt nur wenige Schauspieler, die über Jahre hinweg sagen können: Ich werde jetzt gehen und mir einen Topf voll Schweinefleisch und Bohnen kaufen und Sie damit zum Würgen bringen. Judy Holliday konnte das ebenso wie Shirley. Die Stimme von Shirley Boothe hatte auch etwas davon. Wenn ich entscheiden sollte, welchen Auftritt sich meine Mutter meiner Meinung nach unbedingt anschauen sollte ... dann würde ich Shirleys (MacLaine) in *Verdammt sind sie alle* auswählen.«

Nach dieser Rolle gab es für Shirley eine ganze Menge Belohnungen. Sie war jedoch, wie immer, nicht der Meinung, daß sie von Mr. Wallis stammten. Die Fehde zwischen ihnen ging weiter. Sie bekam für die Rolle in diesem Film fünfzehntausend Dollar – »diese Gage war damals üblich, und es war eine gute Gage«, sagt Wallis.

»Ich mag es nicht, wenn ich übers Ohr gehauen werde«, teilt Shirley der *Time* mit. »Ich bin eine gute Geschäftsfrau.«

Sie war so felsenfest davon überzeugt, daß sie übervorteilt werden sollte, daß sie sich bis zu dem Tag, an dem die Dreharbeiten begannen, geweigert hatte, am Drehort zu erscheinen. Damit machte sie sich natürlich weder bei MGM, noch bei Mr. Minnelli beliebt. Wallis, der an sein Geld denken mußte, hätte ihnen sagen können, was sie sich mit Shirley eingehandelt hatten, aber das tat er vermutlich nicht. Nachdem der Film abgedreht war, war Shirley davon überzeugt, eine ganze Reihe von guten Gründen zu haben, warum sie es verdiene, künftig besser behandelt zu werden.

Zum einen hatte sie sich jetzt einen Namen als Schauspielerin gemacht und bekam keine Angebote mehr, in einem phantasielosen Badeanzug für Fotos zu posieren. Zum anderen war sie für den Oscar nominiert worden. Und zum dritten war sie als vollwertiges Mitglied in den »Clan« aufgenommen worden – obwohl sie behauptete, daß ihre Aufgaben lediglich darin bestanden, die Orte, die die männlichen Mitglieder aufsuchten, zu verschönern. Wenn man Sinatra und Martin an seiner Seite hatte, bedeutete das, daß man mit den anderen im Geschäft umspringen konnte, wie man wollte. Fairerweise muß man sagen, daß Shirley das nie versuchte. Wenn es den »Clan« überhaupt gab, dann existierte er nur zum reinen Vergnügen.

Eine Zeitlang war sich keiner sicher, wie er diese Verbindung überhaupt bezeichnen sollte – sie war nie etwas Formelles; es war eher eine Gruppe von guten Freunden, die eine Menge gemeinsame Interessen hatten und denen es Spaß machte, daß die Leute auf sie aufmerksam und neugierig wurden. Humphrey Bogart hatte die Gruppe »Rattenhorde« genannt. Für die anderen Mitglieder war Frank Sinatra der Vorsitzende. Dean Martin, sein anerkannter Stellvertreter, wurde manchmal »der Admiral« genannt, da seine Vorliebe meist den flüssigen Genüssen galt, mehr als die der anderen Mitglieder. Joey Bishop, Peter Lawford und Sammy Davis jr. ordneten sich ohne zu murren den beiden Anführern unter.

Was nun Shirley anging, falls noch irgendwelche Titel zu vergeben waren, dann war sie vermutlich so etwas wie die Mutter der Kompanie. Die anderen zollten ihr den Respekt oder schienen sie adoptiert zu haben.

Sinatra empfand wirklich herzliche Freundschaft. »Wir vertrauen einander. Wenn Shirley mir sagt, daß ich ein bestimmtes Buch lesen soll, dann lese ich es.« Damit drückte sich nicht nur Respekt gegenüber ihrer Mitgliedschaft aus, sondern auch gegenüber der Tatsache, daß sie das einzige Clan-Mitglied außer Peter Lawford war, das die High-School besucht hatte. »Ich vertraue ihrem Geschmack und ihrem Wissen«, sagte Frank Sinatra, »und ich glaube, sie vertraut auch mir. Sie ist eine exzentrische Person – ein Kook –, aber sehr warmherzig.«

Als Sinatra 1959 dieses Wort benutzte, hatte er sich wahrscheinlich nicht träumen lassen, daß Shirley für die nächsten zwanzig Jahre so bezeichnet werden würde. Ein Kook war geboren worden. Aber was genau war ein Kook? Heute weiß man, daß es die Kurzform von Kookaburra ist, einem australischen Vogel, der für sein lautes Gelächter bekannt ist. Shirley sah zwar reizender als jeder Kookaburra aus, aber sie lachte wirklich sehr laut und viel.

Dean Martin sah die Dinge mehr vom Standpunkt des professionellen Entertainers aus. »Sie ist wirklich ein tolles Mädchen«, vertraute er mir an. Aber soweit es ihn betraf, gab es wesentlich wichtigere Dinge, die sie ihm sympathisch machten. »Sie ist ein toller Zuschauer, und sie lacht schrecklich gern. Ich wäre der berühmteste Entertainer der Welt, wenn jedesmal fünfhundert von ihrer Sorte in meinem Publikum sitzen würden.«

Sie war das einzige weibliche Mitglied im »Clan« und mußte deshalb einige Voraussetzungen, die von anderen verlangt wurden, nicht erfüllen. Sie mußte keinen Dual Ghia-Wagen kaufen. Und es wurde nicht von ihr erwartet, daß sie sich zum Preis von hundertfünfundzwanzig Dollar ein weißes Jackett aus Seersucker-Stoff kaufte, das von Sy Devore, einem der führenden Maßschneider von Hollywood, angefertigt worden war. Es wurde allerdings von ihr erwartet, daß sie hübsch aussah und ihren Teil zur Unterhaltung beitrug. Weil es keine anderen Frauen gab, nannten die Mitglieder sie »Fringie«.

Inzwischen ist der »Clan« zwar in die Geschichte des Showbusiness eingegangen, aber er war nicht sehr langlebig. Er wurde in ein paar Filmen verewigt, in denen Shirley zwar nicht mitspielte, aber Frank, Dean, Sammy, Peter und Joe die Stars waren. Nach dem Tod von John F. Kennedy entschieden die Mitglieder jedoch, daß es auf dieser Welt nicht mehr viel gab, über das man lachen konnte.

Joey Bishop erzählt: »Das Fernsehen entwickelte sich, und wir alle fingen an, eigene Wege zu gehen. Außerdem sind wir alle älter geworden, und ich glaube nicht, daß ich noch länger mit allem Schritt halten kann.«

Shirley war so etwas wie das Maskottchen der Männer. Sie war fast zwanzig Jahre jünger als die Mitglieder, und sogar heute hätte sie keinerlei Probleme damit, mit allem Schritt zu halten.

Sammy Davis versorgte die Gruppe mit einem netten Nachruf. »Wenn ich mit ihnen zusammen bin«, sagt er, »kann ich mich entspannen. Wir vertrauen einander. Wir bewundern jeder das Talent des anderen.«

1959 fing noch eine ganze Menge mehr Leute an, Miss MacLaines Talente zu bewundern.

Sie trat in den großen Fernsehshows auf, war abermals Gaststar in der Dinah Shore Chevy-Show. Doch der Regisseur Tony Charmoli war nicht allzu beeindruckt von der Figur, die sie machte, als sie zu den Proben kam.

»Ich wette, daß Sie nicht einen Pfennig für Proben-Kleidung ausgegeben haben, seit sie ein Chormädchen waren, oder ?« fragte er, Sie bejahte das stolz. Sie war zwar jetzt ein großer Star, aber sie trug immer noch die abgewetzten Sachen, die sie schon bei den Proben zu *Me And Juliet* und *Picknick im Pyjama* angehabt hatte. Warum sollte sie für etwas Geld ausgeben, wenn es nicht nötig war? In ihrem nächsten Film kaufte das Studio für teures Geld Kleidung, die Shirley dann – gegen Bezahlung – ruinierte.

The Sheepman (In Colorado ist der Teufel los), ein Film, in dem Shirley neben Glenn Ford die Hauptrolle spielte, war ein Western, der nicht halb so viel Begeisterung hervorrief wie der vorherige Film. Er machte jedoch zumindest auf Miss MacLaine einen gewissen Eindruck. Vor allen Dingen deshalb, weil es ein Film war, in dem sie Jeans und flotte Hemden, die zeigten, daß sie nicht unbedingt ein Cow*boy* war, und einen Hut tragen durfte. Der Hut war ganz neu, ihre Stiefel sahen aus, als wären sie für den Captain der British Brigade of Guards poliert worden, und ihr Hemd und die Jeans waren von den besten Schneidern in Hollywood extra für sie angefertigt worden.

George Marshall, der Regisseur, erkannte das Problem sofort, noch ehe es Shirley klargeworden war. Er nahm etwas Erde in die Hand und schmierte den Dreck auf Shirleys Kleider. Dann sah er zu, wie alle anderen Schauspieler – Shirley war, wie sie es nannte, »das einzige Weib« in diesem Film – sie auf den Boden warfen und auf der Erde herumrollten.

»Jetzt können Sie in einem Western mitspielen«, sagte Marshall schließlich.

Aber Shirley nahm Rache. Sie nahm einen Eimer mit Wasser und schüttete ihn den Gentlemen ins Gesicht, die der Meinung gewesen waren, daß sie ein bißchen auf ihre Rolle vorbereitet werden mußte. »Möchtet ihr euch nicht ein bißchen abkühlen?« fragte sie.

»Von dem Augenblick an«, erzählt Shirley der *Time*, »wußten sie, daß ich nicht unbedingt eine Primadonna war, und sie nahmen sich künftig kein Blatt mehr vor den Mund. Diese Sprache, liebe Zeit!«

Der Film wurde für MGM gemacht. Die Firma war jetzt bereit, den Preis zu bezahlen, den Hal Wallis forderte (die Gage, die Shirley von ihm bekam, plus einen Profit für sich selbst).

Ask Any Girl (Immer die verflixten Frauen) war da eine ganz andere Sache; dieser Film war tatsächlich so anders, daß die Leute sozusagen von heute auf morgen aufhörten, von Shirley MacLaine als dem kommenden Star zu sprechen; ein paar nahmen es sogar auf sich, neue Wörter zu erfinden, und sie mit dem bis dahin unbekannten Begriff des Superstars auszuzeichnen.

Etwa zum selben Zeitpunkt versetzte Shirley das Studio in höchstes Erstaunen, in dem sie in Kleidern auftauchte, wie sie vorher noch niemals ein Filmstar getragen hatte – wie zum Beispiel orangefarbene Shorts und einen roten Pullover. Wenn die Leute darüber den Kopf schüttelten, dann erklärte sie, daß sie auf dem einen Auge etwas farbenblind sei.

Der Filmproduzent Joseph Pasternak war davon ungemein beeindruckt. »Alles, was sie tut, ist so real«, sagt er, »wie sie einen Füller nimmt oder eine Tasse Kaffee ergreift oder ein Sandwich ißt.«

Das *Time* Magazin beschrieb Shirleys neuesten Film als »eine gelungene Geschichte darüber, was passieren kann, wenn die altmodische Kunst der Liebe durch das noch neue Wissen über Motivations-Forschung verbessert wird«. Tatsächlich war die Handlung des Films ein altbekannter schmutziger Witz, der entschärft und ausgeschmückt und in eine Komödie über Manieren des Jahres 1959 verwandelt wurde. Und da David Niven Shirleys Boß spielte, waren die Manieren tatsächlich sehr fein.

Shirley spielte ein Kleinstadtmädchen, das in die große Stadt kommt und sich wünscht, so viel mehr zu wissen, als sie tatsächlich weiß. Wie verführt man zum Beispiel den jüngeren Bruder (Gig Young) des Chefs? Gig Young mimt einen Blaubart, der unzählige Verehrerinnen hat. Da Mr. Niven einen Spezialisten für Motivations-Forschung spielt, kann er das Problem natürlich am besten durch Forschung lösen. Alles, was Shirley lernt, betrachtet sie als weltgewandtes Benehmen und setzt es sofort in die Praxis um.

Die Art und Weise, wie die *Time* ihre Begeisterung über Shirley MacLaine Ausdruck verlieh, grenzte schon fast an Fanatismus.

Der Kritiker schrieb in einem Artikel, der die meisten Topstars vor Neid erblassen ließ: »Sie hat das Gesicht eines idealisierten Aschenbrödels, den Körper eines Tanzmädchens, die spitzbübische, kantige Ausstrahlung der Puppe eines Bauchredners, und sie besitzt wahrscheinlich mehr Schönheit, Talent und

Publikums-Appeal als jede andere Filmkomödiantin seit Carol Lombard.« Mit Freude merkte das Magazin an – und Shirley war zweifellos noch erfreuter über diese Passage –, daß sich eine »etwas monotone Darstellungsweise in einen geschmeidigen und phantasievollen Komödienstil entwickelt hat. In *Immer die verflixten Frauen* zeigt sie zum ersten Mal den Anstand und die Zurückhaltung eines Ich-bin-jetzt-erwachsen-Mädchens. Wenn sie dann allerdings loslegt, springt der eingelullte Zuschauer hoch, als wäre ein friedlicher Gartenschlauch plötzlich zum Leben erwacht und würde wie wild herumspritzen.«

Wenn schon ein friedlich dösender Zuschauer durch die Persönlichkeit von Shirley MacLaine aufgeweckt wurde, dann erst recht die Presse. Ganz plötzlich – trotz der letzten fünf Jahre, die sie in Hollywood mit stets wachsendem Erfolg gearbeitet hatte und trotz all ihrer Unzufriedenheit mit ihrem Vertrag – war Shirley sozusagen über Nacht ein Presseliebling.

Die *Time* schrieb die Kritik über *Immer die verflixten Frauen* in seiner Ausgabe vom 1. Juni 1959. Am 22. Juni erschien das »Aschenbrödel«, das so frech aussah wie ein Kind, auf der Titelseite der Zeitschrift. Das war die höchste Auszeichnung. Auszeichnung? Für eine fünfundzwanzigjährige Schauspielerin war es eine goldene Krone, mit der sie von einer geheimen Versammlung unparteiischer Schiedsrichter, die über alles Wichtige zu entscheiden hatten, belohnt wurde.

Das Titelbild trug die Unterschrift »Die Neuen Mädchen von Hollywood – Talent in Blue Jeans.« Der Artikel selbst schilderte Lebensläufe von Shirley und anderen. Aber abgesehen von einer Mitstreiterin für die Rolle »Bester weiblicher Star der Zukunft«, war Shirley der eindeutige Liebling.

In dem Artikel heißt es, daß Shirley einer neuen Kategorie angehöre – »Experten in Hollywood, die immer auf der Suche nach einem neuen Trend sind, halten sie für so herausragend, daß sie ›in‹ ist, und zwar völlig ›in‹. Mit fünfundzwanzig Jahren ist Shirley das strahlendste Gesicht, das erfrischenste Wesen und vielseitigste neue Talent in Hollywood. Ihr Gesicht, mit dem sie wie mit einer Gummimaske arbeiten kann, verwandelt sich von fröhlich zu traurig, von einem Harlekin zu einer Columbine, und zwar ohne größere merkbare Anstrengungen. Ihre Lippen können zittern wie bei einem Kind, das gerade dabei ist, in Tränen auszubrechen, oder sie können sich amüsiert kräuseln; ihre blaue Augen können mit der Unschuld eines kleinen Schoßhündchens blinzeln oder kumpelhaft zwinkern ... Sie kann wie ein kleines Kätzchen aussehen, das gerade einen großen Kanarienvogel verschlungen hat, wie ein armes Geschöpf, das seine Busfahrkarte verloren hat, wie ein Mädchen vom Lande, das sich trotz seines Kindergesichts wie ein Vamp zu benehmen versucht.«

Das Mädchen aus Virginia hatte zu sich selbst gefunden – wenn auch nicht zu ihrem Ehemann. Offiziell hatten sie jetzt ein Haus in Encino, eine Autofahrt vom Zentrum von Los Angeles entfernt. Doch Steve Parker blieb lieber dort, wo er war. Die Vereinbarung der transpazifischen, wechselweisen Besuche dauerte weiter an. Steve produzierte Shows, die auf beiden Seiten des Ozeans aufgeführt werden sollten, und organisierte in Tokyo Festspiele, die sich der Unterstützung von höchster Stelle erfreuten – einschließlich der von Kaiser Hirohito.

Währenddessen entbehrte Shirley MacLaine keineswegs männliche Gesellschaft, auch wenn es nur darum ging, sich einen Freund zu beschaffen, der sie zum Pferderennen begleiten sollte. Aber gewöhnlich war es jedoch mehr als das.

Bei dem Rennen gestattete es ihr ihre Kook-Veranlagung natürlich nicht, einfach nur bescheiden neben einem Mann zu sitzen, mit ihm zu reden, wenn er zuhören wollte, zu lachen, wenn er einen Witz erzählte, und lauthals ein Pferd anzufeuern, nachdem ihr Begleiter ihr mitgeteilt hatte, daß er gerade ein Vermögen auf dieses Pferd gewettet hatte. Sobald Shirley erfuhr, daß sie zu einem Rennen gehen sollte, rief sie sofort einen Gag-Schreiber in Hollywood an und bat ihn, ihr zehn gute Witze über Pferderennen zu geben. Sie teilte genauso gerne aus, wie sie einstecken konnte, und wenn der Mann das für nicht sehr weiblich hielt, kannte er Shirley MacLaine nicht sehr gut.

Elia Kazan äußerte einmal, daß Shirley ein sehr ungewöhnliches Mädchen wäre. »In früheren Zeiten«, sagte er, »konnten die Mädchen von Hollywood, mit ein oder zwei Ausnahmen, nicht gleichzeitig sexy und komisch sein. Heutzutage bestehen sie darauf, sogenannte vollkommene Frauen zu sein – gesund und natürlich. Die neue Generation der Schauspielerinnen beweisen die Behauptung, daß das Mädchen von nebenan auch sexy sein kann. Sie wollen mit einem Auge das Baby beaufsichtigen und das andere herumschweifen lassen.«

Das war Shirley 1959: die vollkommene Frau. Nur hatte sie noch eine ganze Menge mehr zu tun – und zu beweisen.

4. Kapitel

»Wenn ich etwas oder jemanden nicht mag«, sagt Shirley der *New York Times*, »dann sage ich das, und das bringt alles ins reine.«

Hal Wallis hätte es nicht besser ausdrücken können. Aber was mehr als alles andere alles ins reine zu bringen schien, war die Art und Weise, wie Shirley auf der Leinwand agierte. *Career* (Viele sind berufen) mit Dean Martin, mußte nicht allzu wörtlich genommen werden. Sie hatte nicht die Absicht, noch mehr Filme über die Schwierigkeiten im Showgeschäft zu drehen. Und sie hatte auch keineswegs die Absicht, zu oft mit einem männlichen Mitglied des »Clans« in einem Film zu spielen. Aber in *Viele sind berufen* hatte sie eine ernste Rolle und so etwas kam ihrem Repertoire zugute.

Can-Can (Ganz Paris träumt von der Liebe) half ihr sogar noch mehr. Wenn man sich die Besetzungsliste anschaut, die vor Beginn der Arbeit zusammengestellt und sogar veröffentlicht wurde, versteht man, warum die Aufmerksamkeit der Presse erregt wurde – und die größte Aufmerksamkeit erregten die männlichen Stars des Films. Zum einen war da Frank Sinatra – wieder ein »Clan«-Mitglied, mit dem Shirley vor der Kamera stand –, der als Publikums-Magnet und Anreiz für das Interesse des Showbiz fungieren sollte. Dann spielte noch Maurice Chevalier mit, der dem Film die prickelnde Atmosphäre des Paris der zwanziger Jahre verlieh. Ihm stand Louis Jourdan zur Seite, sein Partner aus *Gigi*. Jourdan war damals vermutlich der bestaussehende Filmschauspieler. Wie sich dann herausstellte – und jeder, der Shirley MacLaine kannte, hätte das voraussagen können –, war es Shirley, die die größte Publicity und den meisten Beifall erhielt. Oder zumindest Shirleys Unterleib.

Die Geschichte handelte davon, daß die Pariser Polizei eine Can-Can-Revue verbieten möchte. Can-Can galt in den zwanziger Jahren als äußerst frivoler Tanz, der zwar ungebändigte Lebensfreude ausdrückte, aber von den Moralisten empört verurteilt wurde.

Shirley MacLaine spielte die Vortänzerin des Can-Can. Sie lieferte dabei eine Vorführung ab, die Tanzlehrerinnen überhaupt nicht gefiel, aber die meisten Männer, die sie sahen, waren begeistert. Sie waren der Meinung, daß der Anblick von Miss MacLaine, wenn sie ihre endlos langen Beine in die Luft wirft, einer der erfreulichsten ist, die jemals auf der Leinwand zu sehen waren. Unter dem Rock, den Shirley herumwirbelte, trug sie Höschen mit ungeheuer viel Rüschchen und Spitzen.

Nikita Chruschtschow, das sowjetische Staatsoberhaupt, hatte den Film auch gesehen. Er war nach Amerika gekommen, um vor den Vereinten Nationen eine Rede zu halten und hatte dann beschlossen, einen Teil des Landes und seiner Industriestätten zu besichtigen. Er ließ keinen Zweifel daran, daß er vor allen Dingen Hollywood sehen wollte – was mehr als alles andere zu beweisen schien, daß die

Glanzzeiten des Stalinismus, die Chruschtschow zu Hause so nachdrücklich verdammt hatte, wirklich vorbei waren.

Seine amerikanischen Gastgeber sahen sich nach einem Film um, der gerade produziert worden war und den man dem sowjetischen Vorsitzenden zeigen konnte. *Ganz Paris träumt von der Liebe* schien das Richtige zu sein – sehr farbenfroh und vollkommen unpolitisch. Noch dazu war dieser Streifen ein Musical, ein Film-Genre, das es damals nur in Amerika gab. Spyros Skouras, der Chef der Twentieth Century Fox, die diesen Film produziert hatte, würde bei Chruschtschow auch keinen Anstoß erregen. Der Sowjetboß sah sich die Vorführung zusammen mit seiner sehr konservativen Frau an und klatschte begeistert Beifall. Erst später beim Lunch schien die Begeisterung zu verschwinden. Mr. Skouras erzählte ihm, daß es nur in Amerika passieren konnte, daß er, ein armer griechischer Junge, zu Reichtum kommen konnte. Mr. Chrutschtschow erwiderte, daß nur im sowjetischen System ein ganzes Volk großen Erfolg erringen konnte. Und dann beschwerte er sich über die Dekadenz des Films, den er gesehen hatte. Dabei war die Freizügigkeit in *Ganz Paris träumt von der Liebe* ohnehin schon – im Vergleich zu den Original-Tanzveranstaltungen in Paris – ausgesprochen eingeschränkt. Echte Can-Can-Tänzerinnen zeigten wesentlich mehr als Unterhöschen mit Spitzenbesatz. Shirley hatte sich vorgenommen, bei ihrer Begrüßung die russische Delegation und natürlich auch Chruschtschow selbst ein wenig auf den Arm zu nehmen. »Wie, zum Teufel, geht es Ihnen, Chrusch«, wollte sie zu ihm sagen, scherzte sie den anderen gegenüber. »Ich bin, verdammt noch mal, froh, daß Sie hier sind. Herzlich willkommen in unserem Land und bei der Twentieth Century Fox. Ich hoffe, es macht Ihnen Spaß zu sehen, wie Hollywood ein Musical dreht. Wir werden die Can-Can-Nummer auch ohne Unterhosen tanzen.« Wenn man das ganze Aufhebens bedenkt, das noch entstehen sollte, dann hätte es auch nicht mehr Ärger geben können, wenn die Schauspielerinnen das tatsächlich getan hätten.

Aus Hollywood wurde berichtet, daß die Nachfrage für den Lunch mit Chruschtschow genauso groß war wie die für eine Oscar-Verleihung. Unter den Gästen war Tony Curtis mit seiner Frau Janet Leigh, Dick Powell und June Allyson. Eric Johnston, der Präsident der Motion Picture Producers Association, begrüßte den russischen Staatschef, und Mrs. Chruschtschow saß neben Frank Sinatra, in der Nähe von David Niven und Bob Hope. Man fand nie heraus, ob diese Namen für sie überhaupt eine Bedeutung hatten.

Shirley MacLaine, die nicht ein einziges Mal »verdammt noch mal« sagte, und ihre Frivolitäten, die sie angekündigt hatte, natürlich nicht erwähnte, hatte eine Rede auf russisch auswendig gelernt und stand auf, um sie zu verkünden. Das Dumme war, daß ihre Rede von einer Gruppe von Kulissenschiebern unterbrochen wurde. Jeder, der Shirley kannte, wußte, daß sie eine solche Störung nicht ohne Kommentar über sich ergehen lassen würde.

»Könnt ihr das vielleicht später erledigen? Diese Rede ist schrecklich wichtig für mich«, sagte sie, und fuhr dann mit ihrer vorbereiteten Ansprache fort. »Ich hoffe, Ihnen gefällt unser Film, denn uns gefallen die sowjetischen Künstler, die Sie zu uns geschickt haben, sehr.«

Für manche ging diese Rede etwas zu weit. Sogar ihr Presseagent – der in diesen Anfangstagen ihrer Karriere sehr beschäftigt war – schien überrascht zu sein. Shirley jedoch war davon überzeugt, daß sie nur höflich gewesen war. Sie erklärt, daß diese Begrüßungsansprache keineswegs politisch gemeint gewesen war – oder, daß sie zumindest nicht als politische Äußerung beabsichtigt gewesen war. »Ich war der Meinung, daß man das höflichkeitshalber tun müßte. Dieser Mann ist den ganzen weiten Weg von Rußland bis zu uns gekommen und ist Gast unserer Regierung. Zu seinen Gästen muß man doch höflich sein, oder? Also habe ich eine Rede geschrieben, und jemand hat sie für mich übersetzt. Dann habe ich sie auswendig gelernt, indem ich sie mir immer wieder vom Tonband abgespielt habe. Mr. Chruschtschow schien sie gefallen zu haben. Aber Judas Priest! (Das war die Umschreibung eines derben Fluchs.) So wie sich ein paar von diesen tollen Diplomaten in Los Angeles aufführten, hätte man glauben können, daß ich vor den laufenden Fernsehkameras einen Eid auf die kommunistische Partei abgelegt hatte, dabei wollte ich wirklich nur höflich sein.«

Auch Hal Wallis – der wieder einmal seinen Goldesel verliehen hatte – war nicht von dieser Rede informiert worden. Seine Ansicht über die Angelegenheit hätte sich noch ein weiteres »Judas Priest« hervorgerufen.

Chruschtschow schien – ehe er die Sache mit seiner Frau besprochen hatte – Shirleys Äußerungen einfach so zu akzeptieren, wie sie gemeint waren.

Der *Saturday Evening Post* sagt Shirley: »Der Film schien ihm sehr zu gefallen. Er grinste während der ganzen Vorführung, auch wenn er sich hinterher darüber beklagt hat, daß die Aufnahmen zu freizügig wären.«

Sie war von seinem Gesinnungswandel überrascht. »Wenn er schon glaubt, daß wir zu frivol waren, dann hätte er erst einmal einen echten Can-Can sehen sollen. Die französischen Mädchen haben bei diesem Tanz keine Unterhosen an.«

Nachdem Shirley den Ausdruck auf *Mrs.* Chruschtschows Gesicht genau studiert hatte, ging ihr ein Licht auf. »Sie verzog keine Miene, und ich glaube, daß Mr. Chruschtschow die Sache erst mißbilligte, als er das Stirnrunzeln auf Mamas Gesicht sah. Er mag zwar bei den Vereinten Nationen mit dem Schuh auf den Tisch schlagen, aber wie jeder andere Ehemann kuscht auch er, wenn ihn seine Frau dabei erwischt, daß er anderen Mädchen zuviel Aufmerksamkeit schenkt.« Tatsache ist, daß die Fotos eine lächelnde Mrs. Chruschtschow zeigen.

Ganz Paris träumt von der Liebe war dann doch nicht so erfolgreich, wie man auf Grund des öffentlichen Interesses, das der Besuch von Mr. Chruschtschow hervorgerufen hatte, erwartet hatte, obwohl Shirley für ihre Rolle ein paar sehr gute Kritiken erhielt.

Kurz vor seinem Tode erzählte Maurice Chevalier etwas über seine Zusammenarbeit mit Shirley: »Irgendwie war es, als würde man mit einem Varieté-Künstler zusammenarbeiten, Sie wissen schon, mit einer Sophie Tucker, einer Fanny Brice oder der Mistinguett.« Dieser letzte Name war wirklich das höchste Kompliment. Chevalier und »Miss« hatten eine lang andauernde und von der Öffentlichkeit aufmerksam verfolgte Liebesaffäre. Sie war der legendäre Star der Folies Bergère gewesen. »Ach, diese

Beine!« schwärmte Chevalier. »Wie bei der Mistinguett. Wundervoll! Und wenn Shirley sang und tanzte – das war einfach umwerfend. Sensationell!« Chevalier stand in seinem, um ihn wörtlich zu zitieren, »dreiundachtzigsten Winter«, aber er konnte sich immer noch an Shirley MacLaine mit einem Zwinkern in den Augen erinnern.

Shirleys Produzent Jack Cummings war genauso begeistert von ihr. »Beim Drehen kamen wir in schrecklichen Zeitdruck«, erinnert er sich bei einem Interview, das ich mit ihm führte. »Das Script, nach dem wir arbeiten mußten, bekamen wir nur stückweise, jeden Tag einen Teil.« Und deshalb wußte auch keiner genau, was sich der Autor Charles Lederer noch alles ausdachte. »Aber Shirley hatte auf uns alle einen wirklich beruhigenden Einfluß. Wenn sie da war, fühlte ich ganz einfach – und ich fühle es heute noch – eine bestimmte Ausstrahlung. Sie ist einfach ein ganz liebes Mädchen.«

Shirley agierte damals als Vermittler zwischen dem Produktionsstab und Frank Sinatra.

»Mr. Sinatra«, sagte Cummings, »war der Meinung, daß er eine Szene nur so drehen könne, wie er sich das vorstellte – und ohne lange zu proben. Shirley machte ihm klar, daß das nicht genug war. Er müßte proben. Er arbeitete ohnehin nur von mittags bis abends. Shirley wies ihn ziemlich drastisch zurecht und sagte, er solle sich nicht wie ein Arschloch benehmen.«

Das war keine einfache Aufgabe – nicht einmal für jemanden, der zum »Clan« gehörte. Damals wie heute war Sinatra in allem, was er machte, der große Boß, aber Shirley hatte mit ihrer Methode oft Erfolg.

»Frankie«, rief sie bei einer Gelegenheit aus, »was

denkst du dir eigentlich dabei? Du Idiot! Unterstütze gefälligst diesen Mann (Cummings). Wenn du das nicht tust, klebe ich dir eine.«

Cummings erzählte, daß ihr nach diesem Vorfall Tränen in den Augen standen, und auch in seinen Augen standen Tränen, als er sich an diese Sache erinnerte.

Was Shirley zu dieser Zeit am meisten aufregte, waren die Geschichten, die über sie und Steve im Umlauf waren. Eine Menge davon war wahr. Es war wirklich eine recht seltsame Art, eine Ehe zu führen.

Es wurde immer schwieriger, ihre Beziehung zu erklären – abgesehen davon, daß es, wie Shirley es wahrscheinlich ausgedrückt hätte, »verdammt noch mal, keinen Menschen etwas anging«. Und doch behauptete Shirley stets, daß sie beide eine sehr glückliche Ehe führen würden; etwas unkonventionell, aber zweifellos sehr glücklich.

Steve pendelte zwischen Kalifornien und den verschiedenen Büros hin und her, die er in dem Teil der Welt führte, den die Amerikaner hartnäckig den Orient nannten. Eines befand sich in Tokyo, ein anderes in Bangkok, und es gab noch diverse in anderen Städten, in denen er seine Geschäfte abwickeln mußte. Er produzierte Filme und seine Wandershow *Holiday In Japan* (Urlaub in Japan) schien in Las Vegas ewig zu laufen und wurde auch in den ganzen Vereinigten Staaten gezeigt. Shirley tappte von einem Fettnäpfchen ins andere – und das Ergebnis war, daß sie in lächerlich kurzer Zeit einen Namen hatte, mit dem die Leute ihre Unterhaltungen zu würzen pflegten.

Wegen der Parkers kochte die Gerüchteküche wesentlich heißer, als sie es seit Jahren getan hatte.

Nicht daß Shirley ihnen keinen Grund dafür geliefert hätte, selbst wenn sich die Unterhaltung ausnahmsweise mal nicht um ihre unkonventionellen ehelichen Vereinbarungen drehte. Allein wenn sie den Mund aufmachte, gab es schon genügend Gründe, um eine ganze Schiffsladung von Matrosen in Ohnmacht fallen zu lassen. »Die Menschen bekommen von mir einen falschen Eindruck, weil ich mich nicht immer angepaßt verhalte. Also zur Hölle mit ihnen.«

Sie schien von einer Diät, die aus Eiscreme mit heißer Schokoladensahne bestand, zu leben – zum Lunch verzehrte sie vier von diesen Eisbechern, und dazu aß sie noch eine Portion Schnecken. Und warum? »Die Schokolade brauche ich für meinen Energiehaushalt, und Schnecken liebe ich. Das ist doch gar nicht so ungewöhnlich.«

Sie arbeitete den ganzen Tag über im Studio und liebte es, abends zu Parties zu gehen. Sie führte ein Leben, das die meisten Menschen entweder umbringt oder zu der Art von Pillen treibt, die Judy Garland schon mit ihrer Muttermilch eingesogen zu haben schien.

Shirley dagegen blühte auf. Sie behauptete, sie würde nur fünf Stunden Schlaf brauchen. Es war, als wäre sie so schnell ein Kassenknüller geworden – auch wenn in ihren Augen Hal Wallis derjenige war, der den Löwenanteil des Geldes und des Ruhmes bekam –, da sie keine richtige Jugend gehabt hatte. Mit den ganzen Vorteilen, die ihr der neue Status brachte, wollte sie das Leben jetzt in vollen Zügen genießen. Sie kultivierte das Lachen und Kichern, mit dem sie im Fernsehen aufgetreten war, auch auf all den vielen Festen, zu denen sie so gerne ging.

Aber wo sie auch hinging, überall schwirrten Geschichten über sie und Steve durch die Luft. Hinter vorgehaltener Hand erzählten sich damals ihre Kollegen, daß diese Ehe nicht halten könne. Wie eine ganze Menge von ihren sogenannten Freunden hofften auch sie insgeheim, daß diese Ehe scheitern würde. Shirley dagegen ignorierte die Gerüchte oder kommentierte sie mit eindeutigen Ausdrücken. In den Geschichten lag genügend Wahrheit, daß Shirley zornig wurde. Shirley widersprach den Gerüchten ständig und so vehement, daß sich viele fragten, ob die Lady nicht vielleicht ein wenig zu heftig protestierte.

»Ich habe es aufgegeben zu erwarten, daß die Menschen meine Ehe verstehen. Steve hat seine Karriere in Japan, und ich habe meine hier. Deshalb leben wir getrennt, aber wir lieben uns, und unsere Ehe funktioniert. Jedenfalls hoffe ich das. Meine Telefonrechnung beträgt jede Woche fünfhundert Dollar, weil ich viel mit ihm spreche.«

Sie trafen sich in Hollywood oder auch in Tokyo. Es gab ein Jahr, in dem Steve zwölfmal über den Pazifik hin und her flog, und bei einer Gelegenheit sagte er, er hätte in einer amerikanischen Zeitung gelesen, daß seine Ehe kaputt wäre.

1961 waren sie zusammen nach Europa gefahren. In London behauptete Steve, daß ihre eheliche Abmachung auf sein Betreiben hin entstanden wäre. »Es schien das Beste zu sein, was wir tun konnten ... Ansonsten wäre ich ein Star-Ehemann geworden, und dazu bin ich nicht der Typ. Ich hegte nie den geringsten Zweifel daran, daß Shirley, sobald sie ihren ersten Film gemacht hatte, nichts anderes als ein großer Star werden konnte. Also machte ich eine Bestandsaufnahme meiner Aktiva und stellte fest, daß das einzige, was ich hatte und die meisten anderen nicht, die Fähigkeit war, fließend japanisch zu sprechen und zu schreiben.«

Viele Jahre später sagt Steve: »Shirley hat diese Antriebskraft, diesen Drang nach vorne. Sie will nicht hinter einem weißen Gartenzaun eingesperrt sein. Ich hätte sie am liebsten in die Küche gesteckt, sie dagegen stand viel lieber im Studio.«

Man braucht nicht unbedingt zu erwähnen, daß Shirley viel vorhatte – einschließlich eines Films namens *The Apartment* (Das Apartment). Zunächst ahnte niemand, daß dieser Film zu einer der erfolgreichsten Produktionen werden sollte, die Hollywood jemals hervorgebracht hatte.

Wieder einmal spielte sie ein Mädchen, das viel zuviel Liebe gibt – obwohl sie dieses Mal kein leichtes Mädchen mimte, das seine Strumpfbänder herzeigen darf.

Billy Wilder führte Regie, und ihr Partner war Jack Lemmon, der damals gerade dabei war, zu einem der wichtigsten Komiker des amerikanischen Films zu werden.

Diese Konstellation ließ ein berauschendes Ergebnis erwarten. Jack Lemmon löste sich zum ersten Mal von der reinen Komödie. Als Wilder Jack Lemmon die Rolle in *Das Apartment* anbot, ging er ein Risiko ein – da Lemmon schon in seinem letzten Film *Manche mögen's heiß* Beifallstürme geerntet hatte, und es immer schwer ist, zweimal hintereinander erfolgreich zu sein, zumal Wilder dort auch Regie geführt hatte. Vielleicht war Shirley der Katalysator, den die beiden brauchten, um wieder ihr Äußerstes zu geben.

Jack spielte seine übliche Rolle – obwohl die Lacher mehr als nur den Beigeschmack von tiefer Gefühlsbewegung hatten. Er spielte einen Angestellten in einer Firma, der von allen ausgenutzt wurde. Seine Bürokollegen entdeckten, daß er den Schlüssel für sein Apartment an jeden auslieh, der ihm möglicherweise bei einer künftigen Beförderung helfen konnte. Wieder einmal glänzt und strahlt Shirleys goldenes Herz, obwohl sie grausam hintergangen wird. Sie ist die Fahrstuhlführerin in der Firma, in der Jack arbeitet. Dann stellt er schockiert fest, daß einer seiner »Kunden« dieses Mädchen mit in seine Wohnung nimmt. Da dieser Mann leider Jacks Chef ist (eine vorzügliche Darstellung von Fred MacMurray), scheint er nicht viel dagegen unternehmen zu können.

»Ich glaube nicht, daß die meisten Menschen, die *Das Apartment* gesehen haben, den Film auch wirklich verstanden haben«, behauptet Shirley in der Zeitschrift *Newsweek*. »Ich glaube nicht, daß sie gemerkt haben, wie bitter und zynisch er ist. Die Ereignisse waren für sie komisch, aber der Grund, warum sie so komisch wirken, ist der, daß die Menschen schrecklich verzweifelt sind. Der Film ist ein sozialkritischer Beitrag ...«

Wilder war ein Regisseur, den Shirley aus vollstem Herzen als Genie anerkannte. »Er kümmert sich um jede einzelne Wimper«, sagt sie Jahre später.

Den einzigen Ärger, den sie mit ihm hatte, entstand wegen der vielen Proben. Wilder bestand darauf, so lange zu proben, bis jedes Wort und jede Bewegung nicht nur im Gedächtnis festsaß, sondern jedem Schauspieler in Fleisch und Blut übergegangen war. Shirley war da anderer Meinung. Von den »Clan«-Mitgliedern Sinatra und Martin hatte sie die

Fast schon ein Star – die ganz junge Shirley MacLaine.

Links: Damals lächelten sie einander noch an. Shirley MacLaine und ihr Mentor Hal Wallis, den sie schon bald der Sklaventreiberei bezichtigte.

Rechts: Alfred Hitchcock gewährt Shirley MacLaine Schutz – mit seinem Regenschirm und seinem Bauch …

Unten: Hal Wallis, Gary Cooper und Shirley MacLaine.

Oben: Der blauäugigen Shirley nahm man sogar eine indische Prinzessin ab. Mit David Niven in »In achtzig Tagen um die Welt«.

Unten: Ein paar ruhige Minuten mit Steve.

Rechts: Nicht umsonst wurde sie Kobold genannt.

Oben: Mit Juliet Prowse in »Can-Can«.

Linke Seite: Mit Frank Sinatra in »Verdammt sind sie alle«.

Links: Der orientalische Touch – Shirley mit Eßstäbchen.

Nächste Seite: Die charmante Shirley in »Can-Can«.

Ansicht übernommen, daß zu viele Proben der Spontaneität und Natürlichkeit schadeten. »Wir sind der Meinung, daß die Worte um so unnatürlicher klingen, je mehr man probt.«

Doch sowohl die Dialoge als auch die dazugehörigen Bewegungen schienen bei Shirley in *Das Apartment* sehr natürlich zu sein.

Die meisten Leute waren von Miss MacLaines Darstellung in diesem Film beeindruckt. »Was für ein Mädchen!« drückt es Jack Lemmon mir gegenüber aus, als wir ungefähr zehn Jahre nach der Entstehung des Films über sie sprechen.

So sahen sie die meisten Menschen. »Sie hat ein einzigartiges Talent, in ihrer Schauspielerei Humor auszudrücken«, sagt Billy Wilder. »Vielleicht ist es genau das, was man meint, wenn man von Star-Qualität spricht.«

Fred MacMurray war ebenfalls ganz begeistert davon, mit Shirley zu arbeiten, obwohl er in diesem Film den großen Schurken darstellte und sie die ausgenutzte Angestellte und Geliebte. »Wir hatten zwar nicht sehr viele Szenen, in denen wir gemeinsam auftraten«, erzählt er, »aber Shirley ist eine wunderbare Schauspielerin – sogar in diesen jungen Jahren war sie phantastisch. Sie war ausgesprochen professionell, und ich habe ihr Talent immer sehr bewundert.«

Das taten auch Billy Wilder und die Mirisch-Gesellschaft, die den Film produzierte. Aber Shirley bekam immer noch nur ungefähr fünfzehntausend Dollar für jeden Film – das war die Gage, die Hal Wallis nach wie vor bezahlte. Er bewies ein ungeheures Geschick, Shirley an die richtigen Leute und für die richtigen Produktionen auszuleihen. Für ihn selbst war es schwierig, Shirley in seinen eigenen Produktionen einzusetzen. Aber nachdem sich ganz Hollywood anerkennend über sie äußerte, konnte sie sich vor Angeboten nicht mehr retten.

Man braucht nicht extra zu erwähnen, daß der Streit zwischen Shirley und Wallis weiterging. Aber die Menschen in Hollywood hatten sich bereits daran gewöhnt, und niemand nahm die Auseinandersetzungen besonders ernst.

Der anfangs auf sieben Jahre befristete Vertrag wurde wegen der häufigen Drehpausen und aufgrund irgendwelcher Zusatzklauseln auf neun Jahre verlängert; natürlich war Shirley damit nicht einverstanden, aber sie mußte sich fügen. Ihre zweite Oscar-Nominierung – die ihr auch diesmal die begehrte Trophäe nicht einbrachte – diente als gewisser Trost. Sie war überzeugt, daß sie diesen Oscar bekommen hätte, wenn Elizabeth Taylor damals nicht ihren aufsehenerregenden Luftröhrenschnitt gehabt und damit *Das Apartment* aus dem Rennen geworfen hätte.

Die Sympathie-Abstimmungen bei der Oscar-Verleihung sind ja legendär. Und so wurde sie von der Taylor ausgebootet. Elizabeth Taylor bekam den umstrittensten Oscar der ganzen Geschichte. Praktisch niemand war der Meinung, daß die Taylor in *Butterfield 8* besser gewesen war als Shirley in *Das Apartment*, aber sie gewann. Elizabeths Halswunde schien offensichtlich mehr zu verdienen als das, was Shirley mit ihrem Körper in Billy Wilders Film anstellen ließ.

Aber es gab andere Auszeichnungen. Sowohl das Filmfestival in Venedig als auch die Britische Filmakademie sprachen Shirley die Preise für die beste Schauspielerin zu.

Das alles unterstützte Shirleys außergewöhnliche Haltung dem Leben gegenüber – einem Leben, das sich so sehr von dem anderer Stars zu unterscheiden schien.

All In A Night's Work (Alles in einer Nacht) hieß ihr nächster Film. Dieser Film ging voll daneben.

Alles in einer Nacht wurde von Hal Wallis produziert und war wieder einmal ein Gemeinschaftswerk des »Clan«. Shirleys Partner war Dean Martin. Dean sorgte dafür, daß sie etwas zu lachen hatte, und sie trug ihren Teil dazu bei, daß auch er sich amüsierte. Aber die Story über den Erben eines Verlags-Vermögens, der sich in die Geliebte seines Onkels verliebt, war genauso einschläfernd wie Deans Stimme, wenn er gerade aus der Bar kam.

Wie Shirley zu dem Film *Two Loves* (Der Fehltritt) kam – der in England übrigens unter dem Titel *Spinster* (Die alte Jungfer) gezeigt wurde –, ist eine Episode, die eines Tages selbst den Stoff zu einem netten Film liefern könnte: Eine Schauspielerin tut sich mit einem Schauspieler zusammen, um einen Film zu drehen, der sogar als amateurhaftes B-Movie ein Graus wäre.

Laurence Harvey, der neben Jack Hawkins und Shirley eine der Hauptrollen in diesem Werk spielte, das eigentlich nie hätte entstehen dürfen, sagte kurz danach: »Ab und zu spielt ein Schauspieler in einem bestimmten Film nur mit, um Geld zu verdienen. Und dann hofft er, daß er den Scheck bekommt, ohne daß irgend jemand auch nur merkt, daß dieser Film herauskam.«

So war es mit dem Film *Der Fehltritt*. Shirley spielte die alte Jungfer – eine Lehrerin, die ihre Schüler mit Liebe überschüttet, weil sie die Annäherungsversuche eines alten Kriegsveteranen nicht ertragen kann.

Zunächst hatte man vor, den ganzen Film in Neuseeland zu drehen, aber das wurde vereitelt, weil Laurence Harvey bei einem anderen Film gebraucht wurde.

Selbst dieser schlechte Film konnte die *New York Herald Tribune* nicht davon abhalten, zu behaupten, daß Shirley MacLaine »von einer sehr großen Anzahl von Menschen hier bei uns (in Hollywood) für die beste Schauspielerin gehalten wird, die jemals existiert hat ... Als Schauspielerin kann sie allen Anschein nach nichts falsch machen.«

Wenn man nachsichtig ist, könnte man annehmen, daß Shirley die Rolle deswegen angenommen hatte, weil sie so völlig anders war als alles, was sie bislang gespielt hatte – und weil diese Rolle den Eindruck erweckt hatte, daß sie sich damit einen Namen als ernste Schauspielerin machen könnte. Sie hatte Glück, daß diese Rolle ihren Namen nicht zu etwas ganz anderem machte.

In der Zwischenzeit war ihre Tochter Sachi nach Japan zurückgekehrt, um fortan dort bei Steve zu leben. Der Abschied war für Shirley sehr schmerzlich. Sie begleitete Sachi zum Flughafen und küßte sie zum Abschied. Auf dem ganzen Weg nach Hause weinte Shirley. Dann telefonierte sie jeden Abend eine Stunde lang mit Sachi. Wenn man in Betracht zieht, was damals transpazifische Telefonate kosteten, wäre es für sie billiger gewesen, selbst hinüber zu fliegen. Doch, wie sie damals zugab: »Ich liebe meine Arbeit. Ich liebe es, Filme zu machen.«

Und sie liebte es auch, den Leuten zu zeigen, daß sie Erfolg hatte. Als sie im Winter 1960 zum Flughafen fuhr, um ihren Mann und ihre Tochter in Japan zu treffen, trug sie einen Nerzmantel. Und das lohnte sich allein wegen der Menschen, die sie in und aus ihrem Wagen steigen sahen. Denn der Nerzmantel ist in Los Angeles ein Statussymbol, obwohl es sogar mitten im Winter kaum jemals kalt genug ist, um das Tragen eines solchen warmen Mantels zu rechtfertigen. Aber Shirley hatte ihre Gründe. »Ich werde stilvoll abfliegen und stilvoll ankommen«, erklärte sie, »das schulde ich meinem Steve.« Das klang nun allerdings überhaupt nicht nach Shirley. An Mode war sie genauso wenig interessiert, wie sie jemals von Steves Meinung abhängig war.

Dieses Mal besuchte sie nicht nur ihre Familie. Sie drehte in der alten japanischen Hauptstadt Kyoto einen Film, der *My Geisha* (Meine Geisha) hieß.

Meine Geisha war etwas ganz Spezielles. Nachdem Shirley bereits eine indische Prinzessin gespielt hatte, würde es für Shirley nicht besonders kompliziert sein, eine Geisha zu mimen. Sie sollte Kontaktlinsen tragen, die verhinderten, daß sie aussah wie das Produkt einer verbotenen Beziehung zu seinem schottischen Missionar. Zwar war sie doppelt so groß wie einige der Damen, die den Beruf einer Geisha ausübten, und außerdem spielte sie nicht wirklich eine Japanerin, sondern nur eine Amerikanerin, die versucht, ihren Mann bei einem Fehltritt zu ertappen.

Sie hoffte, daß der Film von den Japanern genauso gemocht wurde wie von der westlichen Welt, und deshalb sollte er auch nicht in Hollywood gedreht werden. Shirley betrachtete den Aufenthalt in Japan außerdem als Gelegenheit, mit ihrer Familie zusammenzusein.

Steve Parker war der Produzent des Films. Seiner Frau Arbeit zu geben, wurde als freundliche Geste gewertet, und genau als solche war sie auch gedacht. Eigentlich beschäftigten sie sich ja gegenseitig – indem sie einen Film für die Firma machten, die sie zusammen gegründet und Sachico Productions genannt hatten. Offiziell waren sie gemeinsam die Produzenten.

Diese Arbeit war eigentlich eine reine Familienangelegenheit. Sachi hatte in dem Film auch eine kleine Rolle – sie spielte ein kleines japanisches Mädchen, das versucht, einem älteren amerikanischen Gentleman, der von Edward G. Robinson dargestellt wurde, die Rolle einer Geisha zu erklären. Zu diesem Zeitpunkt überschlugen sich die Journalisten fast, um der Öffentlichkeit klarzumachen, daß das Kind tatsächlich japanisch sprach und in dieser Sprache sogar Wiegenlieder sang.

Shirley war mit einer sehr viel delikateren Aufgabe beschäftigt. Ihr Film-Ehemann in *Meine Geisha* wurde von Yves Montant gespielt. Und dieser Film-Ehemann – wer war nur auf diese glorreiche Idee gekommen? – wollte in Japan auf eigene Faust Karriere machen, während seine Frau in Amerika arbeitete. Auch wenn Shirley eine Amerikanerin spielte, die so tat, als wäre sie eine japanische Geisha, bedeutete das doch, daß Shirley für diese Rolle lernen mußte. Sie nahm Unterrichtsstunden in der Gion Geisha-Schule, um dort zu lernen, wie man Tee zubereitet, einen Mann erfreut und Sake trank wie ein japanischer Hafenarbeiter.

Es gab auch noch andere Personen, die ihr ebenfalls gute Tips gaben.

Jack Cummings hielt sich zu dieser Zeit auch in Japan auf – obwohl er den Film nicht produzierte. Shirley zeigte ihm das Script und bat um seine Meinung dazu. Er war es, der ihr die Kontaktlinsen empfahl.

»Ich sagte ihr, daß der Ärger mit diesen Dingern dann anfängt, wenn man eine davon verliert«, erzählt er. »Dann hat man nämlich ein braunes und ein blaues Auge. Wenn du ein Auge zukneifst, denkt Yves Montant womöglich, daß du ihm zuzwinkerst. Und vielleicht wirkt sich das ganz unbeabsichtigt zu deinem Vorteil aus.« Das war kein schlechter Vorschlag, auch wenn der Film selbst streckenweise die Zuschauer dazu zu animieren schien, beide Augen gleichzeitig zuzumachen.

Bei den Arbeiten an diesem Film begeisterte sich Shirley immer mehr für Japan und die Japaner. Mit großem Respekt lernte sie ihre Sitten und Gebräuche kennen. Sie mußte lernen, wie man einen Kimono auf die richtige Art trägt. Shirley war überrascht von der Tatsache, daß die Kleidung der Geishas sehr viel sittsamer war als alles, was in San Francisco außerhalb eines Nonnenklosters getragen wurde. Und das obwohl die Geishas, im Westen ganz zu Unrecht, einen sehr zwielichtigen Ruf hatten. Detailliert wurde Shirley erklärt, wie eine Geisha zu gehen hat, nämlich nur von den Knien abwärts und so, als hätte sie Füße wie eine Taube. Das war für ein Mädchen mit großen Füßen natürlich ziemlich schwierig. Ihre Lehrerinnen waren echte Geishas. Sie ließen Shirley ein Taschentuch zwischen die Knie nehmen, das nicht herunterfallen durfte, um sicherzugehen, daß Shirley nicht die Grenzen dessen überschritt, was sie für schicklich hielten.

Shirley imponierte das. »Man kontrolliert sich selbst«, erklärt sie einem Journalisten der *Time*, »man hält sich aufrechter. Man fühlt, daß alles stimmt, und das bringt auch das Seelenleben in Ordnung.«

Aber es gab auch Leute, die das bezweifelten. »Kannst du wirklich dein Seelenleben in Ordnung bringen?« wurde Shirley von einem Freund gefragt. »Nicht mehr als meine Küche«, gab sie zur Antwort.

Daß sie zusammen mit Steve an einem Film arbeitete, bedeutete nicht, daß die Zeit ihrer Trennung vorüber war. Nachdem der Film abgedreht war, gingen sie wieder getrennte Wege. Sie hofften, daß sie sich in England wieder treffen könnten. Als das jedoch nicht gelang, wurde als nächster Treffpunkt Frankreich vereinbart. Aber auch das klappte nicht. Schließlich trafen sie sich bei der Premiere des fertigen Films wieder – und das war in Deutschland.

Shirley war in dieser Zeit bezeichnend für jede Art von Zeitschriften in den Vereinigten Staaten ein heißes Thema. Renommierte Blätter wie *Life*, *Look*, *This Week* oder *Redbook* brachten Titelgeschichten über sie.

This Week ging sogar noch viel weiter, als nur die von einem Presseagenten angefertigte Erfolgs-Story zu bringen. Die Zeitschrift schaffte das schier Unmögliche: Sie druckte ein von Frank Sinatra geschriebenes Loblied über Shirley.

Da die Leser in den sechziger Jahren noch etwas leichter hinters Licht zu führen waren, als es hoffentlich die Leser von heute sind, gab es ein paar Leute, die glaubten, das der »Große Vorsitzende des Clans« diesen Artikel wirklich selbst geschrieben hatte – und das, obwohl er sich bekanntermaßen sogar weigerte, Reporter auch nur zu empfangen. Aber dieser Artikel war im Grunde genommen nichts anderes als eine Verbeugung vor einem Mädchen, das die Stadt im Sturm erobert hatte.

»Das Schreiben ist nicht meine Sache«, behauptet der angebliche Sinatra in der Einleitung. Eine entwaffnende Art, um seinen guten Willen zu beweisen – und genau dadurch wurde das Ganze so glaubwürdig. Und der Autor fuhr fort: »Es ist kein Geheimnis, daß ich für Shirley MacLaine fast alles tun würde. Ich gebe zu, daß ich bei diesem Mädchen voreingenommen bin. Shirley ist einer der fröhlichsten, witzigsten und loyalsten Freunde, die man haben kann. Aber der wahre Grund, warum ich diesen Artikel schreibe, ist der, daß ich fest davon überzeugt bin, daß sie die beste Komödiantin in diesem verrückten Geschäft ist.«

Nun, vielleicht hat Sinatra diese höchst schmeichelhafte Anerkennung nicht selbst verfaßt. Aber wie auch immer, solche Worte könnten ihm nie in den Mund – oder in die Schreibmaschine – gelegt worden sein, wenn sie nicht dem nahe gekommen wären, was er wirklich von ihr hielt.

Die Story von *Life* konzentrierte sich auf ihren *Geisha*-Film. Auf dem Titelbild waren Shirley und Sachi gemeinsam abgebildet. Beide trugen Kimonos und die gleichen Frisuren und hatten Perlenketten um die Köpfe geschlungen. »Sachi«, meint Shirley, »ist eine Wucht.«

Vor einem Vierteljahrhundert war die Welt noch ganz anders. Als Shirley 1960 ihren ersten ›offiziellen‹ Besuch in Großbritannien absolvierte, war London angenehm überrascht, als sie auf die Frage, warum ihre Ehe so erfolgreich wäre, antwortete: »Weil wir nicht ständig miteinander leben.«

Eine Generation später wäre es völlig in Ordnung

gewesen, diese Behauptung umzudrehen – heute leben junge Leute zusammen, ohne verheiratet zu sein; sie und Steve taten genau das Gegenteil.

Da man weiß, was sowohl Shirley als auch Steve in den vergangenen Jahren über ihre Ehe gesagt haben, ist es schwierig zu entscheiden, ob die Dinge damals für sie gut oder schlecht liefen. In dieser Zeit waren beide davon überzeugt, das perfekte Arrangement gefunden zu haben.

Natürlich war nicht alles so rosig. Tatsächlich sagt Shirley 1961 in den Zeitschriften ganz öffentlich: »Ich frage mich, ob ich versuchen soll, die letzten viereinhalb einsamen, hektischen Jahre auszuradieren, oder ob ich mir immer vor Augen führen soll, daß ich nur dadurch das geworden bin, was ich heute bin?«

Es war, als versuche sie ihr schlechtes Gewissen zu erleichtern, obwohl ihr Ehemann damals die Entscheidung getroffen hatte, seinen eigenen Weg zu gehen. Shirley, die »allein gelassene Frau«, hatte inzwischen beschlossen, daß nichts ihren kometenhaften Aufstieg gefährden dürfe. Die Presse hingegen war voll von überschwenglichen Statements wie: »Mir ist inzwischen klargeworden, was wirklich wichtig ist in meinem Leben – mein Ehemann und die Familie. Selbst wenn ich nie mehr arbeiten sollte, wäre das für mich eine Goldmine.«

Nun, die wirkliche Goldmine hieß immer noch Shirley MacLaine. Als Shirley im August 1961 erklärte, sie würde ein Jahr Pause einlegen, glaubte keiner wirklich daran – und damit hatten sie recht, trotz Shirleys Klagen, daß sie »müde sei und mit ihrem Mann und ihrer Tochter zusammen sein wolle«.

Schon bald stand sie wieder im Studio für ein Remake von Lillian Hellmans *The Children's Hour* (Infam). Das Original war bereits sechsundzwanzig Jahre vorher unter dem Titel *These Three* entstanden, mit Merle Oberon und Miriam Hopkins in den Hauptrollen. Da in Großbritannien *Children's Hour* der geheiligte Titel einer Jugendsendung im Radio war, mußte der Film dort in *The Loudest Whisper* (Das lauteste Geflüster) umbenannt werden. Das allerlauteste Geflüster aber schien zu sein, daß es der Film überhaupt nicht wert sei, gedreht zu werden.

Das wirklich aufgeklärte Zeitalter war zwar immer noch ungefähr sieben Jahre entfernt, aber trotzdem konnte man 1962 laut über dieses Geflüster reden – über eine angeblich lesbische Beziehung zwischen zwei Lehrerinnen in einer Mädchenschule. Die beiden Lehrerinnen wurden von Shirley und Audrey Hepburn gespielt. Im Gegensatz zum ersten Film wurde in der Version von 1962 eindeutig über das Thema gesprochen. Natürlich waren die beiden Lehrerinnen nicht wirklich lesbisch; eine exzentrische Schülerin hatte nur das infame Gerücht über die beiden jungen Frauen in die Welt gesetzt.

»Das Publikum hat sich ziemlich geändert«, sagt Shirley. »Die Leute sind neugieriger auf Dinge, die das Leben betreffen. Sie sind realistischer in bezug auf Geschichten über das Leben. Und auch die Filme haben sich weiterentwickelt. Alles hat sich weiterentwickelt. Weder die Öffentlichkeit noch die Filmindustrie kann Tatsachen verschweigen, die einfach zum Leben gehören. Aber trotzdem kann die Filmindustrie nicht die Grenzen überschreiten, die ihr als Unterhaltungs-Medium gesetzt sind. Ich glaube, wir können auch mit bedeutungsvollen Problemen unterhalten und uns sogar ehrlich damit befassen. Man kann vor dem Leben nicht davonlaufen. Man muß den Problemen ins Gesicht sehen.«

Shirley war damals siebenundzwanzig Jahre alt, und niemand konnte allen Ernstes behaupten, daß sie vor ihrem Leben davonlief.

Jedesmal, wenn sie wieder einen Vertrag für einen neuen Film unterschrieb, wollten die Filmstudios etwas gegen ihre Sommersprossen und ihren roten Haarschopf tun. Sie erklärte ihnen, daß ihr beides zum Erfolg verholfen hatte – und das mußte etwas bedeuten. Oder vielleicht nicht? Natürlich konnte kein Studioboß gegen dieses Argument ankommen.

Obwohl *Infam* nicht sonderlich beeindruckend war, gab doch Shirleys zweiter Anlauf, eine Schullehrerin darzustellen, ihr die Möglichkeit mit Hilfe eines intelligenten Scripts eine dramatische Rolle zu spielen. Genauso wie bei ihrem vorhergehenden Film war William Wyler der Regisseur. Shirley beschrieb ihn als »völlig unverständlich«, und das war nicht gerade eine nette Aussage über einen der Großen von Hollywood.

In Shirleys Augen rührte der ganze Ärger mit Wyler daher, daß er selbst nicht wußte, was er eigentlich wollte. Und weiter sagt sie, daß er »alles machte, was mit einem Drehbuch gemacht werden konnte«. Viele mögen denken, daß das doch nicht das Schlechteste sei. Aber Shirley sah das ganz anders.

»Sie denken vielleicht, daß man das Drehbuch nur auf eine bestimmte Art auslegen kann, aber er läßt sich noch etwas anderes einfallen. Und wenn Sie erst einmal am Drehort sind, dann fängt es an. Er probiert unter Umständen mindestens zwölf verschiedene Versionen aus.«

Ganz egal, ob Wyler nun ein hervorragender Regisseur ist oder nicht, für eine Schauspielerin, die der Meinung ist, daß sie es geschafft hat und daß man ihr nun doch erlauben sollte, ihre Rolle so zu spielen, wie sie es für richtig hält – für so eine Schauspielerin ist Wyler wirklich sehr unbequem. Mr. Wyler bestand darauf, daß jede Szene in vier verschiedenen Versionen gespielt werden sollte – was für Shirley natürlich sehr schlimm war. Sie wußte, daß sie es richtig machen konnte, was sollte man also noch viel darüber reden? Für Mr. Wyler gab es eine ganze Menge darüber zu reden.

Es war nicht so, daß Shirley Wyler nicht bewunderte und den Regisseur nicht verstand. »Wenn jemand wie Wilder, Wyler, Zinnemann, Stevens oder irgendeiner von diesen Männern das Telefonbuch verfilmen möchte, werde ich sofort ja sagen, denn wichtig ist nicht so sehr das, was im Drehbuch steht, sondern das, was diese Männer im Sinn haben.«

Das klang unterwürfig, und es war ganz bestimmt nicht Shirleys Überzeugung. Miss MacLaine war für so etwas viel zu intelligent und zu wählerisch in bezug auf Drehbücher. Das war auch ihr gutes Recht, denn sie war ein Star – und sie wußte es.

Sie nahm sich jetzt auch das Recht, aufrichtig zu sein – sehr viel ehrlicher, als es die meisten Schauspieler bezüglich der Filme, die sie gedreht hatten, waren. Kein Kritiker war von *Infam* sonderlich angetan. Auch Shirley war es nicht – und sie ließ keine Gelegenheit ungenutzt vorübergehen, das auch zu unterstreichen, auch wenn sie sich dabei sehr höflich über den Regisseur äußerte.

Es gab keinen Zweifel daran, daß Shirley eine sehr interessante Persönlichkeit war. Aber sie hatte die

Konsequenzen ihrer ungewöhnlichen Ehe nie wirklich bedacht. Immer und immer wieder schien das die einzige Sache zu sein, über die jeder sprechen wollte.

»Ich weiß, daß meine Ehe ein Glücksspiel ist«, sagt sie zu *American Weekly*, »aber sie wird klappen.«

Und zu Hedda Hopper, dem Star unter den amerikanischen Klatsch-Journalisten, die natürlich über dieses merkwürdige Arrangement mehr wissen wollte als über alle anderen Dinge, sagt sie: »Die Entfernung ist keine Barriere zwischen uns. Die Menschen bemerken nicht, wieviel Steve und ich zusammen sind – wenn wir es sind, gehen wir nicht aus, denn wir müssen über viele Dinge reden. Wenn er nicht da ist, und ich ohne ihn ausgehe, klatschen die Menschen über unsere Trennung.« Das hätte Shirley nicht überraschen müssen. Die Menschen lieben nun leider Skandale und seltsame Liebesaffären. Zu dieser Zeit war das jedoch nicht das einzige Gesprächsthema über Shirley MacLaine. Man darf nicht Mr. Wallis vergessen, der, laut Shirley, jedesmal, wenn er sie auslieh, inzwischen ungefähr siebenhundertfünfzigtausend Dollar verdiente, während sie, wie sie später behauptete, für den ganzen Ärger nicht mehr als sechzigtausend bekam. Das war immerhin mehr, als die fünfzehntausend, von denen sie früher gesprochen hatte.

Inzwischen erklärte sie, daß sie nicht mehr als der »Gofer« verdienen würde, der »Junge für alles« im Studio, der hauptsächlich mit der Aufgabe beschäftigt war, die Anwesenden mit Kaffee zu versorgen.

Es mußte einfach Möglichkeiten geben, ihre Unzufriedenheit zum Ausdruck zu bringen. Unzufriedenheit? Wenn sie morgens ins Studio mußte – »Ich hörte nie vor Mittag mit dem Husten auf« –, schminkte sie nur die eine Hälfte ihres Gesichtes: die Hälfte, die von der Kamera aufgenommen wurde.

Wenn Wallis deswegen, wie sie es vornehm ausdrückte, »vor Wut kochte«, erklärte sie ihm: »Geben Sie mir die restlichen siebenhunderttausend Dollar, und ich werde auch die andere Seite meines Gesichtes schminken.«

Der Vertrag mit Wallis bestand auch noch bei Shirleys nächsten beiden Filmen.

Der erste war *Two For The Seesaw* (Spiel zu zweit), in dem sie neben Robert Mitchum die Hauptrolle spielte. Er stellte einen Rechtsanwalt dar. Sie hatte die Rolle einer Tanzlehrerin, was ihr natürlich sehr entgegenkam.

Nicht so entgegenkommend war der Name des Mädchens, der lautete nämlich Gittel. Von Shirley wurde erwartet, daß sie jüdisch spielte. Nun, nachdem sie eine Hindu-Prinzessin und eine Geisha dargestellt hatte, warum nicht auch das?

Spiel zu zweit wurde von der Kritik sehr freundlich aufgenommen. Aber das war nicht das Bedeutungsvollste an diesem Film. Wesentlich wichtiger war, daß er Shirley und Robert Mitchum zusammenbrachte – und der Beginn einer ziemlich stürmischen Liebesaffäre war. Das war der erste Beweis dafür, daß die Gerüchte, daß es zwischen ihr und Steve nicht mehr stimmte, nicht nur ein Sturm in einer japanischen Teetasse war.

Shirley sagte damals Freunden, daß Mitchum ihr einziger Liebhaber wäre, den sie gern geheiratet hätte. Aber eine Heirat stand bei den beiden in Wahrheit nie zur Debatte. Zum einen war Shirley immer noch ganz legal an Steve gebunden. Und zum anderen erklärte Robert Mitchum stets, daß er seine Frau Dorothy, mit der er schon seit fünfundzwanzig Jahren glücklich verheiratet war, sehr liebe.

Die Regie bei *Spiel zu zweit* führte Robert Wise. Offensichtlich hatte Mitchum nur seinetwegen die Rolle angenommen. Sie hätte eigentlich von Paul Newmann gespielt werden sollen – mit Elizabeth Taylor als weibliche Hauptdarstellerin.

Die Tatsache, daß Shirley seine Partnerin war, machte den Vertrag perfekt – obwohl Mitchum, wie George Eels in seiner Biographie *Robert Mitchum* schrieb, gewarnt worden war: »Dieses Weib wird dich bei lebendigem Leib auffressen.« Eine Warnung, die sich jedoch hauptsächlich auf Shirleys Schauspielkunst bezog und weniger auf ihre weiblichen Reize.

Die Gerüchte überschlugen sich. Plötzlich wollte jeder das Liebespaar beobachtet haben. Es wurde auch behauptet, daß Shirley und Mrs. Mitchum enge Freundinnen wären.

Die Affäre war zwar nicht die ganze Zeit über eine glühende Liebesgeschichte, aber es genügte, um die Meinung, daß Shirley und Steve eine zwar ungewöhnliche, aber doch recht glückliche Ehe führten, für immer zu vernichten.

Nach dem *Spiel zu zweit* drehte Shirley fast sofort *Irma la Douce* – und bei den Dreharbeiten war Shirley weit genug von Mr. Mitchum entfernt, um die Gerüchte und Gegengerüchte zu einem abrupten, wenn auch nur zeitweiligen Ende zu bringen.

Es war eine Rolle, die – wie die in *Spiel zu zweit* – eigentlich für Elizabeth Taylor geschrieben worden war. Aber die Taylor lehnte die Rolle ab, weil die Mirisch-Company sich weigerte, ihrem damaligen Ehemann Eddie Fisher in diesem Film ebenfalls eine Rolle zu geben.

Im Original war *Das Mädchen Irma la Douce* ein Bühnen-Musical über die Ladies der Straßen von Paris, die eigentlich keine richtigen Ladies sind. Billy Wilder dachte, daß diese Geschichte auf der großen Filmleinwand mehr Effekt bringen würde – aber ohne die Musik.

Nur die Tatsache, daß Wilder Regie führte, brachte Shirley dazu, diesen Film zu machen. Sie unterschrieb den Vertrag für *Irma la Douce*, ohne auch nur ein Wort des Drehbuchs gelesen zu haben. Wie üblich brachte Wilder es stückchenweise jeden Morgen zum Drehort mit.

»Wenn Billy Wilder etwas damit zu tun hat, würde ich alles machen. Ich würde einen Mann spielen. Für ihn würde ich sogar John Wayne darstellen.« Glücklicherweise hatte der Charakter, den sie in diesem Film spielen sollte, nichts mit John Wayne zu tun, nicht einmal andeutungsweise.

»Ich werde die Figur so spielen, wie der Titel lautet – Irma, die Süße«, erklärte Shirley zu Beginn der Dreharbeiten. »Sie müssen immer daran denken, daß Irma die Anschafferin Nr. 1 auf der Straße war. Sie hatte mehr Kunden als alle anderen. Und zwar deswegen, weil die Männer wußten, daß sie ihr trauen konnten, daß sie mit ihr reden konnten.«

Das alles waren Qualitäten, bei denen Billy Wilder davon überzeugt war, daß Shirley selbst sie im Überfluß besaß. Dazu sagte er: »Sie wissen, daß es hier in Amerika genügend Schauspielerinnen gibt, die komisch, sexy oder traurig sein können. Aber nur bei Shirley weiß ich, daß sie alles drei sein kann.«

Ein Teil des Films wurde in Paris gedreht und der

Rest in den Studios in Hollywood. Das Studio sah mehr nach Paris aus als Paris selbst.

Shirleys Partner war wieder Jack Lemmon. Bei ihm und Shirley gab es keinerlei Gerüchte über eine Liebesaffäre; Jack nutzte den Aufenthalt in der französischen Hauptstadt, um Felicia Farr, seine langjährige Verlobte zu heiraten. Zusammen mit den anderen Mitwirkenden an diesem Film sorgte Shirley dafür, daß es eine Hochzeit wurde, an die sich noch jeder lange erinnern würde. Billy Wilder drehte zusammen mit seinem Freund Richard Quine, einem Regisseur, der sich wegen eines anderen Films in der Stadt aufhielt, von dieser Hochzeit einen Film, der zum Tagesgespräch in Hollywood wurde. Und das wurde auch Jack Lemmons Auftritt bei der Hochzeitszeremonie. Der Star, der lange, lange Texte genauso leicht lernte wie seine eigene Adresse, vergaß das einzige Wort, das er bei dieser Gelegenheit zu sagen hatte: »Oui.«

Jack und Shirley verbrachten zwar nach Drehschluß viel Zeit miteinander – aber natürlich immer ganz in Ehren.

In diesem Film stellte Shirley wieder ein leichtes Mädchen dar.

Mit Hilfe einer Puffmutter studierten die Mitwirkenden des Film die verschiedenen Praktiken dieses Geschäfts, als wären sie an einem Universitäts-Projekt beteiligt, das zum Ziel hatte festzustellen, wie man einen Geschäftszweig gewinnbringender ausbauen kann. Sie informierten sich ganz genau, indem sie durch die Gucklöcher an den Türen spähten, die normalerweise zum Vergnügen besonders guter Kunden und für die Überwachung durch die Puffmutter gedacht waren. Sie erfuhren nützliche Dinge, wie zum Beispiel die verschiedenen Geschmäcker der Kunden – und das waren manchmal ganz erstaunliche Vorlieben; oder welche Art von Kleidung die Schönen der Nacht trugen. Shirley ließ sich vieles von den Mädchen erklären.

Mit einem dieser Mädchen hatte sich Shirley angefreundet. Sie forderte Shirley dazu auf, ihrer Tätigkeit mehrere Tage zuzusehen. Ihr Name war Danielle, und in ihrem Buch *Raupe mit Schmetterlingsflügeln* schreibt Shirley, daß sie später während der Dreharbeiten noch sehr viel an Danielle denken mußte. Sie hatte viel von ihr erfahren und mehr als nur für ihre Rolle gelernt.

Shirley hatte Mitleid mit Danielle, das nur eine Emanze empfinden kann, die immer noch etwas für die Liebe eines Mannes übrighat. Aber wir müssen glücklich sein, daß diese hautnahen Milieustudien Shirleys Sinn nicht völlig verwandelt haben. Auch uns tat Irma la Douce leid – wegen der Art, wie sie manipuliert wurde und ihr Schicksal innerhalb und außerhalb des Gefängnisses ertrug; aber unser Mitleid ging nicht so weit, daß wir ihretwegen kämpfen wollten.
Shirley gab zu, daß ihr die Arbeit Spaß gemacht hatte. Als sie für diese Rolle den Golden Globe in Empfang nahm, erzählte sie in aller Öffentlichkeit von ihren Erlebnissen in Paris – und erreichte damit, daß bei der Fernsehübertragung der Ton abgeschaltet wurde. So erfuhren die Zuschauer nicht, daß ihr der Aufenthalt in den Markthallen so gefallen hatte, daß sie die Schauspielerei beinahe aufgegeben hätte, um dort zu bleiben.

Der Hasty Pudding Club (Mehlpudding Club) von Harvard – zu dem einst ihr Partner Jack Lemmon gehört hatte – war von Shirleys Leistungen in *Irma la*

Douce so angetan, daß er sie zu seiner Schutzpatronin machte, was für ein leichtes Mädchen von den Pariser Straßen kein schlechter Erfolg war. Sie wurde zur Frau des Jahres 1963. Freundlicherweise erklärte der Club, daß bei ihnen »die Weiblichkeit und die Schauspielerei schon lange in großem Ansehen« gestanden hätte.

Shirley ging 1963 zu der Show, die der Club jährlich veranstaltete und wurde von den Darstellern mit Zuneigung, Bewunderung und Küssen überschüttet. Shirley, die nie um Worte verlegen war, erwartete mehr von einer derartig erhabenen Versammlung zu einem derartig bedeutenden Anlaß.

»Hey«, sagte sie, »soll ich hier nicht irgend etwas von mir geben?« Die Antwort lautete: »Eigentlich nicht viel.« Ob sie glücklich sei, wurde sie gefragt. »Jaaaa ...« antwortete sie versuchsweise. »Das ist eine abgegriffene Antwort«, meinte der Fragesteller von Harvard. »Das war eine ziemlich abgegriffene Frage«, antwortete sie. Man muß schon sehr früh aufstehen, um Shirley mit einer derartigen Frage in Verlegenheit zu bringen. Als sie ging, sagte sie: »Wenn ich gewußt hätte, daß es auf dem College so zugeht, dann wäre ich schon eher gekommen und hätte Hooywood zehn Jahre nach hinten verlegt.« Wenn sie das getan hätte, wäre sie niemals in den Hasty Pudding Club eingeladen worden.

Der Film *Irma la Douce* hatte den Hasty Pudding Club ungemein begeistert. Andere hegten dafür so ziemlich dieselbe Art von Gefühlen – obwohl niemand darüber nachzudenken wagte, was die Liga für Anstand und andere Zensurbehörden dazu sagen würden. Die vorherrschende Meinung damals lautete, daß man diesen Film besser noch so oft wie möglich genießen sollte, denn das Bühnenstück würde niemals in einem Theater zur Aufführung kommen. Wilder beschrieb den Film als »eine nette, saubere, warme und gefühlvolle Geschichte über die Emanzipation einer Prostituierten. Wir drehten den Film mit Feingefühl und Geschmack.«

Shirley hatte bei den Dreharbeiten fast genauso viel Spaß wie bei den Milieustudien. »Für diese Rolle«, erzählt sie Joseph Roddy vom *Look* Magazin, »konnten sie kein Mädchen brauchen, das wie eine Nutte aussieht, der ihre Arbeit gefällt. Darum hätte eine typische Sexbombe von Hollywood schrecklich gewirkt. Dieses Mädchen mußte ein naives, großäugiges, unschuldig aussehendes junges Ding sein. Genauso wie ich eines bin.« Die Rolle eines Freudenmädchens hatte gewisse Vorteile. Wie Shirley lange Zeit später sagte: »Tanzen ist viel anstrengender. Zumindest hat man die Chance, viel Zeit liegend zu verbringen.«

Und dann war da auch noch Jack Lemmon. Und wieder war es wundervoll, mit ihm zu spielen. Wieder einmal war er der arme Knabe, mit dem alle anderen ihre Scherze trieben, aber seine Rolle schien sich von Tag zu Tag mehr zu entwickeln. Auch er profitierte von den Milieustudien. Er nahm sie zwar nicht so ernst wie Shirley, und sie gingen ihm auch nicht so zu Herzen, aber auch er betrachtete durch das Guckloch ungläubig die Geschäftspraktiken der Mädchen. Manchmal warteten Shirley und er unten an der Treppe und beobachteten, wie die Mädchen mit ihren Kunden abmarschierten. In Mr. Lemmon steckte etwas von einem Geschäftsmann. Denn er behauptete, was *er* bei dieser Sache am meisten bewundern würde, wäre der schnelle Umsatz.

Der Film war ein Kassenschlager, und die Zensoren gingen freundlich mit ihm um. Shirley mochte den Film so sehr, daß sie beschloß, nie mehr ein unschuldiges Mädchen zu spielen. Shirley sagte: »Ich habe diesen Weg eingeschlagen und von jetzt an wird es nur noch Sex, Sex, Sex geben.«

Den Italienern muß das gefallen haben. *Irma* bekam von ihnen den »David«, den italienischen »Oscar«.

Es war nun endlich Zeit für Shirley, ihre Zwistigkeiten mit Wallis gerichtlich zu klären. Mit Hilfe der besten anwaltlichen Unterstützung, die es in Hollywood gab, ging sie vor Gericht. Sie berief sich auf die kalifornischen Statuten, die schon ein Dutzend andere Schauspieler benutzt hatten, um aus Verträgen aussteigen zu können, die einseitig geworden waren und den Vertragsnehmern, die bei Ablauf des Vertrags wesentlich mehr wert waren als zu Beginn, keinerlei Vorteile brachten.

Die Studios führten häufig das Argument an, daß sie das anfängliche Risiko übernommen hätten, einen völlig unbekannten Künstler unter ihre Fittiche zu nehmen, der dann mit ihrer Hilfe zu einem Topstar wurde. Die Stars hingegen rechtfertigten ihre Ansprüche damit, daß sie ja schließlich das Geld einspielten.

Shirley reichte Klage gegen Wallis und seinen Produzenten Joseph H. Hazan ein. Sie forderte keinen Schadenersatz für die letzten Jahre, in denen sie zu wenig verdient hatte, sie wollte nur aus dem Vertrag herauskommen.

Lange ehe Shirley die Angelegenheit vor Gericht brachte, hatten Richter das Urteil gefällt, daß niemand an einen Vertrag gebunden werden durfte, der länger als sieben Jahre dauerte.

Wie viele Rechtsstreitigkeiten wurde auch diese außergerichtlich beigelegt. Hal Wallis erklärte sich bereit, den Vertrag zu anullieren, wenn er dafür hundertfünfzigtausend Dollar Entschädigung bekäme. Das war natürlich eine enorme Summe, aber Shirley war der Meinung, daß sie mit ihrem nächsten Film wesentlich mehr verdienen würde – und davon würde sie keinen Pfennig an Mr. Wallis abgeben müssen.

Als ich mit Wallis über diese Angelegenheit sprach, stritt er ab, deswegen bittere Gefühle zu hegen, obwohl er abermals betonte, wie ärgerlich er gewesen war, daß man ihm gegenüber nicht mehr Dankbarkeit dafür zeigte, daß er Shirley nach Hollywood gebracht hatte.

»Das passiert mit so vielen Menschen. Wenn sie nichts haben, sind sie dankbar, aber wenn sie Geld in den Taschen haben, drehen sie der Person, die ihnen geholfen hat, den Rücken zu. Aber in diesem Geschäft lernt man, sich in dieser Beziehung eine dicke Haut zuzulegen.«

Aber Hal Wallis hatte nie das Gefühl, bei dieser Vereinbarung Shirley übervorteilt zu haben. Es war offensichtlich ein von beiden Seiten akzeptiertes Übereinkommen, auch wenn er künftig nicht mehr die Möglichkeit hatte, von Shirley MacLaines Arbeit zu profitieren.

Aber ein gewisser Klatschkolumnist aus Hollywood sah das ganz anders. Mike Connelly vom *Hollywood Reporter* hatte Shirley schon eine ganze Weile attackiert, offensichtlich genoß er jeden Schuß, den er aus dem Hinterhalt auf sie abfeuern konnte. Er tat das mit dem ganzen Enthusiasmus und der Geschicklichkeit eines professionellen Pistolenschützen, der auf einem Baum sitzt und auf die Menschen unter ihm gezielte Nahschüsse abgibt. Er verabscheute ihre politische Einstellung. Wenn er auch nur das leiseste Gerücht über etwas hörte, von dem er annehmen konnte, das es schlecht für Shirleys Karriere wäre, druckte er es in einer Form, die Shirley und viele andere Menschen als äußerst unschicklich empfanden.

Jetzt behauptete er das Schlimmste von allem: daß Shirley in der Rechtsstreitigkeit gegen Mr. Wallis verloren hätte.

Shirley hatte die üblichen Möglichkeiten, gegen diese Fehlinformation vorzugehen – ihren Antwalt zu veranlassen, einen bösen Brief zu schreiben. Oder sie konnte die Sache ernster machen und ihren Anwalt bitten, eine Verleumdungsklage anzustrengen. Das hätte natürlich eine Menge Publicity bedeutet, die sich bestimmt nicht sehr günstig auf Shirley ausgewirkt hätte. Shirley hatte schon viele Verleumdungen von diesem Reporter hingenommen, ohne etwas dagegen zu unternehmen, aber seine letzte Attacke war zuviel gewesen. Der Satz, der Shirley auf die Palme gebracht hatte, lautete: »Shirley MacLaine sagte zu Hal Wallis: Okay, Sie haben gewonnen.« Shirley rief ihren Anwalt an und fragte ihn: »Welche Strafe steht in diesem Staat auf tätliche Mißhandlung und tätlichen Angriff?« Der Anwalt riet ihr, nur mit der flachen Hand – auf keinen Fall mit der Faust zuzuschlagen. Bei einer simplen Ohrfeige hatte sie nichts zu befürchten, außer daß ihr Kontrahent zurückschlagen würde. Shirley machte sich – mit ihrer Sekretärin als Zeugin im Schlepptau – auf den Weg zu Mike Connellys Büro.

»Sind Sie in dem Geschäft, um die Wahrheit zu

drucken?« fragte sie ihn. »Natürlich die Wahrheit«, antwortete er – und man kann sich sehr leicht vorstellen, wie zornig Shirley über diese Antwort werden mußte. Shirley reagierte blitzschnell und versetzte dem Klatschreporter eine schallende Ohrfeige. Als er protestierte, klebte sie ihm gleich noch eine.

Die Nachricht von diesem Zwischenfall verbreitete sich in Los Angeles wie ein Lauffeuer. Eine Flut von Gratulations-Briefen ging bei Shirley ein. In Chasens Restaurant lag ein Paar übergroße Boxhandschuhe auf dem Platz, an dem sie immer saß. Pat Brown, der Gouverneur von Kalifornien, sandte ihr ein aufmunterndes Schreiben. Und sogar Präsident Kennedy schickte ein Telegramm, in dem er ihr zum Sieg gratulierte.

Mr. Connelly selbst trug die Sache einigermaßen mit Fassung. Nachdem er sein verletztes Ego repariert hatte, behauptete er, daß Shirley ihn überhaupt nicht richtig getroffen hätte. »Sie zielte auf meinen Kopf, aber der Schlag traf nur meine Schulter. Ich werde diese Schulter niemals mehr waschen.« Zweifellos glaubte er, daß er sich damit wie ein Gentleman verhalten hätte, aber Shirley, und inzwischen auch viele andere wußten, daß die Ohrfeige gesessen hatte. Doch Connelly nahm den moralischen Sieg für sich in Anspruch. »Ich duckte mich. Was hätte ich unter diesen Umständen auch anderes tun sollen? Ich bin nur dankbar, daß sie keinen Schlagring hatte.«

Alles, was Shirley darüber öffentlich sagte, war: »Ich habe eine Sprache gesprochen, die er offenbar verstanden hat.«

Wieder war Shirley eine Heldin. Mit dieser völlig unorthodoxen Taktik hatte sie gezeigt, daß sie sich gegen ungerechtfertigte Angriffe der Presse wehren konnte.

Shirley engagierte sich auch politisch. Sie trat für Bürger- und Frauenrechte ein und demonstrierte gegen den Vietnamkrieg.

Sie sprach sich auch laut und deutlich zugunsten von Caryl Chessman aus, jenen Mann, der lange in der Todeszelle saß und schließlich wegen Mord und Vergewaltigung hingerichtet wurde. Wie so viele andere Dinge, mit denen sie sich beschäftigte, war ihre Ansicht darüber zumindest strittig.

»Ich behaupte nicht, daß ich gegen die Todesstrafe als solche bin«, sagte sie 1963. »Für Hitler ja. Für Eichmann ja. Aber bei Chessman sagte ich nein. Als wir Chessman exekutierten, taten wir nichts anderes, als Cyanid-Kugeln auf die Bühne der Welt zu werfen. Das Image Amerikas ist dadurch auf schreckliche Art verunstaltet worden.«

Madame Nhu, die Frau des Diktators von Südvietnam, war gerade in Amerika, als ihr Mann von einer Revolution gestürzt wurde. Madame Nhu war mehr als nur die treibende Kraft hinter dem vietnamesischen Thron, sie stützte ihn sozusagen mit ihren Beinen, die oft als die schönsten Beine in ganz Südostasien bezeichnet wurden. Sie kleidete sich makellos und schminkte sich so, als würde sie einen finsteren asiatischen Spion in einem Kriegsfilm mimen. Es wurde oft behauptet, daß das Geld, mit dem sie ihr aufwendiges Leben finanzierte, von den Menschen ihres vom Krieg geschüttelten Landes aufgebracht werden mußte.

Shirley konnte diese Madame nicht ausstehen. In der *Saturday Evening Post* sagt sie zu Muriel Davidson: »Sie steckte eine Schleife in das Haar ihrer unschuldig aussehenden Tochter, um ihr eigenes Image aufzupolieren, und sie kam hierher, um mit Hilfe ihrer weiblichen Listen zu versuchen, die Amerikaner davon zu überzeugen, daß sie kein Drachen ist – aber genau das ist sie. Wissen Sie, warum ich froh bin, daß sie hergekommen ist? Während sie weg war, haben die Leute in Vietnam die Dinge geklärt.«

5. Kapitel

Shirley wurde mit *Das Mädchen Irma la Douce* für den Oscar nominiert, gewann aber nicht. Zum dritten Mal war sie damit bei der Verleihung der Academy Awards die Brautjungfer, aber nicht die Braut.

Aber es gab eine andere Auszeichnung für sie und auch für Jack Lemmon. Beide wurden aufgefordert, ihre Fuß- und Handabdrücke und ihre Unterschriften vor Graumans Chinese Theatre am Hollywood Boulevard in Zement zu verewigen. Damit gehörten die beiden zu den Personen, die die Stadt gerne als ›seine Unsterblichen‹ bezeichnet. Shirley war der hunderteinundvierzigste Künstler, der auf diese Art ein Denkmal bekam.

Shirley bekam zwar wieder keinen Oscar, aber sie machte klar, daß ihr das nichts ausmachte. Ihrer Beliebtheit tat diese Niederlage auch keinen Abbruch. Sie trug ihr Haar immer noch kurz, fast so, als würde sie ständig damit rechnen, ganz auf die Schnelle aufgefordert zu werden, abermals die jugendliche Hauptrolle im *Picknick im Pyjama* zu übernehmen. Sie kicherte immer noch, und sie hatte immer noch eine aufregende Figur, wie jeder, der *Irma la Douce* gesehen hatte, voller Inbrunst bestätigen konnte.

Shirley war der Überzeugung, daß im Film komisch zu sein die schwierigste Aufgabe war, die ein Schauspieler übernehmen konnte. »Dabei muß man um die Gunst von Millionen verschiedener Menschen kämpfen«, erklärt sie, »jeder von ihnen hat andere Empfindungen und ihr Sinn für Humor ist ebenso verschieden. Tragödien zu vermitteln, ist wesentlich einfacher, denn Verzweiflung wirkt sich bei allen Menschen gleich aus.«

Shirley scheute sich nie, Gefühle zu zeigen – Gefühle, die mit den Stimmungen wechseln und mit den Anlässen, die diese Stimmungen hervorrufen. Zweifellos ist das einer der Gründe für ihren Erfolg.

Jack Cummings, der Mann, der *Can-Can* produziert und Shirley gute Ratschläge für ihre Rolle in *Meine Geisha* gegeben hatte, hatte sie längere Zeit nicht gesehen, als die beiden ganz zufällig einen Flug auf derselben Maschine nach New York gebucht hatten.

Um das Eis zu brechen, sagte Shirley leichthin: »Ich glaube, wir fliegen mit demselben Flugzeug.« Sie beschlossen, sich nebeneinander zu setzen. Als sich die Maschine im Landeanflug befand, fragte Shirley Jack Cummings, ob er einen Wagen hätte. Das hatte er nicht und so bot sie ihm an, mit ihr zu fahren. Auf sie wartete nämlich eine Limousine, die sie nach New York City bringen sollte.

»Sie war gekommen, um die Stadt zu erobern«, erinnert sich Jack Cummings.

Aber mehr als das, sie eroberte ihn. Sie brachte ihn zum Lachen und schuf sehr schnell eine gewisse Vertrautheit zwischen ihnen. Als sie an einem heruntergekommenen Appartmenthaus vorbeifuhren, schien sich die Stimmung jedoch zu ändern.

»Ich bemerkte, daß sie sehr ruhig und sehr nachdenklich wurde«, erzählt Cummings. Er fragte sie: »Was ist passiert?« Ihre Antwort sagte sehr viel über ihre momentane Stimmung aus. »In diesem Haus habe ich früher gewohnt. Ich hielt es länger aus als meine Zimmergenossinnen. Ich hielt es sogar länger aus als die Ratten.«

Ihr nächster Film hieß *What A Way To Go* (Immer mit einem anderen). Er handelte von einer Frau, die sehr unglücklich ist wegen der großen Anzahl von Männern, die sie verbraucht – einer davon war wieder Robert Mitchum. Aber die Liebesaffäre war vorbei.

Die Modeschöpferin Edith Head hatte 1962 begonnen, für Shirley die Kleider zu entwerfen. »Eine Modeschöpferin«, sagte sie, als sie Shirleys Garderobe für *Immer mit einem anderen* zusammenstellte, »ist immer nur so gut wie der Star, der ihre Kleider trägt.« Für Shirley fertigte sie ein Kostüm aus Glanzleder an, dessen Nähte mit flüssigem Klebstoff anstatt mit Stichen zusammengehalten wurden, weil Stiche nämlich die Linie ruiniert hätten. Shirley, so fand Edith Head, war trotz ihres Rufes als ›Kook‹ perfekt. Das grüne Kostüm, das sie für diesen Film entworfen hatte und das viel von Shirleys Busen zeigte, demonstrierte auf bewunderungswürdige Weise diese Behauptung. Aber für eine Perfektionistin wie die Oscar-Gewinnerin Miss Head war Shirleys Benehmen entsetzlich. Shirley war so ganz anders als die anderen Stars, die froh waren, teure Kleider tragen zu können. »So jemand wie sie habe ich noch nie gesehen«, sagt die Modeschöpferin. »Sie kann es kaum erwarten, aus einem Kleid, das sie anprobiert, wieder herauszukommen.« Dieser Behauptung widersprach Shirley keineswegs. Im

Gegenteil, sie stimmte ihr zu. »Ich hasse es, Kleider anzuprobieren.«

Ein Kleiderbündel auf dem Rücksitz ihres Plymouth Station Waggons, auf dem sich schön langsam eine dicke Staubschicht sammelte, bewies, daß Shirley wirklich nichts für ausgesuchte Garderobe übrig hatte. Das Bündel enthielt Kleidungsstücke im Wert von zweihundertfünfzig Dollar, Sachen, die Shirley ein Jahr vorher gekauft hatte, ohne sie anzuprobieren. Die Kleider und Röcke paßten ihr nicht. Sie hatte ein Jahr lang keine Zeit gefunden, die Sachen umzutauschen.

Einmal beschloß Audrey Hepburn, Shirley beizubringen, wie man sich kleidet. Es kam nichts dabei heraus. Schon bald stellte die elegante Miss Hepburn fest, daß bei Shirley Hopfen und Malz verloren war. »In dieser Zeit lernte Audrey von mir, wie man flucht«, erzählt Shirley – als ob sie damit beweisen wollte, daß die ganze Sache doch nicht so erfolglos gewesen war.

»Wenn ich mich herausputze, bringt das die Leute nur durcheinander«, erklärt sie mit der typischen MacLaineschen Logik. Die Behauptung wurde noch dadurch unterstützt, daß sie für ein Magazin nackt posierte, als wollte sie sagen: Obwohl ich mich nicht gut anziehen kann, gibt es niemanden, der unangezogen besser aussieht – und damit hatte sie fast recht. Shirley posierte, wie es Irma la Douce getan hätte, und die Zensoren waren außer sich.

»Warum sollte das halbnackte Posieren in Kunstkalendern nur etwas für junge Schauspielerinnen sein?« fragt sie die *Chicago Tribune*, die, wie so viele Menschen in diesen längst vergangenen Tagen, der Meinung zu sein schien, daß Nacktfotos nichts für anständige Damen waren. »Ich finde so etwas sehr lustig. Ich wollte zeigen, wie komisch Nacktfotos sein können. Wenn mich die Leute fragen, was ich dabei trug, dann sage ich zu ihnen, daß ich einen Hauch von Unschuld und den Mantel der Wohlanständigkeit getragen habe.«

Die vielen verschiedenen Episoden bewiesen, daß Shirley nicht der typische Filmstar war. Als sie 1960 unter den schlechtestgekleideten Frauen von Hollywood an die vierte Stelle gesetzt wurde, war niemand überrascht.

Ein paar Jahre später sollte sie dann sagen, daß sich alles geändert hätte: »Wenn die Leute nur erst einmal zu mir kommen und mich ansehen würden, bevor sie darüber schreiben, wie schlecht gekleidet ich bin«, sagt sie. »Das ist nämlich schon lange her. Ich habe mich geändert. Das tun alle Menschen. Ich mag jetzt auch Erbsensuppe.« Das ließ vermutlich sehr tief blicken – und es beunruhigte die Eishersteller etwas, ganz zu schweigen von den Importeuren von Weinbergschnecken.

Aber sich richtig anzuziehen, bedeutete nicht, daß Shirley ebenso konventionell auf Reisen gehen mußte, wie es Audrey Hepburn tat.

»Dieses Mädchen ist wirklich eine Offenbarung. Ich reise mit einem einzigen Koffer um die Welt, den ich schon seit 1958 habe. Audrey und ihr Ehemann packen ihr ganzes Hab und Gut in einen großen Korb und nehmen es überall mit hin. All ihr Porzellan, ihre Bilder, Gläser, Silber, einfach alles. Und soll ich Ihnen etwas sagen? Audrey führt über jedes einzelne Stück in diesem Korb eine Liste! Wenn ich so etwas versuchen würde, wäre ich selbst ein Korb.«

Ab und zu, fügte sie dann noch hinzu, daß sie natürlich solche Sachen, die man in einen Korb packen könnte, sowieso nicht hätte. Aber inzwischen zeigte sie, was sie auf Reisen brauchte. Shirley MacLaine war viel unterwegs.

Jemanden, der versuchen würde, herauszufinden, was Shirley MacLaine so sehr von anderen Stars unterschied, würde ein kurzer Blick in ihren Paß auf die richtige Spur bringen.

Für alle, die es der Beachtung wert fanden – und wieder muß gesagt werden, daß das sehr viele waren –, machte Shirley deutlich, daß das Leben viel zu kostbar war, um es damit zu vergeuden, in Malibu oder sonstwo in Kalifornien einfach nur in der Sonne zu sitzen. Man konnte sich die Welt anschauen, und genau das machte sich Shirley zur Aufgabe. Die Orte, zu denen sich im Sommer die meisten reichen Amerikaner wie Zugvögel auf den Weg machten, waren nichts für sie. Es befriedigte sie nicht, die Park Lane auf und ab zu fahren oder auch die Champs Elysées hinunterzuschlendern.

Nein, Shirley wollte Rußland kennenlernen und Afrika sehen. Natürlich buchte sie keine herkömmliche Safari – ganz abgesehen davon, daß sie nie auf Tiere schießen würde – , wäre doch so etwas für sie viel zu gewöhnlich gewesen. Sie wollte nach Kenya fahren, um die Massai kennenzulernen. Sie wollte aber nicht nur die traditionellen Kriegstänze sehen, die für Touristen aufgeführt wurden. Wenn sie die Massai besuchte, wollte sie mehr erleben, als nur einfach ein Händeschütteln. Sie wollte wissen, wie sie lebten. Das bedeutete zwar eine Menge von Fragen, aber schließlich war Shirley MacLaine nur dahin gekommen, wo sie war, weil sie viel fragte und gründlich nachforschte.

Anfang der sechziger Jahre war das Reisen für sie praktisch zur Besessenheit geworden. »Ich sehe mich nicht nach einem Ort um, an den ich mich niederlassen kann«, betonte sie und machte ihre Prioritäten klar, indem sie darauf hinwies, daß die Familie Parker nicht einmal Tafelsilber besäße – ganz zu schweigen von zusammenpassenden Handtüchern. Das bereite ihr kein Kopfzerbrechen, obwohl es natürlich Leute gab, die sie wegen ihres unkonventionellen Lebens verurteilten. Ein typischer MacLaine-Satz lautete: »Ich bin niemals lange genug zu Hause, um mir darüber Gedanken zu machen. Materieller Besitz macht nur unfrei.« Aber sie wußte, daß sie der Öffentlichkeit Erklärungen schuldig war. »Ich bin schrecklich reiselustig.« Aber das war nur die halbe Wahrheit. Sie wollte nach Afrika fahren, ehe die Tiere ausgerottet waren, und weil sie noch nie dort war. Sie sagt: »Wenn ich irgendwohin fahre, dann habe ich nicht das Gefühl, daß es jetzt reicht. Ich habe Heimweh nach jedem einzelnen Ort, an dem ich jemals gewesen bin. Ich werde eine der ersten Frauen an Bord einer Rakete sein.«

Es gab natürlich auch Leute, die glaubten, in Shirleys Reisefreudigkeit die Anzeichen für ein Davonlaufen entdecken zu können. Da die Presse immer sehr gerne den Psychiater spielte, kam ein solches Urteil nicht überraschend. Shirley wußte, was man ihr unterstellen wollte. »Ich laufe zu anderen Orten, ich laufe nicht von ihnen weg«, meint sie dazu.

Ihre erste Reise nach Übersee – wenn man einmal von den hauptsächlich privaten Flügen nach Tokyo und Bangkok absieht – führte sie in die Sowjetunion. Wenn man davon ausgeht, daß ihr vorheriges Zusammentreffen mit dem sowjetischen Establishment anläßlich der Feier der Twentieth Century Fox hochgezogene Augenbrauen hervorgerufen hatte, dann war das wie ein Tanz um den Maibaum, verglichen mit dem, was sich ereignete, als sie 1962 selbst nach Rußland flog.

Mitten in der Nacht wurde sie von ihrem Intourist-Führer aufgeweckt und gebeten, ein paar amerikanische Dollars in Rubel umzutauschen. Aber das war noch nicht der Anlaß, der sie wirklich wütend machte.

Sie war so aufgebracht über das, was geschah, daß sie, wie sie behauptete, jede Einladung angenommen hätte, bei der sie Can-Can nackt auf dem Roten Platz hätte tanzen können. Als sie im Hotel Leningrad ankam, war ihr Gepäck verschwunden. Dann wurde sie, aufgrund eines bürokratischen Durcheinanders, um Mitternacht aus diesem Hotel geworfen. Sie hatte eine Gruppe von amerikanischen Austauschstudenten von der Universität in Leningrad getroffen, die sie dazu überredet hatten, sie nach Moskau zu begleiten und mit ihnen und ihren russischen Kommilitonen zu sprechen. Natürlich bekam Shirley Ärger mit den Behörden.

Intourist, das sowjetische Reisebüro, war davon ausgegangen, daß sie an diesem Abend abreisen würde und hatte das Hotel angewiesen, ihre Zimmertür abzusperren. Gleichzeitig ordneten sie an, daß Shirleys Gepäck gepackt und in die Lobby gebracht wurde – und von dort wurde es gestohlen. Die Leute von Intourist erlaubten ihr nicht, in ein anderes Zimmer zu ziehen – solche Dinge lassen sich in Rußland nicht einfach arrangieren – und so verbrachte Shirley die Nacht damit, in der Hotelhalle auf und ab zu marschieren, aber das gefiel den Intourist-

Leuten ebensowenig. Sie baten Shirley, freundlicherweise nicht über die Ereignisse zu sprechen.

Auf Shirley hatte das die gleiche Wirkung wie eine rote Fahne auf den Zaren. Sie stellte sofort klar, daß sie keineswegs beabsichtigte, den Mund zu halten. In Moskau erklärte sie gegenüber Auslandskorrespondenten, daß sie sehr schlecht behandelt worden wäre, sie wäre sogar gezwungen worden, den Flugpreis zweimal zu bezahlen, und ihre Meinung bezüglich der Redefreiheit wäre etwas, was ihre Gastgeber zu verstehen hätten. Acht Polizeibeamte kamen, um mit ihr darüber zu reden, erreichten aber wenig. »Ich vermute«, sagt Shirley einige Zeit nach diesem Vorfall, »daß mich die sowjetische Regierung für die Abweichung vom Reiseplan bestrafte. Dabei habe ich doch nur meinen Zug verpaßt.«

Man kann nur sagen, daß Shirley und Rußland nicht besonders gut miteinander auskamen. Einmal wurde sie auf dieser Reise aus einem Restaurant geworfen – weil sie zu viel lachte.

Die Sowjets waren so wütend über sie, daß sie ihren Einfluß auf die tschechoslowakische Regierung geltend machten, die prompt Shirleys Visumantrag für den Besuch der Filmfestspiele in Karlsbad ablehnte.

In ihrem gestohlenen Gepäck hatten sich auch Traveller Schecks im Wert von insgesamt viertausendfünfhundert Dollar befunden, dazu ihr gesamter Schmuck, ihre Pelze und die Tickets. Als sie schließlich nach Moskau kam, glaubte ihr Intourist nicht, daß sie überhaupt Tickets besessen hatte, und so mußte Shirley noch einmal für die Tickets bezahlen.

Es hätte nicht präziser ablaufen können, wenn

Mrs. Chruschtschow selbst, immer noch empört über die Schmach, daß ihrem Ehemann der Anblick von Shirleys spitzenbesetzten Unterhöschen bei der Vorführung von *Can-Can* gefallen hatte, die ganze Sache inszeniert hätte.

»Es war wie bei Kafka«, sagt die belesene Miss MacLaine. »Ich existierte für die Behörden einfach nicht mehr.«

Als das alles passierte, war Shirley erkältet. Sie hatte verquollene Augen, eine laufende Nase und strähniges Haar – und dann kam noch dazu, daß ihr, weil sie keinerlei Gepäck und keinen Beweis für ihre Identität hatte, die Möglichkeit verweigert wurde, die Traveller Schecks, die sie bei sich hatte, in Bargeld umzutauschen. Daraufhin machte sie dann ihr Angebot für einen ungeplanten Auftritt für die Fußgänger auf dem Roten Platz. Und falls das noch nicht genügen würde, hatte Shirley vor, Mr. Chruschtschow persönlich anzurufen.

Shirley sah in der Art und Weise, wie Amerikaner reisten, einen politischen Aspekt. Im großen und ganzen war sie davon überhaupt nicht angetan.

»Jedes Jahr«, schreibt sie im *Carte Blanche* Magazin, »beschließen Millionen von Amerikanern und auch Millionen von Menschen auf der ganzen Welt einfach nur deshalb eine Reise zu unternehmen, um irgendwohin zu fahren. Sie wissen nicht, wohin sie fahren, welche Art von Menschen sie treffen werden, was das für Kulturkreise sind, mit denen sie konfrontiert werden, und verstehen die Interessenkonflikte, sowohl politisch als auch soziologisch, nicht.«

Mit »besonderem Abscheu« sprach sie von der amerikanischen Frau, die sich in einen Nerz hüllt. Und sie haßte die Vorstellung von Diplomaten-

Frauen, die in den Ländern, in denen ihre Ehemänner Posten haben, in Cadillacs und Thunderbirds herumfahren, während jeder andere in diesen Ländern zu Fuß geht oder mit dem Rad fährt.

Nein, so würde sie nicht reisen – auch wenn sonst nichts Shirley davon abhalten würde, um die Welt zu fahren.

»Ich liebe es, zwischen meinen Filmen einfach abzuhauen«, sagt sie in einem anderen Interview, »vielleicht fahre ich nach Tasmanien, nach Istanbul oder einfach nur nach Fargo in Nord-Dakota. Mein Horizont beschränkt sich nicht nur auf die Leinwand. Nichts macht mir so viel Spaß, wie zu lernen.«

Shirley juckte es entschieden in den Füßen.

Sie besaß inzwischen ein Haus in der Schweiz und auch je eines in Los Angeles und Tokyo. Und als sie und Steve nach Hongkong fuhren, kauften sie sich auch dort ein kleines Häuschen.

»Ich werde auch weiterhin aus dem Koffer leben«, sagt Shirley immer.

Das entsprach ganz gewiß nicht einer konventionellen Lebensweise. Aber es paßte sehr gut zu Shirleys Vorstellung von Glück. Audrey Hepburn wäre damit nicht einverstanden gewesen – denn Shirley hätte sicher nicht Unmengen von Abendkleidern und dazu passenden Schuhen eingepackt. Ihre Kleider mußten garantiert knitterfrei sein. Sie trug nicht viel Make-up auf – außerhalb der Filmstudios schminkte sie sich immer noch fast gar nicht.

Tatsache war, daß sie immer behauptete, sie wäre für das herkömmliche Leben eines Filmstars überhaupt nicht geeignet. Wenn sie zu einer Party ging und, nach Meinung der meisten Leute, piekfein gekleidet war, ging sie bereits nach kurzer Zeit wieder.

Die vielen Menschen, die ihr ständig erklärten, wie wundervoll sie aussähe, brachten sie in Verlegenheit. Wenn sie wundervoll aussehen wollte, dann hoffte sie irgendwie, daß das ein Geheimnis zwischen ihr und ihrem Spiegel sein würde.

Shirley kaufte sich eine Yacht. Das war noch eine Möglichkeit, aus ihrer gewohnten Umgebung auszubrechen. Es bedeutete nicht, daß sie damit einfacher nach Tokyo fahren konnte, um Steve zu besuchen, aber Steve hätte das auch nicht erwartet. Er führte sein Leben und sie das ihre, und sie sahen sich zu dieser Zeit kaum. Beide gaben sich Mühe, nicht den Eindruck zu vermitteln, daß sie nicht glücklich waren. Sie waren es nicht – zumindest nicht zusammen – aber das sollte niemand erfahren.

Shirley war sehr damit beschäftigt, mehr über die Welt zu erfahren.

Nach Marokko zu fliegen, schien nicht problematischer zu sein, als in die Filmstudios zu fahren. Also flog sie nach Tanger, mietete sich ein Auto und fuhr allein in die Hauptstadt Rabat. Sie machte in der Wüste halt, und als sie schließlich in die Hauptstadt kam, waren es nicht die Sehenswürdigkeiten, die sie beeindruckten. Sie erzählte, daß sie acht Stunden mit nichts anderem verbracht hatte, als fasziniert einen kleinen Jungen zu beobachten, der webte.

Warum reiste Shirley so gern? Tat sie es aus demselben Grund wie der Bergsteiger, der die höchsten Gipfel erklimmt, bloß weil sie eben »da« sind? Es hatte ganz den Anschein. Shirley hatte die Befürchtung, daß man ihr diese Frage direkt stellen könnte – also kam sie ihr zuvor.

»Ich spiele nur deshalb in Filmen mit, um die Fahrkarten an die Orte, die ich sehen möchte, bezahlen zu können. Ich habe kein Geld gespart. Es geht alles für meine Reisen drauf.« Das machte den Eindruck, daß sie entweder ein paar außerordentlich teure Flugtickets gekauft hatte oder daß sie unterbezahlt war.

1964 schenkte Shirley dem Himalaya ihre persönliche Aufmerksamkeit – auf Einladung des Premierministers des winzigen Königreichs von Bhutan. Sie verliebte sich in den Himalaya genauso wie in alle anderen Teile der Welt, die sie besucht hatte.

Sie hatte keinen persönlichen Guru – sie behauptete immer, daß Steve das wäre – und sie betonte, daß sie keineswegs eine transzendentale Meditation suchte. Tatsächlich behauptete sie, daß die Menschen, die sie im Himalaya kennengelernt hatte, gewöhnlich über die Leute aus dem Westen lachten, die auf der Suche nach einem Schnellkurs in Sachen Frieden und Gemütsruhe waren. Man kann sicher sein, daß Shirley diese Angelegenheit in großer Ausführlichkeit diskutierte; wenn Shirley irgendwohin fuhr, dann stellte sie Fragen über Fragen.

Der Premierminister Llendhup Dorij von Bhutan hatte von Shirleys Reiselust gehört und sie in sein Land eingeladen. Sie reiste in Begleitung von Mr. und Mrs. Denys Rhodes, Verwandte der Königin Elizabeth II., die offensichtlich sämtliche Türen, die ansonsten verschlossen geblieben wären, öffnen konnten.

Shirley sah Berge und stieg sie hinauf – sie unternahm zwar nicht den Versuch, die Gipfel zu bezwingen, aber es gab genügend andere Herausforderungen. Jemand schlug vor, daß sich Shirley im Bogenschießen versuchen sollte. Das Mädchen, das als linke Feldspielerin eine Sensation gewesen war, stellte sich natürlich dieser Aufgabe und war auch dabei erfolgreich.

Shirley besuchte buddhistische Klöster und unterhielt sich ausführlich mit den Mönchen. Wenn die Möglichkeit bestanden hätte, dann hätte sie auf der Stelle deren Kutte angezogen und eine Zeitlang mit ihnen gelebt. Leider mußte sie sich mit einem speziell gesegneten Streifen von safrangelbem Stoff zufriedengeben, den ihr der Lama geschenkt hatte.

Die Verzauberung war vollkommen. Aber sie sollte jedoch nicht andauern. Der Frieden, die Ruhe, aber nicht die Aufregung endeten mit einer eiligen Botschaft, die der Reisegruppe vom Büro des Premierministers überbracht wurde. Es hatte den Anschein, daß sich Shirley genau in dieser Minute mitten in einer Revolution befand. Für jemand der wußte, daß sie es immer wieder schaffte, eine Art von Zündschnur zu sein, kam das nicht überraschend. Shirley und der Rest der Gruppe wurden höflich aufgefordert, sich sofort zur indischen Grenze zu begeben. Das klang nach einem Rat, den sogar Miss MacLaine nicht ignorieren konnte. Aber wie gewöhnlich lag die Sache nicht so einfach. Die Gruppe hatte auf diesem Trip einen indischen Führer dabei. Sein Name war Bhalla und aus Gründen, die nicht ganz klar waren, war Bhalla bei den Bhutanesen entweder nicht sehr beliebt oder zu sehr beliebt. Der Gruppe wurde mitgeteilt, daß sie nach Indien ausreisen könnte, Mr. Bhalla aber nicht.

Was hätte Shirley in so einer Situation in einem ihrer Filme getan? Zweifellos wäre ganz klar und eindeutig in dem Drehbuch gestanden, daß sie alles unternehmen müßte, um einer Verhaftung Bhallas entgegenzuwirken und anschließend einer Festnahme ihrer Freunde zuvorzukommen. Sie behauptete, daß Bhalla nicht der Mann sei, für den ihn die Bhutanesen hielten. Er sei nur ihr Fahrer. Natürlich hatte ihre Aussage keine Wirkung. Dann erwies sich Shirleys übergroßes Gepäck als nützlich. Sie versteckte Bhalla hinter einem ihrer Koffer und erzählte den Wachen an der Grenze sehr detailliert, was sie von ihnen hielt und welche Zeitverschwendung die ganze Jagd wäre. Das hätte genügt, um die heiße Schokoladensoße auf ihren geliebten Eisbechern erstarren zu lassen.

Bhalla floh aus dem Wagen – und, als die bewaffneten Wachen ihn nicht finden konnten, beschlossen sie, daß Shirley und ihre Freunde dafür als Geiseln dableiben müßten. Sie wurden weder eingesperrt noch schlecht behandelt, es wurde ihnen nur einfach verwehrt, das Land zu verlassen, bis Bhalla den Wachen übergeben wurde.

Als Shirley versuchte, das amerikanische Konsulat anzurufen, wurde ihr einfach der Hörer aus der Hand genommen. Später wurde ein aufgelöster und mit Handschellen gefesselter Bhalla zu diesem Grenzposten gebracht; er war entdeckt worden, ehe er über die Grenze nach Indien fliehen konnte.

Sogar bei dieser Gelegenheit hatte es den Anschein, als besäße Shirley eine Art von Magie, die die bewaffneten Wachen, die sie gefangenhielten, zu Tode erschreckte. Sie hörten Shirley wütend schnauben und flohen. Das war die beste Gelegenheit für Shirley, um zu zeigen, daß ein amerikanischer Filmstar einen Einfluß hatte, den sich selbst diese Wachen nicht vorstellen konnten.

Sie forderte ein Telefon und bekam eines. Dann rief sie den König an. »Majestät, befreien Sie meinen

Freund«, bat sie ihn – und Seine Majestät sagte ja, Bhalla sei frei.

So lautete zumindest die Geschichte, die sie damals in einigen Interviews erzählte. In ihrem Buch *Raupe mit Schmetterlingsflügeln* schmückte sie sie aus und veränderte sie. Sie sagte darin, daß ihr ein Telefon verweigert wurde und daß ihre Gruppe schließlich freikam, weil es die Königin – und nicht der König – angeordnet hätte.

Was sie damals vielleicht nicht wußte, war, daß König Wanchuk sich gar nicht sicher sein konnte, ob es ihm möglich war, die Revolution niederzuschlagen – ein Staatsstreich, der von ihrem Freund, dem Premierminister, ausgeheckt worden war. Der König hatte sich zu einer medizinischen Behandlung in der Schweiz aufgehalten. Aber er kehrte rechtzeitig in sein Land zurück, um die Revolution niederzuschlagen und Shirleys Freund zu befreien.

Shirley verließ »ihr Gefängnis« mit ihrem safrangelben Stoffstreifen um den Hals und blendete dabei mit dem Blitzlicht ihrer Kamera die Augen der Wachposten, die von dem, was offensichtlich amerikanische Magie war, völlig überrumpelt wurden. Shirley behauptete später, daß sie den Stoffstreifen von nun an für immer tragen würde. Doch sie war ganz und gar nicht so glücklich, wie es den Anschein hatte. Ihre Ferien waren ihr gründlich verdorben worden. »Ich bin wirklich sauer«, sagt sie. »Diese ganze Geschichte hat mir eine wunderbare Zeit kaputtgemacht.«

Die Tatsache, daß sie viel Zeit ohne Ehemann verbrachte, schien sie nicht sonderlich zu stören.

Shirley erzählte jedem, wie sehr sie die Art, wie es Steve aus eigener Kraft geschafft hätte, bewunderte.

Wenn er in Hollywood geblieben wäre, hätte er vermutlich, wenn überhaupt, nur ihretwegen Karriere gemacht.

Steve produzierte jetzt pro Jahr vier Filme für den sogenannten ›Orientalischen Markt‹ und machte nur ab und zu in Hollywood Filme. Er hatte sich in Japan ein Meergrundstück gekauft und plante dort einen Yachthafen im amerikanischen Stil zu bauen. Shirley sagte, daß sie davon sehr angetan wäre. Sie meinte auch: »Wenn man heiratet und ein Kind bekommt, wird man zu einer Einheit. Aber jedem Einzelwesen in dieser Einheit sollte es möglich sein, sich selbst zu verwirklichen. Jeder von uns gibt dem anderen Freiheit. Es ist eine Tatsache – je mehr Freiheit man hat, desto weniger will man. Die Menschen, die sich immer genötigt fühlen, alles in eine Schublade zu stekken, haben meine Ehe in die Schublade ›Experiment‹ gesteckt. Und einige von genau diesen Menschen haben gerade ihre dritte Ehe beendet und sind dabei, die vierte einzugehen.«

Aus ziemlich genau den gleichen Gründen bewunderte sie ihren Bruder Warren. Er hatte nicht nur ein zweites ›t‹ an den Familiennamen gehängt, sondern sich auch aus Überzeugung dazu entschlossen, sich nicht MacLaine zu nennen. Nicht daß er sich wegen seiner Schwester geschämt hätte, er wollte nur seine Sache auf seine Art und unter seinem eigenen Namen durchziehen. Frühere Presseveröffentlichungen für seinen Film *Splendour In The Grass* hatten die Verwandtschaft zwischen den beiden nicht einmal erwähnt. Erst später erfuhren die Leute davon und kümmerten sich dann nicht weiter darum.

Warren war inzwischen selbst ein bekannter Filmstar.

Shirley war von seiner Arbeit in *Bonnie And Clyde* sehr angetan, obwohl ihr die Gewalttätigkeit, die in diesem Film eine große Rolle spielt, nicht gefiel. Aber Shirley war ja selbst im wirklichen Leben nicht gerade zimperlich, wie die Geschichte mit Mike Connelly bewiesen hatte.

Aber nun zurück zu Shirleys Reiselust. Dank der Jet-Flugzeuge war die Welt dabei, so »klein, wie ein Golfball zu werden«. Shirley wollte möglichst viele Menschen kennenlernen. Wie wir bereits gesehen haben, waren einige davon ziemlich einflußreich, nicht nur der König von Bhutan und Mr. Chruschtschow. Shirley war sehr vertraut mit Indira Gandhi und Präsident Bourguiba von Tunesien, einem Land, das ihr und Steve so sehr gefiel, daß sie sich dort ein Anwesen gekauft hatten. Doch einen Standort in Tunesien zu haben, war immer noch nicht vergleichbar mit der Gelegenheit, in und aus einem Flugzeug zu steigen und dabei nur einen Koffer vom Gepäckband nehmen zu müssen.

Shirley entschloß sich, nach Kenya zu fahren und dort bei den Massai zu leben. Die Massai sind das bekannteste Kriegervolk in Afrika, das nach Gesetzen lebt, die sich in den letzten tausend Jahren nicht geändert haben. Heute gibt es ungefähr noch dreihunderttausend Massai, aber sie sind genauso vom Aussterben bedroht wie eine Herde Elefanten oder eine vom Hunger bedrohte Nation.

Als Shirley in Kenya war, sah sie keinen Hunger. Wenn man als Tourist in dieses Land fährt, sieht man hauptsächlich Khakihosen und -hemden, Buschhütten und Kameras. Man sitzt auf einer sicheren und bequemen Aussichtsplattform irgendwo in einem Baumhaus. Drinks und Appetithäppchen, die von schwarzen Dienern in sauberer weißer Kleidung serviert werden, erwarten einen.

Shirley wollte natürlich anderes erleben. Wenn Leute ins Zentrum des Massaigebietes fahren, dann kommen sie, um Fotos zu schießen und gelegentlich auch mit wissenschaftlichen Ansprüchen. Bei Shirley sollte alles anders sein. Sie betrachtete ihren Besuch mehr als eine Art Studienreise. Über die Lebensgewohnheiten der Massaikrieger war schon viel gesagt worden. Jeder heranwachsende Mann mußte eine Tapferkeitsprobe bestehen, um als Erwachsener zu gelten.

Aber über die Massaifrauen war nicht viel bekannt. Shirley, eine entschiedene Verfechterin der Emanzipation, interessierte sich naturgemäß für das Leben der Massaifrauen. Das war keine glückliche Erfahrung. Shirley sah es sich an, und sie weinte. Hoffnungslos beobachtete sie die Auswirkungen von Krankheiten, die mit einem Antibiotikum, das jeder westliche Arzt parat hat, hätten ausgerottet werden können. Aber die Massai hatten weder Antibiotika noch Ärzte – abgesehen von den Medizinmännern und den Frauen, die »Heilmittel« herstellten, deren Auswirkungen oft noch schlimmer waren, als die ursprüngliche Krankheit.

Die schlimmste Krankheit von allen war die Syphilis – was aber nicht auf sexuelle Ausschweifungen in der Bevölkerung schließen ließ. Es war eher, wie es die Bibel ausdrücken würde, die Strafe für eine Erbsünde der Vorväter.

Shirley sah ein neugeborenes Baby, das an dieser Krankheit litt. Die Mutter des Kindes hatte zum Zeitpunkt der Geburt wegen dieser Krankheit den Verstand verloren. Shirley war bei dieser Geburt dabeigewesen, hatte sich in die Lehmhütte gewagt, wo das Ereignis inmitten einer Gruppe von Frauen stattfand. In ihrer ersten Autobiographie beschrieb Shirley, wie sie die Frau auf dem Boden kauern sah. Danach versuchte Shirley die Stelle, an der sich die Mutter gequält hatte, zu reinigen. Sie beschrieb, wie die anderen Frauen des Stammes in den Mund des armen schreienden Kindes spuckten. Ein paar Jahre später, auf einer zweiten Reise nach Kenya, war es Shirley möglich, diesem Kind die medizinische Hilfe zu bringen, um die Krankheit zu beseitigen, die die Mutter der Kleinen in den Wahnsinn getrieben hatte.

Sie wurde Taufpatin dieses Mädchens namens Shuri. Das nahm sie natürlich sehr, sehr ernst, wie alles, was sie in Angriff nahm. Die Frauen ernannten sie zur ›Blutsschwester‹, und Shirley war in ihren Augen so etwas wie eine Hebamme. Aus diesem Grund fiel ihr auch das Privileg zu, nach der Geburt sauberzumachen. Die Massaifrauen betrachten dieses »Amt« als sehr würdevoll.

Mit den Stammesangehörigen trank Shirley ein Gebräu, das ganz bestimmt nicht auf der Getränkekarte eines Hilton Hotels steht. Es war eine Mixtur aus warmer Milch und Kuhblut.

Shirley verbrachte viel Zeit mit den Kindern des Dorfes – die meisten von ihnen saßen wie gebannt da und sahen ihr zu, wie sie sich den Nagellack entfernte. Die Kinder hatten keine Ahnung davon, daß ihre Nägel nur lackiert waren. Für sie war Shirleys Ritual der Lackentfernung eine unbekannte Kunst der weißen Frau, ihre Nägel abzuziehen.

Offensichtlich hatte Shirley bei den Massai genauso Eindruck gemacht wie bei den Menschen, die sie in *Irma la Douce* gesehen hatten. Sie behauptete, daß den Massai vor allen Dingen ihre Sommersprossen gefallen hätten.

Der Häuptling garantierte ihr Sicherheit bei all ihren Reisen in diesem Land. Als sie später die Grenze zum heutigen Tansania überquerte, wurde sie von Massaikriegern begrüßt, die versprachen, auf sie aufzupassen.

Wie hatten sie von ihr erfahren? Das war eines der Geheimnisse von Schwarz-Afrika. Es könnte aber auch genauso gut als eines der Geheimnisse der Macht von Shirley MacLaine betrachtet werden, die ein völlig neues Publikum gefunden hatte – keine Kinozuschauer, sondern ein Volk, dem sich diese weiße, rothaarige, sommersprossige Amerikanerin anpaßte, als ob die Massai Nachbarn in Los Angeles wären und als ob ihre Rituale nicht um einen Deut seltsamer wären als die des Country Clubs von nebenan.

Dieser exotische Lebensstil schien sehr viel besser zu Shirley zu passen, als das Geisha-Kostüm, das sie in Japan getragen hatte, oder der Sari, den sie für ihre Rolle in *In 80 Tagen um die Welt* angezogen hatte. Könnte es vielleicht sein, daß dieser Filmtitel eine Art Herausforderung für Shirley war, und sich ihre Reiselust deshalb überhaupt entwickelt hatte?

Kein Mensch stellte darüber Spekulationen an, aber es ist eine Frage, die es wert ist, gestellt zu werden. Viele Menschen sind schon durch weniger wichtige Dinge motiviert worden, Sachen zu unternehmen, die ihr ganzes Leben beeinflußt haben. Shirley gab zu, daß Reisen eine mächtige Droge sei. »Es ist, als ob man Dope nehmen würde«, meinte sie. »Je mehr ich von der Welt sehe, desto mehr will ich reisen … Je mehr man lernt, desto mehr bemerkt man, wie wenig man wirklich weiß. Darum habe ich diese herrliche Reiselust in mir.«

Sie bereiste auch Europa. Mit Jack Lemmon fuhr sie zu einem kulturellen Austauschbesuch nach Ungarn, der vom Außenministerium in Budapest und dem State Department in Washington organisiert worden war.

Sie lernte viel über die kulturelle Spaltung zwischen dem Osten und dem Westen, und zwar zu einer Zeit, in der die Kluft zwischen beiden Lagern so tief wie nur irgend möglich war. Die mißlungene Revolution von 1956 war noch frisch im Gedächtnis der Ungarn. Und dieser immer noch vorhandene instinktive Wunsch nach Loslösung führte wiederum dazu, daß Ungarn heute zu den kommunistischen Ländern gehört, in dem es die wenigsten Einschränkungen gibt, dafür aber ein gewisses Maß an privaten Unternehmungen und Anzeichen von Wohlstand.

Bei dieser Gelegenheit schien sich die Kluft zwischen den beiden Kulturkreisen am besten durch die Reiseführerin auszudrücken – die ganz strenge Kleidung und überhaupt kein Make-up trug. Shirley bemerkte, daß sich diese Frau nach und nach veränderte. An einem Tag trug die Reiseleiterin etwas Lippenstift. Am nächsten Tag trug sie mehr Make-up auf. Am Tag darauf hatte sie ein buntes, geschmackvolles Kleid an - und dann kamen auch noch hochhackige Schuhe dazu.

Diese Verwandlung zu sehen, war symbolisch für Shirley, für das Mädchen, das mit Begeisterung aus dem Koffer lebte. Indem sie amerikanische Lebensart vermittelte, trug sie dazu bei, die tiefe Kluft zwischen zwei verschiedenen Ländern zu überbrücken.

6. Kapitel

Shirley wurde zur leichten Beute für Journalisten. Die höfliche Anne Scott James schreibt in der Londoner *Daily Mail*: »Ich kann durchaus sehen, was Männer in Miss MacLaine bewundern – aber ich mag es nicht.« Und sie führt weiter aus: »Alle Männer sind ganz aus dem Häuschen wegen dieser Person namens Shirley MacLaine. Und da sie nicht besonders hübsch aussieht, muß es etwas in ihrer Persönlichkeit sein, das sie so begeistert. Diese (Film-) Persönlichkeit ist räuberisch, käuflich, berechnend, erbarmungslos, emporkömmlingshaft, kaltblütig, zynisch und gemein ... Süß ... frisch ... bezaubernd, das sind die Begriffe, mit denen sich die Männer von zwei Kontinenten über den wohl hintertriebensten Charakter äußern, den Hollywood jemals hervorgebracht hat ...« Das war in der Tat eine sehr ungnädige Charakterisierung von Miss MacLaine. »Ich vermute, daß Shirley MacLaine die weibliche Antwort auf die neuen fiesen Helden wie Joe Lampton in *Room At The Top* und Albert Finney ist. Sie sollten zusammen einen Film drehen – das Aufeinandertreffen von finanziellen Interessen könnte eines jener Epen hervorbringen, das alle Zeiten überdauert.«

Das war zwar kein Vorschlag, der von den Studios

in Betracht gezogen wurde, aber damals schien er doch recht reizvoll zu sein.

Sie war schon eine wichtige Frau, diese Shirley MacLaine, wichtig genug, daß sie jeder, der für seine Angelegenheiten einen großen Namen zur Unterstützung gebrauchen konnte, sie für sich in Anspruch nahm. In den frühen sechziger Jahren war das die Civil Rights Movement, die Bürgerrechtsbewegung. Was auch immer ihre Eltern in Virginia davon gehalten haben mögen, Shirley stürzte sich in diese Kampagne, als würde ihr Leben davon abhängen. Sie glaubte aus tiefstem Herzen daran, daß jeder die gleichen Rechte haben sollte – gleiche Rechte für Frauen, gleiche Rechte für Schwarze, gleiche Rechte für jeden auf dieser Welt.

So wurde sie plötzlich der erste weibliche Star, der sich mit Politik befaßte, und zwar in einem Maße, wie es seit einer Generation im Showgeschäft praktisch nicht vorgekommen war. Sie unterstützte ganz öffentlich politische Meinungen, die sie vermutlich zehn Jahre vorher vor den MacCarthy-Ausschuß gebracht hätten. Diese Ambition hatte vielleicht in gewissem Maße mit ihrer Mitgliedschaft beim »Clan« zu tun; schließlich trat Frank Sinatra häufig für die Demokratische Partei auf – später änderte er dann seine Zugehörigkeit –, und die anderen Mitglieder waren glühende Kennedy-Anhänger. Aber Shirley kümmerte sich, selbst in diesem frühen Stadium, in erster Linie um Einzelfälle, die über das hinausgingen, was die beiden Parteien in ihr Programm aufnehmen konnten.

Shirleys Schlagwort war »progressiv«, und die Anführer, die sie am meisten bewunderte, waren natürlich sehr »progressiv« - wie Gandhi, Mutter Theresa und der Mann, der gerade dabei war, schon zu Lebzeiten von der Bürgerrechtsbewegung zu einem Heiligen gemacht zu werden, Martin Luther King. Spielte es wirklich eine Rolle, woran Shirley glaubte? Offensichtlich ja, und die Rückenstärkung durch einen Filmstar wie Shirley MacLaine war Millionen von Dollars wert, die sonst für Werbefeldzüge bezahlt werden mußten.

Die Parteimanagements zerbrachen sich natürlich den Kopf darüber, wie sie Shirleys glitzerndes Image vermarkten könnten. Die Demokraten schlugen sogar vor, sie für die Senatswahlen in Kalifornien als Kandidaten aufzustellen, aber diesen Vorschlag konnte sie nicht ganz ernst nehmen – wenn sie ihn mit dem verglich, was ein Angebot aus Hollywood bedeutete. Sie war immer noch so erpicht darauf, ihre Karriere weiterzuentwickeln, wie sie es unter der Oberherrschaft von Hal Wallis gewesen war, als sie sehr viel weniger verdiente.

Es gab immer noch Menschen, die daran zweifelten, daß sie es nach ganz oben schaffen würde. David Niven war einer von ihnen. Zu einem Journalisten sagt er: »Sie war eine reizende, frische, unverdorbene junge Frau mit einem kräftigen Sinn für Humor und einem ausgeprägten Sinn für Anstand. Ich glaubte wirklich nicht, daß sie mit ihrer Art von Empfindsamkeit in Hollywood jemals würde durchhalten können.«

Doch in Hollywood hielt sie immer noch durch. Was sie nicht durchhielt, war ihre Ehe. Es hatte sich ohnehin niemand vorstellen können, daß sie das schaffen würde. Aber sowohl ihr, als auch ihren Arbeitgebern, den Studios, gefiel es, so zu tun, als ob alles in bester Ordnung wäre.

Sie täuschte Empörung vor, sobald ein Journalist andeutete, egal, ob in einer seriösen Zeitung oder in einem Boulevardblatt, daß die Umstände ihrer Ehe so bizarr wären, daß sie ganz einfach nicht funktionieren könne.

Ein Journalist äußerte lediglich die Meinung, daß die ganze Sache äußerst seltsam wäre. »Sie wären froh, wenn sie so etwas Seltsames hätten«, antwortete Shirley darauf.

Immer wieder wies sie darauf hin, daß sie fast jeden Abend mit Steve sprechen würde. Das stimmte zwar, aber eigentlich rief sie in Tokyo an, weil Sachiko dort lebte. Mit Steve wechselte sie nur so nebenbei ein paar Worte, wenn sie mit ihrer Tochter plauderte.

»Ich führe vielleicht keine konventionelle Ehe«, sagt Shirley bei einer anderen Gelegenheit, »aber eine Menge anderer Menschen führen auch keine konventionellen Ehen. Unter den heutigen Umständen eine gute Ehe zu führen, ist sehr schwierig. Ich habe versucht, das Beste aus der Situation zu machen, mit der ich konfrontiert wurde.«

Shirley arbeitete hart und vergnügte sich ausgiebig. Sie war eine eingefleischte Partygängerin, die sich ihre Gesellschaft selbst aussuchte. Wenn es keine Feste gab, auf die sie gehen konnte, blieb sie zu Hause und las. Jemand behauptete, daß sie Bücher so las, wie sie ihre Eisbecher mit heißer Schokolade vertilgte – nämlich mit großen Bissen. Für einen langen Roman brauchte sie ungefähr drei Stunden.

Man hatte das Gefühl, daß sie in der Lage gewesen wäre, in genau derselben Zeit selbst ein Buch zu schreiben, wenn sie es gewollt hätte. Das hatte sie auch vor. Aber in ihrem Zeitplan war dafür noch kein Platz.

»Niemand kennt mich wirklich«, erzählt Shirley *Family Weekly*. Man könnte behaupten, daß genau das der Grund dafür war, daß die Presse so erpicht darauf war, alles über sie zu erfahren. Shirley gab so ein interessantes Thema ab, weil sie in Hollywood eine bemerkenswerte Rolle spielte.

»Niemand wird als Schauspieler geboren«, sagt sie. »Es fängt vielleicht am Tag deiner Geburt an, aber du kommst nicht als Schauspieler auf die Welt. Auch wenn man Talent hat, muß man stets lebendig bleiben, genau beobachten und für vieles Verständnis aufbringen.«

Jedenfalls stand soviel über Shirley MacLaine fest: Sie schien über die Hürden zu springen, die vor Schauspielern aufgebaut wurden, die verzweifelt Erfolg zu haben versuchen. Shirley wußte genau, daß hinter jeder freundlichen Begrüßung und hinter jedem anerkennenden Tätscheln auf die Wange, im übertragenen Sinn Dutzende von versteckten Messern lauerten.

»Mein ganzes Leben lang«, sagt Shirley, »habe ich mich geweigert, das zu akzptieren, was mir alle anderen weismachen wollten. Ich wollte meine eigenen Erfahrungen machen.«

Das ist manchmal eine bequeme Ausrede für Versagen, aber Shirley hatte mit Mißerfolgen keine Schwierigkeiten. Das einzige Problem für sie war, daß sie unter den Angeboten, die sie bekam, die für sie günstigste Rolle aussuchte.

The Yellow Rolls-Royce (Der gelbe Rolls-Royce) war keine gute Wahl. Das war einer von jenen Filmen, die die Wünsche der Studios erfüllten. Manche Produzenten glaubten, daß viele Stars in ein und demselben Film über ein schlechtes Drehbuch hinwegtäuschen konnten. In *Der gelbe Rolls-Royce* wird in drei Episoden, die hochkarätig besetzt waren, die Geschichte eines Autos und seiner Besitzer geschildert. Die anderen Stars waren Rex Harrison, Jeanne Moreau, George C. Scott, Ingrid Bergman, Alain Delon und Omar Sharif.

Shirley spielte die Geliebte eines Mafiabosses. Diesen Boß mimte George C. Scott – und während der Dreharbeiten sprach er nicht ein Wort mit Shirley. Sie sagte, daß er ständig mit seinem Maskenbildner Schach spielte.

Egal, ob es eine von ihren berühmten witzigen Bemerkungen war oder nicht, Shirley behauptete jedenfalls, daß *Der gelbe Rolls-Royce* ihr Lieblingsfilm wäre.

Nach dem letzten Film hätte man gehofft, daß Shirley ein wirklich großes Angebot abwarten würde. Aber das einzig große an dem nächsten Film war der Titel – *John Goldfarb Please Come Home* (Eine zuviel im Harem).

Leslie Halliwell, eine wahre Fundgrube an Informationen, wenn es um Filme geht, sagt über diesen Film: »Eine Möchte-Gern-Satire über den Kalten Krieg, über Frauenfeindlichkeit, American Football, amerikanisch-arabische Beziehungen etc. Nichts davon klappt auch nur eine Minute lang, und die Verzweiflung der Darsteller kann man förmlich sehen.«

Shirleys Können beschränkte sich in erster Linie darauf, diese Verzweiflung zu verbergen, als sie die Reporterin im Palast eines arabischen Scheichs darstellte. Obwohl die Rolle unleugbare finanzielle Vorteile brachte, war der Film eine Katastrophe, aber sogar in einem solchen Streifen bewies Shirley, daß sie ein Star war.

Warum drehte sie so etwas? Das ist eine Frage, die nicht einfach zu beantworten ist. Man kann nur hoffen, daß sie glaubte, daß durch ihr Können das Drehbuch verbessert werden könnte. Aber die Arbeit half Shirley zwar nicht in beruflicher, aber in privater Hinsicht. Shirley hatte ein ausgesprochen gutes Verhältnis zu ihren Kollegen.

Wilfried Hyde White, der jahrelang im Film den typischen englischen Gentleman dargestellt hatte – er war auch der Inbegriff des Colonel Pickering, als er diese Rolle in *My Fair Lady* spielte, mit Rex Harrison als Partner –, schien sich während der Dreharbeiten zu *Eine zuviel im Harem* in Shirley verliebt zu haben.

»Sie ist eine echte Exzentrikerin«, sagt er und unterstreicht damit etwas, was die meisten Leute schon wußten. Aber dann kam eine Bemerkung, die sehr viel mehr enthüllte: »Darunter liegt eine Sanftheit, die sie nicht zeigen will.« Es war für Shirley einfach sehr viel bequemer, als schwierige Frau zu gelten, als ob ihr das bei ihren linksgerichteten Aktionen helfen würde, die für sie immer wichtiger wurden.

Shirley und Hyde White gingen zusammen in Restaurants – aber manchmal kamen sie nicht weiter als bis zum Türsteher oder zum Oberkellner. »Wir betranken uns meistens so sehr«, erzählt White, »daß sie uns gar nicht erst hereinlassen wollten. Shirley wurde dann etwas zu laut, und die anderen Gäste fingen an, sich zu beschweren.«

Es gab eine Menge Leute, die sich über *Eine zuviel im Harem* beschwerten. Es war wirklich ein schlechter Film, obwohl Shirley ganz anderer Meinung war.

Sie mochte das Drehbuch. »Ich mochte es schon, als es gerade fertig war«, behauptet sie. »Aber das war damals eine Zeit, in der die Leute etwas niedermachen wollten. Und man kann den größten Komiker niedermachen, indem man einfach nicht lacht.«

Aber Shirley war sich auch bewußt, daß das wie eine billige Ausrede klingen könnte. »Man muß Fehler machen und dann einfach locker zur Tagesordnung übergehen können.« Dieser Satz hätte Alfred Hitchcock gefallen. »Das schlimmste ist, Fehler zu machen, aber dann das Gefühl zu haben, daß die anderen diesen Fehler für dich gemacht haben.«

Vielleicht war das Beste an *Eine zuviel im Harem* der Spaß gewesen, den Shirley außerhalb des Studios mit Leuten wie Hyde White gehabt hatte.

Das war nichts Neues. Neun Jahre vorher, als sie in ihrem ersten Film auftrat, machte Louis Berg, der Herausgeber des Filmmagazins *This Week*, die Bemerkung: »Der Ärger mit Shirley ist, daß sie zu verdammt lebenslustig ist.«

Sie war einfach nicht alltäglich. »Stimmt es wirklich, daß Sie sich manchmal eine Woche lang Ihr Haar nicht kämmen?« wurde sie von einem Journalisten gefragt. »Nun«, antwortete sie, »ich bin auch nur ein Mensch. Ich habe mich schon immer mit Händen und Füßen dagegen gewehrt, mir Gedanken darüber zu machen, wie andere Leute mich beurteilen. Natürlich vergesse ich manchmal eine Woche lang mein Haar zu kämmen. Was ich mache? Ich lebe einfach.«

»Einfach leben«, das war für die anderen Schauspieler manchmal schwierig – wie für Hyde White, den sie zum Beispiel aus der Fassung brachte mit der absolut indiskreten Frage: »Sind diese Zähne echt?«

Feststand allerdings, daß Miss Shirley MacLaine sehr echt war, auch wenn sie jetzt, nach neun Jahren in diesem Geschäft, sich selbst und ihren Job sehr viel ernster nahm als vorher. Ihr ungewöhnlich direktes Benehmen wirkte sehr anziehend. Es war auch ein sehr geschickter Schachzug, denn sie war viel zu intelligent, um nicht um die Vorteile zu wissen, die man hat, wenn einen die Leute für verrückt halten.

Aber was machte Shirley eigentlich privat, wenn sie nicht in Japan war? Das *Confidential* Magazin, von dem man wußte, daß Gerichtsverfahren wegen Verleumdung genauso zur alltäglichen Routine gehörten, wie das Drucken der Zeitschrift, war der Meinung, daß Miss MacLaine ein »schlachtreifes Huhn« wäre, und diese Nachricht verbreitete sich ebenso schnell wie die vom Bankrott eines großen Studios.

»Shirley MacLaines römisches Techtelmechtel«, verkündete das Skandalblatt. »Wir haben die Fotos!« In Rom verbrachte Miss MacLaine einige Zeit in der Gesellschaft von Filmproduzent Kevin McClory. Zum ersten Mal hatte sie ihn bei den Dreharbeiten zu *In 80 Tagen um die Welt* getroffen, wo er als Regieassistent gearbeitet hatte.

Die Aufnahmen zeigten Shirley zusammen mit McClory. Auf ein paar Fotos war Shirley auch mit dem italienischen Herzensbrecher Rosanno Brazzi zu sehen. Die Bilder waren völlig harmlos, aber einfache Gemüter zerrissen sich darüber sehr wahrscheinlich das Maul.

Die anderen Zeitungen schienen sich auf Mr. McClory zu konzentrieren – schließlich war er Ire, und wenn man zwei Menschen irischer Abstammung zusammenbrachte, dann fing es bekanntlich zu gären an. Die Reporter warteten ungeduldig und voller Hoffnung auf eine Explosion, da er und Shirley im selben Hotel in der berühmten Via Veneto wohnten.

Man sah sie nachts im Brikstops zusammen essen und tanzen. Das war eine Bar, in die in den frühen Morgenstunden die Prominenz strömte. Die Fotografen genossen das Ganze sehr, viel mehr als die Beteiligten – auch als der hitzköpfige Ire und ein Fotograf keine ausgesprochen höflichen Worte miteinander sprachen. Sie zertrümmerten einen Stuhl und warfen sich die Einzelteile gegenseitig an den Kopf.

Für einen Star, wie Shirley, die selbst schon einmal einen Reporter geohrfeigt hatte, wäre es nicht ladylike gewesen, sich an einer solchen Auseinandersetzung zu beteiligen. Sie entfernte sich mit unübersehbar nervöser Selbstbeherrschung und überquerte die Straße. Während sie munter weiterging und zu ignorieren versuchte, was auf der anderen Straßenseite passierte, rief sie ihrem Begleiter zu, ihr zu folgen. Es war eine der wenigen Gelegenheiten, von denen man weiß, daß Shirley MacLaine versuchte, Vogel Strauß zu spielen.

Die italienische Zeitung *Il Giorno* war der Überzeugung, daß sie Shirleys Geheimnis entdeckt hätte. »Sie denkt an Scheidung«, verkündete das Blatt. Nun, jedermann dachte daran, warum nicht auch sie? Aber sie unternahm nichts in dieser Richtung.

Die Leute wollten wissen, warum Shirley nicht öfter im Fernsehen auftrat. Ihre Erklärung war einfach. Sie wollte keine »Deodorant-Hersteller, die mir sagen, was ich tun kann und was nicht«, antwortete sie. »Außerdem bin ich der Meinung, daß die meisten Fernsehshows vor sechzig Millionen Menschen lediglich eine Probe abhalten.«

Spätere Erfahrungen sollten die Richtigkeit dieser Beurteilung unterstreichen. Wie so vieles, das sie in den Jahren gesagt hatte, in denen sie zu einem Begriff in jedem Haushalt von Hollywood wurde, bewies es, daß sie eine ziemlich weit voraussehende Frau war. Und das zu einer Zeit, in der die Menschen sie in erster Linie für eine ständig lachende Exzentrikerin hielten.

Leonard Mosley, der für den Londoner *Daily Express* schrieb, bezeichnete sie als »die Frau im heutigen Film, die vermutlich am wenigsten aus der Fassung gebracht werden kann«. Er meinte: »Shirley MacLaine ist eine so liebenswerte Person, weil es ihr offenbar egal ist, wie schlecht sie von ihren Regisseuren, vom Leben oder von sich selbst behandelt wird.«

Andererseits sah Shirley die Dinge in einem etwas anderen Licht und war froh darüber. »Gott sei Dank berichten die Leute jetzt nicht mehr über jedes Niesen von mir. Es war nicht so, daß sie einfach über mein Niesen berichteten; nein, sie gaben auch ihr Urteil darüber ab, wie ich es tat. War es laut, sanft, erheiternd, trotzig, so täuschend wie nur möglich? Es wurde schrecklich anstrengend, weil ich mich mit allen Kräften um einen guten Nieser bemühen mußte. Aber sehen wir den Tatsachen doch ins Gesicht... ein Nieser ist ein Nieser. Die ganze Angelegenheit wird allmählich etwas lächerlich.«

Aber das Interesse der Leute zahlte sich aus. Trotz der Befürchtungen, daß sie ein Kassengift sein könnte, war sie es ganz und gar nicht. Im März 1965 wählten die Vereinigten Filmtheaterbesitzer Shirley zum Internationalen Star des Jahres.

Sie sagte, daß sie jetzt in der Lage wäre, wenigstens einigermaßen ein Privatleben zu führen (jetzt war 1966). Vermutlich deshalb, weil sie nur sehr selten zu Hause und nicht mehr darauf aus war, Kolumnisten aus Hollywood zu ohrfeigen.

»Ich habe es so eingerichtet, daß ich ich selbst sein kann und damit zurecht komme. Der Star Shirley MacLaine existiert von neun bis achtzehn Uhr. Es ist, als würde ich neben ihr die Straße hinuntergehen. Danach ist es Zeit, Selbstanalyse zu treiben. Elf Jahre lang habe ich darum gekämpft, ich selbst sein zu dürfen. Man ändert sich. Ich bin nicht mehr die großäugige Unschuld vom Lande, das schüchterne Starlet. Man weiß, wer man ist und warum man das ist, was man ist. Und man fragt sich, ob sich das Filmimage ändern wird: Werden die Menschen immer noch Geld für einen ausgeben? Manchmal fühlt man eine schreckliche Verantwortung. Man sieht auf die Leinwand und sagt: Sie macht das so; die Kritiker wollen es anders; wie werden die Zuschauer sich entscheiden?«

Das war eine bemerkenswert intelligente Zusammenfassung der Rolle des Stars, der weiß, daß er ein Star ist. Sie rüttelte nicht an der Position, nach der sich Millionen andere Frauen ihres Alters gesehnt hätten, doch sie wollte auch ein paar von den Dingen, die Millionen anderer Frauen für selbstverständlich hielten. Von ihrer Seite in Los Angeles aus sah das Gras vielleicht grüner aus, aber sie wußte sehr genau, daß ihr eigener Rasen perfekt gemäht und gewässert war.

Das bedeutete jedoch nicht, daß sie ihre Arbeit jetzt nicht ernster nahm. Ein Vertrag, den sie mit Twentieth Century Fox abgeschlossen hatte, brachte ihr und dem Studio jene Art von Ärger, an dem normalerweise nur Rechtsanwälte verdienen. Der

Grund dafür war, daß das Studio sie für einen Film unter Vertrag nahm, der niemals gedreht wurde – und anschließend versuchte, Shirley zu einem Film zu zwingen, den sie nicht machen wollte.

Shirley sollte *Bloomer Girl* drehen, einen Streifen, der oberflächlich betrachtet, für Miss MacLaine eine sehr attraktive Aufgabe bot. Doch das Studio konnte den Film über die frühen Jahre dieses Jahrhunderts nicht realisieren. Statt dessen kündigte es an, Miss MacLaine würde in dem Film *Big Country, Big Gun* spielen. Miss MacLaine antwortete, daß sie das nicht tun würde.

In *Bloomer Girl* sollte Shirley nicht nur beim Drehbuch, sondern auch bei der Wahl des Regisseurs Mitspracherecht haben. Bei *Big Country, Big Gun* war von diesem Vorrecht nicht die Rede.

Es gab natürlich, wie zu erwarten war, die Anspielungen, daß das alles nur eine List gewesen sei, um Miss MacLaine unauffällig loszuwerden. Schließlich waren ihre letzten Filme nicht unbedingt durchschlagende Erfolge gewesen. Aber welche Gründe Fox auch immer für diese Farce hatte, Shirley ging nicht darauf ein. Sie behauptete, daß sie eine Million Dollar für eine Rolle in *Casino Royal* abgelehnt hätte, jener James-Bond-Persiflage, in der dann Ursula Andress die weibliche Hauptrolle spielte, und zwar neben Peter Sellers, David Niven, Charles Boyer, Orson Welles usw.. Abgelehnt hätte sie wegen ihrer Zusage bei Twentieth Century Fox für *Bloomer Girl*, und wenn das Studio jetzt krumme Touren vorhätte, würde es auch die Rechnung bezahlen müssen. Shirley ging vor Gericht – und kassierte.

Vor dem Oberen Gerichtshof in Kalifornien stimmte Richter Ernest J. Zak ihr zu und verurteilte das Studio auf Zahlung von achthunderttausend Dollar – die höchste Summe, die ein Studio jemals für einen Film bezahlen mußte, der nie gedreht wurde. Fox legte Berufung ein, aber in der nächsten Instanz wurde das Urteil bestätigt. Richter H. Burke erklärte: »Der klare Umstand, daß *Bloomer Girl* ein Musical werden sollte, bei dem sowohl die tänzerischen als auch die schauspielerischen Talente der Klägerin gefordert werden, und daß in der City von Los Angeles gedreht werden sollte, während die Klägerin in *Big Country* lediglich als Schauspielerin fungieren und noch dazu in Australien drehen sollte, beweist schon die völlig unterschiedlichen Arten der beiden Beschäftigungsverhältnisse. Die weibliche Hauptrolle als Schauspielerin in einem Film im Western-Stil kann beim besten Willen nicht als gleichbedeutend oder im wesentlichen ähnlich einer Hauptrolle in einer Gesangs- und Tanzproduktion betrachtet werden.«

Das alles beeindruckte die Öffentlichkeit in höchstem Maße. Wenn eine Frau das Studio-System so effektiv in seine Schranken verweisen konnte, wie stand es dann mit einer ernsthaften Erwägung einer politischen Karriere?

Die Möglichkeit, sich in Kalifornien als Kongreßmann, oder besser gesagt als Kongreßfrau, zur Wahl zu stellen, hatte Shirley bereits abgelehnt. Warum kandidierte sie nicht für den Senat? Einer der beiden Sitze, die ihr Heimatstaat im Senat hatte, war bereits von einer anderen Kultfigur aus Hollywood besetzt, von dem ehemaligen Tänzer George Murphy.

Shirley dachte lange darüber nach – und das taten auch die Leute, die das Gefühl hatten, daß ein ›Kook‹ im Capital politisch sehr viel erreichen könnte. Doch

Shirley entschied, daß es für sie besser war, ihre Arbeit vor der Kamera zu tun und all die unmöglichen Dinge zu machen, die die Leute bei einem Filmstar für entzückend hielten, aber bei einer Senatorin für unmöglich. Sehr wahrscheinlich hätte sie diesen Senator-Job erstaunlich gut bewältigt. Selbst heute gibt es noch Leute, die der Meinung sind, daß sie diesen Job sehr gut erledigen würde.

Sachi ging in Tokyo auf die internationale Schule. Shirley war davon sehr angetan, denn das bedeutete, daß ihre Tochter mit anderen Kindern unterschiedlichster Herkunft zusammen war, und das wiederum unterstützte ihre Ideen bezüglich Brüderlichkeit in der Welt. »In dieser Schule«, erzählt sie dem *Carte Blanche* Magazin, »ist sie umgeben von Kindern aller Hautfarben, aller Glaubensbekenntnisse, aller Religionen und von unzähligen vielseitigen und widerstreitenden ethnischen Kulturen und Abstammungen. Hier lernt sie die Welt kennen und wird dadurch auf den Tag vorbereitet, an dem sie in diese größere Gemeinschaft eintritt, um den ihr zustehenden Platz einzunehmen. Hier lernt sie die Sitten und Gebräuche anderer Länder zu würdigen, genauso wie die anderen Kinder die Grundlagen unserer Lebensart kennenlernen. Ich habe das Gefühl, daß diese Vorbereitung es ihr ermöglichen wird, mit Menschen auf der ganzen Welt zu kommunizieren, und zwar in einer Sprache, die sie verstehen werden.«

Vielleicht bestand Shirley darauf, daß das Haus, in dem Sachi in Tokyo mit ihrem Vater lebte, »unser Haus« genannt wurde, weil sie die Trennung für das Kind leichter machen wollte. In demselben Interview erklärt Shirley: »Wir wollen das Gefühl haben, akzeptiert zu werden. Ich denke, daß das sehr wichtig ist. Wir wollen die Japaner nicht glauben machen, daß wir uns für etwas Besseres halten. Wir leben in ihrem Land. Wir wollen bei ihnen zu Hause sein ... Wir nehmen ihre Sitten an, studieren ihre Gewohnheiten und ihren Lebensstil gemäß den sozialen, moralischen und wirtschaftlichen Vorschriften ihrer Gesellschaft.«

Sachi hatte sich von japanischen Wiegenliedern zu anspruchsvollerer japanischer Literatur emporgearbeitet, und Steve sprach die Sprache fließend. Auch Shirley hatte mehr als nur ein oder zwei Sätze gelernt.

Da sie Sachi praktisch immer noch jeden Tag anrief und jedesmal, wenn sie mit einem Journalisten sprach, über sie redete, schien es keinen Zweifel darüber zu geben, daß sie eine außerordentlich liebevolle Mutter war.

Aber es gab auch Leute, die anderer Meinung waren, und eine intelligente Frau wie Shirley mußte das natürlich spüren. Sie behauptete zwar von sich selbst, daß sie eine lausige Mutter wäre, aber sie mochte es nicht, wenn das andere über sie sagten.

»Jahrelang«, gibt sie sehr viel später zu, »war ich, glaube ich, unsicher, wie ich mein Leben im Hinblick auf meine Tochter einrichten sollte. Aber jetzt denke ich, daß diese Gefühle sehr viel mehr mit herkömmlichen Vorstellungen zu tun hatten als mit der Realität.«

Niemand zweifelt daran, daß das, was sie damals tat, in ihren Augen das Beste war. Mit ihrer Karriere konnte sie dem Kind ein Leben in Luxus bieten, und daß Shirley diese Karriere weiterführte, half Sachi genauso wie ihr selbst. »Ich glaube, ich war keine ideale Mutter. Vielleicht gehört das nicht zu meinen

Tugenden. Sachi war den größten Teil ihrer ersten sechs Lebensjahre bei mir, aber das Filmemachen hielt mich viel von zu Hause fern.«

Nachdem Sachi die nächsten sechs Jahre bei Steve gelebt hatte, wurde sie auf eine Schule in der Schweiz geschickt. Da Shirley in diesem Land ein Haus besaß, war sichergestellt, daß sie so oft wie möglich beisammen waren.

Doch Shirley konnte nicht in ein Haus gesperrt werden, in dem sie die Mahlzeiten kochte und den Abwasch erledigte. Es gab immer ein Land, das man besuchen konnte, und eine gerechte Sache, um die man sich kümmern mußte.

Zwei Jahre lang war sie die Vorsitzende der Thomas A. Dooley Foundation, eines Wohltätigkeitsvereins, der sich um Hilfe für die Kranken und Unterprivilegierten kümmerte.

Daß Shirley diese Tätigkeit ausübte, war nur wenigen bekannt. Das gefiel der Foundation vielleicht nicht besonders, aber Shirley war der Meinung, daß jeder Vorteil, den sie dieser Vereinigung vielleicht brachte, sofort gleich Null wäre, wenn es wie der ausgeklügelte Werbegag eines berühmten Filmstars aussah.

Als die Foundation Geldmittel beschaffte, um zwei »schwimmende Krankenhäuser« auf dem Mekong auszustatten, wurde ihre Anwesenheit hinter den Kulissen nicht betont. Trotzdem wurde die »Operation Showboat« die erfolgreichste Sache, die die Foundation je unternommen hatte, und sie trug den Stempel von Shirley MacLaines Initiative. Monatelang saß sie in den Büros der Foundation oder war am Telefon, um mit Schmeicheleien den Leuten Geld abzuschwatzen.

Sie sagte: »Ich glaube, daß die amerikanische Öffentlichkeit – und genauso die Öffentlichkeit der restlichen Welt – es akzeptiert, wenn Filmstars klar und deutlich sagen, welche Sache sie vertreten. Tatsächlich würden sie das Gegenteil nicht akzeptieren. Erinnern Sie sich daran, daß die meisten heutigen Kinogänger unter dreiundzwanzig sind, und sie möchten wissen, was wir tun. Sie fragen unsere Mary Poppins und unsere Nutten mit dem goldenen Herzen: Was haltet ihr von den Bürgerrechten, was haltet ihr von den Männern, die in Vietnam in den Schützengräben liegen?«

Für ihren Anteil an dieser Unternehmung erwartete sie keinLob. Nein, ihre Erwartungen waren viel einfacher – sie wollte nur, daß jedem bewußt wurde, daß er die Aufgabe hatte, zum Nutzen der anderen etwas zu tun. Sie akzeptierte es jedoch, daß nicht jeder dieser Meinung war.

»Wenn Sie mit ihrem türkisfarbenen Swimmingpool und den drei Cadillacs in der Garage zu Hause rumsitzen können, ist das in Ordnung – wenn Sie gern ein Drückeberger sein wollen.« Niemand kam es jemals in den Sinn, Shirley MacLaine eine Drükkebergerin zu nennen. Und wenn es jemand doch tat, dann war er entweder verrückt oder meinte damit etwas völlig anderes.

Shirley selbst hatte jedoch das Gefühl, daß sie ihre Pflicht nicht voll erfüllte. Sachi war jetzt über zehn Jahre alt, und Shirley war von ihren Leistungen ganz begeistert. Sachi sprach fünf Sprachen – japanisch, kantonesisch, Thai, burmesisch und Pidgin Englisch – und lebte, laut Shirley, nach fünf Religionen. Manche Leute hätte das sicher verwirrt, aber nicht die Tochter von Shirley MacLaine, die diese Erziehung als notwendigen Gesichtspunkt eines zivilisierten Lebens betrachtete.

»Von Natur aus bin ich wankelmütig«, erzählt Shirley John Ellison, dem Korrespondenten des Londoner *Daily Express*. »Ich drehe mich mit dem Wind.« So dachten nicht viele Leute von Shirley. Im Gegenteil – die meisten glaubten, Shirley hätte alle Fäden in der Hand und würde ihre Mitmenschen nach ihrem Willen lenken.

Daß sie sich neben ihrer Filmarbeit auch bei anderen Dingen engagiert hatte, machte sie freier, als sie erwartet hatte. Jetzt war sie unabhängig und frei; jetzt konnte sie die Dinge tun, die sie sich vorgenommen hatte.

Nichts gab ihr mehr das Gefühl – wie sie es früher hatte –, nur eine Ware zu sein.

Mehr als zwei Jahre lang blieb Shirley den Filmstudios völlig fern. Dann drehte sie mit Michael Caine *Gambit* (Das Mädchen aus der Cherry-Bar), eine harmlose Komödie.

Noch einmal spielte sie eine Lady aus dem Fernen Osten – diesmal eine Eurasierin, die mit dem Cockney Caine einen Multi-Millionär um eine Statue erleichtern wollte, die eine besondere Bedeutung und einen ganz besonderen Wert hat. Herbert Lom stellte den Besitzer der Statue dar und erwies sich als sehr interessante Bereicherung.

Caine zu engagieren, war Shirleys Idee gewesen. Sie und die Chefs von Universal hatten sich *The Ipcress File* angesehen, weil sie vorhatten, den Regisseur Sidney J. Furie für *Das Mädchen aus der Cherry-Bar* zu gewinnen. Der Vertrag mit Furie kam nicht zustande, statt dessen wurde Ronald Neame als Regisseur verpflichtet. Shirley war von Caines Darstellung so begeistert, daß er in *Das Mädchen aus der Cherry-Bar* die männliche Hauptrolle bekam. Nach allem, was man so hörte, kamen sie miteinander hervorragend aus.

Shirley war nicht auf Ruhm erpicht, als sie den Film drehte.

Diesmal wurde ihre Gage von achthundertfünfzigtausend Dollar durch eine prozentuale Beteiligung an den Kassenumsätzen aufgebessert. Der Film war nicht der beste ihrer Karriere, auch nicht der erfolgreichste in diesem Jahr, aber er war unterhaltsam und teilweise sogar richtig aufregend.

Ihr nächster Film hatte einen englischen Akzent, der noch betonter war, als der den Mr. Caine in *Das Mädchen aus der Cherry-Bar* anschlagen konnte. *The Bliss Of Mrs. Blossom* (Hausfreunde sind auch Menschen) war auch nicht unbedingt ein Kassenschlager. Es war die Geschichte der Frau eines Geschäftsmannes, die einen heimlichen Liebhaber hat, den sie auf dem Speicher ihres Hauses empfängt. Selbst die Tatsache, daß Richard Attenborough mitspielte, half diesem Film nicht.

Die Leute bemerkten eine Veränderung an Shirley. Miss MacLaines Kleider sahen nicht mehr aus, als kämen sie gerade aus dem Trockner, ohne gebügelt worden zu sein, und ihr Haar war jetzt häufiger ordentlich frisiert. Einer ihrer Freunde sagte zu dieser Zeit, daß sie bei Parties auch nicht mehr so viel wie früher trank.

Noch immer meinten viele, daß Shirley eine gute Politikerin abgeben würde. Sie selbst gab das durchaus zu. Nicht lange danach schrieb sie: »Es ist die spezielle Aufgabe eines Schauspielers, mit ganzer Kraft und aus ganzem Herzen dem Leben nachzueifern. Unser Einfühlungsvermögen in und unser Wissen von menschlichen Beweggründen bilden die Grundlage dafür, wie gut wir bei dieser Aufgabe sind. Dieses gleiche Einfühlungsvermögen sollte auch helfen, die Qualität unserer Politik ganz klar zu bestimmen. Die Politik, die frei ist von Einsichten in die Kunst – in deren Leidenschaft, Humor und Lachen –, ist dazu verurteilt, steril und abstrakt zu bleiben.

Wenn ich zum Beispiel eine Hausfrau spiele, die mit ihren sechs Kindern von der Wohlfahrt lebt und einen Ehemann hat, der sich verdrückt hat, damit sie den Scheck vom Wohlfahrtsamt kassieren kann, dann habe ich mit dem Leben zu tun – ich muß die Umgebung kennen und die Ängste der Menschen verstehen.«

Offensichtlich war Shirley nicht nur wegen ihrer Persönlichkeit und ihres Aussehens eine Attraktion, sondern auch wegen ihrer Wortgewandtheit.

Einen Großteil ihrer politischen Aktivitäten widmete Shirley immer noch der Bürgerrechtsbewegung – was wiederum häufig als Reaktion auf ihre Abstammung aus dem amerikanischen Süden gesehen wurde. Andere dachten, sie hätte nur Gewissensbisse. Und das war unfair. Shirley glaubte mit tiefer Überzeugung an die Sache, und niemand konnte sie davon abbringen. Genauso wie bei den Massai, so machte sie sich auch auf, um die Probleme der schwarzen Bevölkerung von Amerika kennenzulernen.

In Issaquena County, im Staat Mississippi, ging sie mitten in das Getto und litt sehr unter den Reaktionen sowohl der Schwarzen als auch der Weißen, die sich darin einig waren, daß Shirley besser beraten wäre, sich um ihre eigenen Angelegenheiten zu kümmern. Sie unterstützte das Student Non-Violent Coordinating Committee in seinen Bestrebungen, die Rassentrennung an den staatlichen Schulen aufzuheben. Shirley wußte genau, worauf sie sich einließ. Für ihre Teilnahme an der Kampagne für die Schwarzen erwartete sie sogar, gelyncht oder »nur« vergewaltigt zu werden. Sie rechnete sogar mit Schwierigkeiten mit der Polizei. Als ein Verkehrspolizist ihrem Wagen folgte, in dem sie mit zwei schwarzen Männern saß, sie einholte und dann neben ihr fuhr, dachte sie, ihr letztes Stündlein hätte geschlagen. Sie tat nichts Gesetzwidriges, aber das spielte im tiefen Süden nie eine Rolle. Vor allen Dingen nicht in jenen Tagen, in dem das Alte verzweifelt versuchte, das Neue zu verhindern. Vermutlich waren die Empfindlichkeiten noch nie so ausgeprägt gewesen. Die alten Seperatisten wußten, daß ihre Zeit knapp wurde, und so machten sie das Beste daraus.

Wie würde sich Shirley einem rückständigen Polizisten gegenüber verhalten, der verurteilte, daß sie mit Schwarzen in einem Auto saß?

Sie spielte das sittsame kleine Mädchen. Als der überraschte und wütende Cop in ihr Auto spähte, winkte sie ihm zu und lächelte ihn reizend an.

In Jackson ein Motelzimmer zu bekommen, war wesentlich schwieriger. Der Moteleigner weigerte sich, ihr ein Einzelzimmer und den beiden Männern ein Doppelzimmer zu geben. Jemand, der Shirleys Art von Rassenvermischung praktizierte, war nicht willkommen, ganz egal, was für ein berühmter Filmstar sie auch war – und jeder erkannte sie. Die Menschen strömten herbei, um zu sehen, wie Shirley MacLaine diese kleine Schwierigkeit meisterte.

Sie zischten, sie buhten, sie grinsten höhnisch, sie

lachten, sie verfluchten sie – und alle nannten Shirley Nigger-Liebchen.

Sie fragte, wo sie ein Zimmer bekommen könnte – immer noch sehr höflich. Der Mann am Empfangspult des Motels schlug ihr vor, daß sie und die »Nigras« die Stadt verlassen sollten. Ihre Probleme gingen ihn nichts an. Schließlich erklärten sich ein paar Farmpächter bereit, ihr eine Schlafgelegenheit zu geben. Das sprach sich herum. Die Schaulustigen vermehrten sich. Die ersten Flaschen flogen durch die Luft. Der Sheriff tauchte auch auf und bat Shirley abzufahren. Shirley schadete seiner Kampagne, die ›Nigras‹ auf ihren Plätzen zu halten. Sie dachte kurz darüber nach, die Associated Press anzurufen, und die Reporter das ganze Ereignis aufzeichnen zu lassen, entschied sich aber dagegen. Sie wollte die Sache nicht an die Öffentlichkeit bringen, sagte sie, aber sie würde bleiben. Sie bat den Sheriff um Schutz. Es war eine Situation, die ganz eindeutig angsteinflößend war – aber eine, vor der sie sich keinesfalls drücken wollte. Sie hätte es sich nie verziehen, wenn sie das getan hätte.

Und dann trat der Ku-Klux-Klan auf den Plan. Vor dem Haus, in dem sich Shirley aufhielt, stellten sie brennende Kreuze auf – und mindestens einer der Männer feuerte Schüsse in ihre Richtung ab. Sie beschloß, um der Sicherheit der Männer, die sich in ihrer Begleitung befanden, und um ihrer eigenen Sicherheit willen, nach Atlanta zurückzufahren. Zweifellos gab es auf beiden Seiten nur wenig Leute, denen ihr Aufbruch leid tat.

Der Sheriff hatte ihr eine Nachricht zukommen lassen, in der stand, daß Shirley vermutlich noch mehr beschimpft werden würde und unter Umständen sogar damit rechnen müßte, geteert und gefedert zu werden. Kein Mensch wäre Willens, für ihre Sicherheit oder die ihrer Begleiter zu garantieren.

Bei ihrer Fahrt durch den Süden Amerikas schlief sie in Zimmern ohne Teppiche und ohne Vorhänge, und manchmal mußte sie sich das Bett mit drei anderen teilen.

Wie so viele Menschen ihrer Generation war Shirley während des Wahljahres 1968 überzeugt, daß Robert Kennedy die größte Hoffnung für die Zukunft darstellte. Sie unterstützte seinen Wahlkampf, sprach auf Massenveranstaltungen für ihn und reiste für seine Sache durch die Lande. Als Robert Kennedy ermordet wurde, schien es nicht mehr viel zu geben, wofür es sich zu kämpfen lohnte.

Shirley engagierte sich nun enthusiastisch – manche nannten es sogar fanatisch – für Senator Eugene McCarthy, der die große Hoffnung der liberalen Linken darstellte. Bei dem Konvent war sie Mitglied der kalifornischen Delegation – was die ganze Angelegenheit für sie auch nicht erfreulicher machte. Es war im Grunde genommen eine Szene beispielloser Gewalttätigkeit.

Shirley hatte versucht, bei diesem Konvent zu sprechen, aber die örtliche Maschinerie unterband dieses Vorhaben. Bürgermeister Daley, der Vorsitzende der Partei, hatte sich eingeschaltet, um ihre Rede zu verhindern. Shirley war darüber derartig verärgert – was bei ihr ja nicht ungewöhnlich war und auch nicht selten vorkam –, daß sie sich vornahm, der Politik den Rücken zu kehren.

7. Kapitel

Shirley war so beschäftigt, daß es fast schon schwierig war, sich daran zu erinnern, daß sie eigentlich in erster Linie eine Filmschauspielerin war. Davon abgesehen war sie auch bei ihren verschiedenen Aktivitäten, wie in allem, was sie anpackte, höchst erfolgreich. Ihre Reisen unternahm sie zwischen ihren Filmen. Ihre politischen Aktivitäten fanden am Abend statt oder an Tagen, an denen sie drehfrei hatte.

»Ich bin ein Mensch, der sich selbst ausdrücken muß«, erklärt sie Kevin Thomas von der *Los Angeles Times*.

Und es gab noch einen anderen Grund: »Das Geld. Es muß noch einen besseren Weg geben, viel Geld zu verdienen, aber mir fällt keiner ein. Mir macht es wirklich und wahrhaftig Spaß. Ich drücke mich selbst nicht in Form von Kunst aus, sondern auf die Art, wie ich die Menschen, die ich sehe, reflektiere.«

Manche Menschen behaupteten, Shirley würde viel zuviel an sich selbst denken. Und alles, was sie sagte, rief auf irgendeine Art und Weise Widerspruch hervor.

Andere Leute geben einen Kommentar über die heutige Jugend ab, und sie ernten allgemeine Zustimmung. Die meisten Leute behaupteten, daß die Jugend allen schrecklich viel Ärger machte, Shirley hingegen sagte, daß sie die jungen Leute der späten sechziger Jahre »klasse« fand. »Ich behaupte nicht, daß sie immer recht haben, aber sie haben mehr recht, als ich es hatte ... Die jungen Leute von Amerika bemühen sich sehr darum, nach neuen Wegen der Verständigung zu suchen. Nur wegen dieser jungen Leute erfährt dieses Land eine Erneuerung des altmodischen Pioniergeistes.«

Darum mochte Shirley auch die Hippies. Sie liebte es, wie die Kids von San Francisco jedermann Blumen überreichten, und sie war davon begeistert, daß das auch in anderen Teilen von Amerika nachgeahmt wurde. »Ich verstehe die Blumenkinder«, sagte sie.

Es hätte auch wieder ein guter Anlaß für Bemerkungen sein können, als Shirley und Steve in den letzten Tagen von Lyndon B. Johnsons Präsidentschaft eine Einladung in das Weiße Haus annahmen. Shirley hatte sich von Örtlichkeiten noch nie einschüchtern lassen, nichts hatte sie jemals davon abhalten können, den Menschen gute Ratschläge zu geben, am wenigsten natürlich die Anwesenheit des Präsidenten der Vereinigten Staaten.

Bei diesem Empfang trug Shirley ein »einfaches, schwarzes Kleid«, keine Juwelen, denn sie besaß nicht sehr viele. Schließlich hatte sie schon oft genug gesagt, daß sie an materiellen Gütern nicht besonders interessiert wäre. Steve trug ein Dinnerjackett.

Sie wohnten in einem der besseren Hotels von Washington. Am Abend des Empfangs traten sie aus ihrem Zimmer; Shirley hatte eine Tasche in der Hand, Steve trug eine Zeitung. Im Korridor des Hotels warf er einfach – und es wirkte recht wütend – die zusammengerollte Zeitung auf den Fußboden. Shirley, die von Natur aus ordentlich war, bückte sich, um die

Zeitung aufzuheben – genau wie ihr Ehemann es vorausgesehen hatte.

In die Zeitung eingewickelt waren ein Diamant und ein Perlring. »Da«, sagte er, »das ist für dich.« Es war ein Geschenk zum Hochzeitstag von dem Ehemann, von dem die Gerüchte behaupteten, daß er in ihrem Leben kaum mehr eine Rolle spielte. Es war seine Art, seine Gefühle ihr gegenüber auszudrücken. Jetzt lag es an ihr, dem Präsidenten und den anderen Gästen zu zeigen, daß ihnen immer noch etwas aneinander lag.

Shirley drückte sich auch mit ihrer Schreiberei aus, mit ihrem ersten autobiographischen Buch, obwohl sie zuerst Schwierigkeiten mit dem Titel hatte. Zunächst wollte sie es *It's Better With Your Shoes Off* nennen, was wörtlich übersetzt ›Ohne Schuhe ist es besser‹ heißt. Doch Freunde überzeugten sie davon, daß das etwas zu zweideutig klingen würde. Immer wieder hatte sie eine neue Idee für den Titel, wie *Me And The Bamboo* (Ich und der Bambus). Aber auch dieser Vorschlag wurde fallengelassen. Doch es sollte noch vier Jahre dauern, bis das Buch, das sie auf Tausende von Papierfetzen geschrieben hatte, veröffentlicht werden würde – und zwar unter dem Titel *Don't Fall Off The Mountain* (die deutsche Übersetzung trägt den Titel: *Raupe mit Schmetterlingsflügeln*).

»Ich bin erstaunt«, erzählt Shirley Charles Champlin von der *Los Angeles Times*, »über die Leute hier, die sich zufrieden in ihrem Reichtum räkeln und das als Ziel ihrer Wünsche betrachten, anstatt ihre Karriere als Sprungbrett für andere Dinge oder in ein anderes Ich zu nehmen. Sie trocknen in kreativer Hinsicht aus und auch in bezug auf ihre persönlichen Beziehungen. Die Leute verbringen ihre Zeit damit, sich mit anderen zu vergleichen, anstatt auf ihr eigenes Potential zurückzugreifen. Wenn man sich selbst für den Nabel der Welt hält und die Welt auch aus dieser Sicht betrachtet, bekommt man eine sehr verrückte Sicht.«

Shirley sagte, daß sie keine Ambitionen verspüren würde, an die Spitze zu kommen – obwohl das eine äußerst subjektive Position war und es eine Menge von Leuten gab, die behauptet hätten, daß Shirley die Spitze bereits erreicht hätte. Nein, sagte Shirley, das wäre so hoch droben, dort könnte man sehr leicht herunterfallen, und das würde weh tun. »Dort oben ist es zu schwindelerregend. Ich überlasse die letzten paar Stufen anderen.«

Shirley hatte den Blick vom Himalaya aus lieber – und sie hätte ihn vielleicht nicht gehabt, wenn sie nicht frei gewesen und diesen Berg, nach dem sie ihr Buch betiteln sollte, nur halb hinaufgekommen wäre.

Shirley fürchtete, noch ehe das Manuskript an den Verlag ging, die Reaktion ihres Bruders Warren Beatty, der jedoch das Manuskript noch nicht gelesen hatte, wie sie behauptete. Aber instinktiv wußte sie, daß er es nicht mögen würde. Und wie um seinem Protest zuvorzukommen, erklärte sie, was er sagen würde, als auch ihre eigenen Gründe, warum sie ihn das Buch nicht hatte lesen lassen.

»Er würde sagen, daß ich unehrlich gewesen bin«, sagt sie in einem Interview mit *Look*. »Er hätte damit zwar nicht recht, aber genau das würde er sagen.« Diese Prophezeiung wirkte merkwürdig. Offensichtlich hatte Warren, der sich bis jetzt noch nicht öffentlich geäußert hatte, versucht, seiner Schwester das Buchprojekt auszureden. Warren machte sich wegen seiner Eltern Sorgen, und er war sich sehr wohl der sehr heiklen Beziehung zwischen den beiden Generationen bewußt.

Doch genau das gab Shirley vor sich selbst nicht zu. Sie war davon überzeugt, daß sie und ihr Bruder gefärbte Spiegel hätten, und wenn sie beide in diese Spiegel blickten, sahen sie jeweils ein anderes Bild. Sie sagte: »Er kann auf all diese Picknicks mit der Sonntagsschule, an denen wir teilgenommen haben, zurückblicken und eine bestimmte Erinnerung daran haben, und ich kann zurückblicken, und mir fällt etwas ganz anderes ein.« Doch sie beteuerte mit Nachdruck: »Man kann von mir mehr direkte Antworten bekommen als von Warren.«

Shirley beanspruchte noch immer nicht für sich, eine großartige Schauspielerin zu sein. Aber ihre Arbeit machte ihr immer mehr Spaß, und sie freute sich, daß sie genügend Geld verdiente, um Flugtickets und Hotelrechnungen bezahlen zu können.

Sie glaubte, daß es vielleicht vernünftiger wäre, in großen Dimensionen zu denken – in bezug auf Zahlen. In ihrem nächsten Film im Jahr 1967, dem Jahr nach *Das Mädchen aus der Cherry-Bar*, spielte Shirley sieben verschiedene Rollen. Es stand natürlich nicht zur Debatte, daß sie für *Woman Times Seven* (Siebenmal lockt das Weib) die siebenfache Gage bekam. Es gab Kritiker, die ihr unterstellten, daß sie all diese Frauen so gespielt hätte, als ob sie ein und dieselbe Frau wären, aber in gewisser Weise war der Film ganz lustig.

Der Film wurde als Nachfolger, sogar als Fortsetzung von *Yesterday, Today And Tomorrow* (Gestern, Heute, Morgen) betrachtet, in dem Sophia Loren drei verschiedene Italienerinnen gespielt hatte. Der

Drehort war Paris – und man ist versucht zu glauben, daß der Grund dafür Shirleys Reiselust und ihre Liebe zu Paris war. Der Film hätte in jeder anderen Stadt gedreht werden können.

Wie bei *Gestern, Heute, Morgen* führte auch bei *Siebenmal lockt das Weib* Vittorio De Sica Regie, und der Autor war ebenfalls Cesare Zavattini. Das warf natürlich die Frage auf, warum nicht auch Sophia Loren wieder die Hauptrolle spielte. Der Hauptgrund war, daß Sophia keine Lust dazu hatte. Dazu schrieb das *Time* Magazin: »Shirley ist keine Sophia, obwohl sogar die Loren mit diesen amateurhaften Geschichtchen ihre liebe Not gehabt hätte.«

Nicht einmal die Mitwirkung von Peter Sellers und Alan Arkin konnte diese sieben läppischen Geschichten retten.

Während der Dreharbeiten sagte De Sica unentwegt zu Shirley: »Vertraue mir, vertraue mir, meine Liebe.« Offensichtlich hatte sie ihm etwas zu sehr vertraut.

Shirley war die erste, die zugab, daß der Film ein Flop war – obwohl sie sich ungeheuer viel Mühe gegeben hatte, die sieben Charaktere auszuarbeiten. »Wir waren alle davon überzeugt, daß es ein guter Film werden würde – sogar dieser talentierte Bastard Arkin.«

Von Arkin wußte man jedoch, daß er die Rolle nur des Geldes wegen übernommen hatte.

Shirley fügte hinzu: »Ich las das Drehbuch und wußte, daß es keine Substanz hatte. Aber De Sica ist der überzeugendste und verführerischste Redner in diesem Geschäft. Wenn ich die Manuskripte von *Bicycle Thieves* (Fahrraddiebe) oder *Umberto D* (Umberto D) gelesen hätte, wäre ich ebenfalls davon überzeugt gewesen, daß die Themen nicht sonderlich interessant wären. Ich weiß, daß er sich nicht sehr an das Manuskript hält. De Sica brachte uns alle dazu, zu denken, daß es ein guter Film ist, obwohl wir täglich sehen konnten, wie alles in die Binsen ging.«

Die *Time* bemerkte dazu: »Alle sieben Geschichten kranken an demselben Fehler: Sie fangen vielversprechend an, versickern aber dann wie ein Witz mit einer schwachen Pointe. An diesem Fehler ist teilweise Miss MacLaine schuld. Trotz der großen Unterstützung von seiten der Masken- und Kostümbildner verläßt sie nur selten die Rolle, in der man sie gewöhnlich auf der Leinwand sieht. Alle sieben Frauen scheinen unter einer wenig schmeichelhaften Familienähnlichkeit zu leiden. Doch den Großteil der Schuld muß man De Sica geben... für seine schwerfällige, langweilige Regiearbeit.«

Für Shirley war das Urteil hart. Schließlich hatte sie bis jetzt nicht immer die gleiche Rolle gespielt, auch wenn sie sich auf einen bestimmten Charakter zu spezialisieren schien.

Ein Teil des Ärgers bestand einfach darin, daß Hollywood und die Filmindustrie sich in einem Zustand ständiger Veränderung befanden. Die Filmleute zerbrachen sich den Kopf, wie sie das Fernsehen übertrumpfen konnten.

»Das Problem war, daß Hollywood in die Perfektion verliebt war«, sagte Shirley – obwohl das nicht exakt ausdrückte, was sie wirklich meinte. So entstand der Eindruck, daß sie den Filmemachern vorwarf, sie würden nur perfekte Filme machen wollen, mit hervorragender Schauspielkunst, grandioser Regiearbeit und jenen kunstvollen Drehbüchern und

Kameraführung, die ihnen ein Regal voll Oscars garantierten. Aber das entsprach nicht der Wahrheit, und das war auch nicht das, was Shirley hatte sagen wollen.

»Sie wollen bezaubernde Frauen und gutaussehende Männer mit kantigen Gesichtern. Unwetter gibt es nur während eines Mordes. Aber jetzt ist das Aus für das Unrealistische gekommen. Die Filmbesucher wollen Realität.« Nun war zwar Realität nicht so ganz das, was Shirley in ihren Filmen anbot, aber sie stand kurz davor einem Mädchen Gestalt zu geben, an das sich vielleicht ein paar Leute erinnern.

Ihre nächste Rolle führte sie wieder in die Gegend der roten Laternen. Das Mädchen, das sie vorher schon in *Verdammt sind sie alle* und natürlich in der süßen *Irma* gespielt hatte, erwachte wieder zum Leben. Ihr Name war *Sweet Charity*.

Die Leute sollten sich in dieses spezielle Mädchen ganz besonders verlieben. Nicht, weil Charity Hope Valentine besser war als die Freudenmädchen, die Shirley vorher schon gespielt hatte. Sie war kein leichtes Mädchen – sie tanzte nur für Geld.

Shirley bewies in diesem Film nicht nur ihr überragendes schauspielerisches Talent, sie zeigte auch, daß sie singen und tanzen konnte. Der Film hätte hervorragend sein können, wenn nur ... Es gab etliche Dinge darin, an denen man etwas aussetzen konnte: Wenn die Farben etwas gedämpfter gewesen wären, wenn die Leinwand etwas schmaler gewesen wäre, und wenn die Gesangs- und Tanznummern unterschiedlicher arrangiert und choreographiert worden wären.

Shirley hätte nicht einmal Sammy Davis jr. gebraucht, der einen kurzen, aber hervorragenden

Auftritt als Prediger der Blumenkinder absolvierte – mit seiner hinreißenden Nummer ›The Rhythm Of Life‹. *Sweet Charity* hätte ein Vorläufer der One-Woman-Bühnen-Shows, die folgen sollten, sein können. Keiner – und am wenigsten von allen die Studios oder die Geldgeber – bedauerte, daß Shirley die Rolle spielte.

Sollte sie jemals daran gezweifelt haben, ganz an der Spitze zu stehen, *Sweet Charity* versetzte sie genau in diese schwindelerregende Position. Und es hätte tatsächlich sehr weh getan, von dort herunterzufallen. Nicht einmal ihre Kritiker – und es gab genügend davon – konnten das leugnen.

In *Sweet Charity* führte Bob Fosse zum ersten Mal Regie, und er hatte seinem Kameramann, dem Oscar-Gewinner Robert Surtees, viel zu verdanken. Surtees half dem Regisseur, die Ideen in die entsprechenden Bilder umzusetzen.

Shirley behauptete, daß sie dreizehn Jahre darauf gewartet habe, Miss Valentine zu spielen. Sie erklärte nie, wie das überhaupt möglich war, aber es spielte keine Rolle. Das war ihr erstes Musical seit *Ganz Paris träumt von der Liebe*. Strenggenommen war es sogar ihr allererstes Musical, das erste nämlich, in dem ihre Lieder und Tanzeinlagen alles waren, nur keine althergebrachten Sachen aus dem Frankreich der Jahrhundertwende.

Der Film schien für sie genauso maßgeschneidert zu sein wie die Kostüme, die sie trug, und doch gab es etwas, das leicht beunruhigend war. Charity Hope Valentine war eine Verliererin. Sie wäre ein hübsches Mädchen gewesen, wenn man ihr die Farbe aus dem Gesicht und dem Haar gewaschen hätte; ein attraktives Mädchen und, wenn ihr jemand klargemacht hätte, daß ihre roten Strümpfe nicht zu dem Kleid paßten, das sie trug – eine Art von Kleidung, mit der sich Shirley MacLaine selbst in ihren frühen Tagen nicht einmal ins Leichenschauhaus hätte fahren lassen.

Aber es war keine Rolle, an der die Emanzen Gefallen fanden, die immer noch hofften, daß Shirley ganz offiziell ihre Vorreiterin würde.

Shirley selbst sah den Film nicht als etwas, das ihrem geheiligten Anliegen Schaden zufügen könnte. »Ich bin eine Art von militanter Liebhaberin«, erklärte sie. »Ich glaube auch daran, daß man die Leute zwingen kann, ihre Mitmenschen zu lieben. *Sweet Charity* erlaubte ein Gefühl der Befreiung ... Ich mußte an die Liebe glauben und an die Grundsätze dieses Filmes.« Und das tat sie.

Sie betrachtete sich jetzt als »Spezialistin«, als jemand, der alles über diese Art von Mädchen und über ihre Gefühle wußte. »Es ist kein Zufall, daß ich all diese leichten Mädchen spielte. Ich weiß genau, wie man das macht. Auf gewisse Weise war ich sicherlich eine emotionale Hure. Ich ... verkaufte mein Talent auf vielerei Art ...«

Eine Verliererin zu spielen, war eine sehr viel positivere Demonstration, als den meisten Leuten bewußt wurde. »Es ist meine Art, mich mit den Menschen zu identifizieren, die ja auch nicht sehr oft gewinnen.«

Was *Sweet Charity* mehr als alles andere zeigte, war harte Arbeit – besonders bei den Vorbereitungen für diese Rolle, noch ehe eine einzige Aufnahme gemacht worden war.

Shirleys Arbeit begann an dem Tag, an dem sie *Hausfreunde sind auch Menschen* beendete. Dieser

Film wurde erst nach *Siebenmal lockt das Weib* und *Sweet Charity* herausgebracht.

Sie tanzte sich die Füße wund und schien sich damit entweder selbst beweisen zu wollen, daß sie immer noch *Cinderella* spielen könnte, wenn man sie darum bitten würde, oder daß ihre Knöchel kräftig genug waren, wie sie jedermann immerzu erzählte. Daran konnte niemand zweifeln. Sie zeigte sich wirklich sehr kräftig. Es war fast so, als wäre ›If They Could See Me Now‹, die Glanznummer der Show, nur für die Zweifler und Spötter der Branche gemacht worden, die in den Bars und Feinkostgeschäften von Hollywood und Beverly Hills den Mund immer am weitesten aufrissen.

Shirley war nicht bewußt, wie sehr sie aus der Übung war. Falls jemand der Meinung gewesen war, daß Tanzen nichts anderes war als Fahrradfahren – ein heimlicher Blick auf Shirleys Probenarbeit hätte ihn sofort vom Gegenteil überzeugt.

Das war ein Star, der verständlicherweise nicht nur außer Atem, sondern auch aus der Übung war. Als Ergebnis ihres Trainingsprogramms, bei dem sie tanzte, steppte und joggte, erweiterte sich die Kapazität ihrer Lungen um das Fünffache.

Als sie wegen einer Krankenversicherung zu einem Arzt in der Londoner Harley Street ging, wollte er unbedingt wissen, wie sie so einfach das Rauchen hatte aufgeben können. »Nein«, antwortete sie. Sie beschloß einfach mit dem Rauchen aufzuhören, und damit war der Fall erledigt. Willenskraft nannten das einige, und viele wußten, daß gerade die Willenskraft zu Shirleys Persönlichkeit gehörte.

Von Anfang an wurden von einigen Leuten Zweifel geäußert über die Rentabilität des *Charity*-Projektes.

Bei ein paar Verantwortlichen des Studios hatte dieses Projekt nämlich genauso viel Bedenken hervorgerufen, wie bei anderen Begeisterung. Die »Begeisterten« setzten sich durch. Wegen der Millionensummen, die für dieses Projekt aufgewendet wurden, mußte das Büro für Öffentlichkeitsarbeit fast ebenso hart arbeiten, wie Shirley es getan hatte.

Jules Stein, das Oberhaupt des MCA Konglomerats, beschloß, *Charity* unter seine Fittiche zu nehmen. Er veranstaltete ein dreitägiges Filmfest, das sogar nach den Maßstäben von Hollywood ausgesprochen extravagant war. Stein gab im Sheraton-Universal Hotel in Los Angeles, das ebenfalls seiner Firma gehörte, eine Party und forderte die Gäste auf, zweiundsiebzig Stunden lang zu bleiben. Während dieser drei Tage wurden sechshundert Personen bewirtet. Es wurde ihnen mitgeteilt, daß diese Festivität abgehalten wurde, um sie gut zu unterhalten und um sie auf *Sweet Charity* aufmerksam zu machen – auch wenn manche von ihnen diesen Grund sehr schnell zu vergessen schienen.

Um Shirley und ihren Film zu feiern, gesellten sich zu der High Society von Beverly Hills auch hochkarätige Namen von außerhalb. Gregory Peck und Bob Hope erschienen mit ihren Ehefrauen, ebenso der Herzog und die Herzogin d'Uzes und Artur Rubinstein. Natürlich sagten sie bei der Abfahrt nur freundliche Dinge über *Sweet Charity* und Dr. Stein.

Einigen Gästen gefiel das Ganze so sehr, daß sie ihre kostenlosen Rückreisetickets verfallen ließen und in Beverly Hills blieben, um noch mehr Parties zu feiern. Die Werbeveranstaltung für Sweet Charity dauerte schließlich sieben Tage und Nächte. Aber es gab auch etliche, die der Meinung waren, das wäre viel Wind um nichts gewesen. Das *Time* Magazin zum Beispiel verriß den Film und hielt auch nicht viel von Shirleys Schauspielerei. Die Kritik in diesem Blatt lautete: »Orson Welles hat es am besten ausgedrückt. Das ist die größte elektrische Eisenbahn, die irgendein Junge jemals zum Spielen hatte. Bob Fosse, der Choreograph und Regisseur vom Broadway, fühlte dabei offensichtlich dieselbe Begeisterung. Aber alles, was er mit der gewaltigen Ausrüstung machen konnte, war, damit herumzuspielen. Das Ergebnis ist ein Dampf absonderndes, kreischendes, linkisches zweitklassiges Musical.« Shirleys »großes Leinwand-Pathos und ihre zappelnde Energie reicht nicht ganz an ihre Vorgängerin vom Broadway heran«, schrieb er und behauptete, daß Shirleys Gesicht zu viel Nachdruck ausdrücken würde – und so würde man »nicht einen Film machen; so macht man eine Landkarte.« Wem das noch nicht reichte, der Giftstachel kam zum Schluß dieser Kritik. »Die Idee, ein Musical über eine quirlige Nutte zu machen, die auf die Vierzig zugeht, ist heute noch so interessant, wie sie es 1966 war, als das Stück zum ersten Mal am Broadway gespielt wurde. Eines Tages sollte man daraus einen Film machen.«

The New York Times äußerte sich ebenso kritisch. »Miss MacLaine kann manchmal sehr komisch sein, aber sie ist eine untalentierte, stillose Tänzerin, eine durchschnittliche Sängerin und eine Schauspielerin, die unfähig ist – nach außen hin – einander entgegengesetzte, innerliche Ängste drollig auszudrükken. Wenn sie pathetisch sein soll, dann ist sie wie ein außer Kontrolle geratener Jetbomber, der sich abenteuerlich durch die Schallmauer gähnt, die Pathos von der Lächerlichkeit trennt ...«

Das klingt genauso erschreckend wie die ersten Kritiken über Fred Astairs Probeaufnahmen: »Kann nicht schauspielern, kann nicht singen, kann ein bißchen tanzen.«

»Miss MacLaine«, setzte der Kritiker hinzu, »nimmt ab und zu die Pose einer behinderten Streunerin ein. Auf der Leinwand macht sie den Eindruck, als hätte sie körperliche Probleme. Niemand merkt, daß sie eine Haltung dem Leben gegenüber ausdrükken möchte ... Es ist kein Zufall, daß in den besten Nummern... der Star völlig ausgeklammert oder zu einer zweitrangigen Rolle verdonnert wird.«

Die Notwendigkeit, diese Worte zu widerrufen, schien nach der zweiten Besprechung der Zeitung am folgenden Sonntag noch dringlicher zu sein: »Die Show am Broadway war höchst erfolgreich wegen ihres Stars Gwen Verdon. Shirley MacLaine... kann eine sehr gute Komödiantin sein, aber sie ist eine unbeholfene Tänzerin ...«

Shirley MacLaine eine unbeholfene Tänzerin! Das war wahrlich kein prophetischer Blick auf die Art, in der sie sich während der nächsten fünf Jahre ihr Geld verdienen sollte. Und es war auch keineswegs eine auch nur annähernd zutreffende Einschätzung dessen, was Shirley in *Sweet Charity* geleistet hatte.

Es war genauso unfreundlich, wie es unrichtig war. In *Sweet Charity* bot Shirley MacLaine wirklich ihr Bestes, und wenn sie ihr Bestes gab, konnte sie wirklich sehr gut sein. Der wahre Beweis dafür ist die völlige Zeitlosigkeit des Films – trotz Miniröckchen, Blumenkindern und allem anderen. Mitte der achtziger Jahre scheint er sogar noch besser zu sein, als er es Ende der sechziger Jahre war.

Es war nicht so, daß Shirley selbst sich nicht kritisch über diesen Film geäußert hatte.

»Es war spritzig und lief wie geölt, es war eines der besten Musicals seit der *West Side Story*, aber ich hätte intensiver daran arbeiten sollen, aus Charity eine richtige Nutte zu machen. Ihre Verletzlichkeit hätte sehr viel mitleiderregender gewirkt, wenn man auch ihre geschäftstüchtige Seite gesehen hätte, wenn man gesehen hätte, wie sie für Geld fast alles tut.«

Da kam die Erfahrung durch, die Shirley bei *Irma la Douce* gewonnen hatte. Wie so viele Vorkämpferinnen für die Emanzipation wußte Shirley genügend über Nutten, um manchmal mehr wie eine Gewerkschaftsführerin zu agieren als eine reine Ratgeberin für Öffentlichkeitsarbeit.

In *Irma la Douce* trug Shirley einen schwarzen Seidenhut und hatte auf ihrem Oberarm eine schreckliche Tätowierung, auf der »Love« stand. In *Sweet Charity* brauchte sie das nicht. Sie behauptete, daß sich die Liebe, die sie bei den Dreharbeiten rundherum prickeln fühlte, auch auf das Publikum übertrug.

Trotz der Verrisse tippten viele Journalisten darauf, daß Shirley dafür einen Oscar oder zumindest eine Nominierung bekommen würde. Aber dem war nicht so; die einzige Oscar-Nominierung für diesen Film galt dem musikalischen Direktor Cy Coleman.

Der Film war, umgangssprachlich ausgedrückt, eine Kinokassenbombe, die sich, wie vorhergesagt, als Rohrkrepierer erwies und einen Millionen-Dollar-Verlust einbrachte. Shirley stritt ab, daß sie mit so etwas gerechnet hätte – sie hatte angenommen, daß er zumindest die Ausgaben einspielen würde.

Später brachten die Einnahmen aus Verkäufen an die Fernsehgesellschaften den Film diesem Ziel näher. Trotz des fehlenden finanziellen Erfolgs und der schlechten Kritiken ließ sich Shirley davon nicht einschüchtern.

Sie hatte natürlich eine fürstliche Gage bekommen, und auch das wurde kritisiert. Doch diese Anwürfe berührten sie überhaupt nicht. »Solange sie Filme machten, die fünfundzwanzig Millionen Dollar kosteten, warum sollten wir dann auf unsere Million verzichten? Jetzt, da die Filme billiger sind, werden auch wir uns entsprechend anpassen, aber solange sie ihr Geld zum Fenster hinausgeworfen haben, wollte ich da sein und ein bißchen davon aufsammeln.«

Sie hatte sie genügend »aufgesammelt«, um ihre diversen guten Taten vollbringen zu können.

»Ich glaube, ich habe mein Ziel erreicht«, sagte sie jetzt. »Ich habe mich gefunden.« Und dieses neugefundene Ich war eine sehr attraktive Frau. Die Kratzbürstigkeit, die Mr. Connelly vom *Hollywood Reporter* so wirkungsvoll getroffen hatte, schien verschwunden zu sein. Sie verärgerte nicht mehr so viele Menschen. Jetzt war zwar kein Hal Wallis mehr als Stein des Anstoßes da, aber man konnte davon ausgehen, daß sie, selbst wenn es ihn noch gegeben hätte, verständnisvoller gewesen wäre. Sie war toleranter geworden. »Ich bin mir bewußt geworden, was ich bin, und ich kann mit ehrlicher Überzeugung sagen, daß ich eine glückliche Frau bin.«

Jetzt war sie keine Method-Schauspielerin mehr, so wie früher. Rollen wurden nicht mehr »gelebt«, sondern nur noch gespielt – deshalb verbrachte sie auch so viel Zeit mit ihrem Buch. Es handelte von einem Leben, das sie wahrhaft gelebt und geliebt hatte.

Sie war nie darauf erpicht, die großen klassischen Rollen zu spielen. Können Sie sich Shirley MacLaine als Desdemona vorstellen? Shirley MacLaine konnte das nicht. Sie hatte sich entschlossen, ausschließlich zeitgenössische Rollen zu übernehmen. Um die Wahrheit zu sagen – kein Studio hatte ihr je eine klassische Rolle angeboten.

8. Kapitel

Nicht alle konnten Shirley MacLaine verstehen. Die Leute waren nicht nur durch Shirleys Familienverhältnisse verwirrt. Wie konnte eine Frau, die so offenkundig zur wohlhabenden amerikanischen Gesellschaft gehörte, so viel Zeit darauf verwenden, sich für Ideen einzusetzen, die so viele Leute empörten?

1969 kündigte sie gewaltige politische Ambitionen an – nicht für sich, sondern für ihr Land. Richard Nixon wurde gerade aktiv, als Shirley für ihr Land eine »sozialisierte Gesellschaft« nach britischem und skandinavischem Muster forderte. Harold Wilsons zweite Amtszeit ging dem Ende entgegen. Shirley sagte: »Ich glaube nicht, daß wir in Amerika immer noch eine Demokratie haben. Die Art und Weise, wie wir unsere Kandidaten wählen, ist eine Schande.«

Diese Aussage verursachte zwar keinen übermäßigen politischen Sturm, aber sie erregte Aufmerksamkeit und machte in gewissen Zeitungen Schlagzeilen.

Shirley sagte, daß sie nicht nur nicht an Politik interessiert wäre, sondern daß sie auf eine »soziale Revolution« hoffen würde. Und sie gestand, daß sie Pot rauche, aber davon nicht abhängig sei. Wie könnte sie das auch sein? Shirley ließ nämlich wissen, daß schon ein Sonnenuntergang genügen würde, um sie high zu machen. So sehr genoß sie die Schönheiten dieser Welt.

Sachi ging jetzt in Sussex auf ein Internat. Der Grund dafür war – wie der Aufenthalt in der Schweiz – Shirleys Wunsch, das Kind »international« zu erziehen, obwohl das ihrer bisher »vorherrschenden asiatischen Psychologie« zuwiderlief.

Die Tatsache, daß eine Filmschauspielerin derartige Ausdrücke verwendete, faszinierte die Menschen, die gerne ins Kino gingen und sich auch gerne das Fernsehen anschauten, aber ansonsten immer noch zu denken schienen, daß Darsteller kein Quentchen Verstand hätten.

Als Shirley 1970 vor einen Unterausschuß des Repräsentantenhauses gerufen wurde, fanden sich viele Zuschauer ein: Sie wollten sowohl den Filmstar sehen als auch ihre Aussage hören. Für ihren Auftritt putzte sich Shirley genausowenig wie ein Filmstar heraus wie bei anderen Gelegenheiten. Doch diese ungeschminkte Frau mit der einfachen Kleidung, die keinerlei Schmuck trug, übte wie immer eine enorme Anziehungskraft aus.

Sie war von diesem Unterausschuß als Zeugin geladen worden, um die Nationale Stiftung für Kunst und Schöne Wissenschaften zu unterstützen. Sie kam in Begleitung von George Stevens jr., dem Präsidenten des amerikanischen Film-Instituts.

Stevens hatte behauptet, daß die Filmindustrie künftig immer weniger zentralisiert sein würde. Shirley war derselben Meinung. Hollywood würde bald nicht mehr der Mittelpunkt sein – das schien zu bedeuten, daß Shirley MacLaine jetzt offiziell offenbarte, was viele Leute schon lange behauptet hatten: daß die Blütezeit der alten Filmhauptstadt vorbei wäre.

Die Angelegenheit war deswegen vor den Unterausschuß gebracht worden, weil Präsident Nixon vierzig Millionen Dollar gefordert hatte, um die Stiftung während des kommenden Jahres zu finanzieren. Es war das erste Mal, daß Shirley sich für etwas einsetzte, was Nixon befürwortete.

Sie befand sich auf einer ihrer Missionen zur Förderung der Kultur. Und in ihren Augen trug das Kino dazu bei, Amerikas viele Subkulturen aufzuzeigen. Das klang gut. Als sie dann auch noch von einem »Schlüssel, durch den einfache Männer und Frauen ihre Identität reflektieren können« sprach – sie meinte die Filme –, waren die Leute ehrlich beeindruckt.

»Wir haben immer den sozialen Status aller Kulturen danach beurteilt, was von ihren Schönen Künsten überlebt hat. Der Film ist unsere Kunstform geworden.« Das war unter Umständen auch eine Ankündigung, daß Shirley MacLaine, Filmschauspielerin, wieder im Geschäft war, obwohl sie seit langem außer *Sweet Charity* keinen Film gedreht hatte.

Fünfmal versuchte Shirley eine Karte für den Stanley Kubrick / Anthony Burgess Film *Clockwork Orange* zu bekommen. Und fünfmal hatte sie Pech – obwohl sie sogar in der ›Warteschlange‹ gestanden hatte, wie sie sagte. Schließlich rief sie völlig verzweifelt den Manager des Kinos an, behauptete, sie wäre die Königin von England und ob er ihr, bitte, eine Karte besorgen könnte. Natürlich tat er das.

Etwas anderes hätte man von der selbstsicheren Miss MacLaine auch nicht erwartet, die nicht mehr davon sprach, daß sie nur arbeiten würde, um ihre Reisekosten bezahlen zu können. Filmen und Filme zu machen, war für sie wichtig geworden. Sie wiederholte, daß sie die Politik immer weniger interessierte. Weniger jedenfalls als ihre Familie – wann hatte sie Steve zuletzt gesehen? »Vor vier Tagen. Große Überraschung, was?« Manchmal hatte man jedoch den Eindruck, daß sie zuviel protestierte und den ganzen Fragen über ihre Familienverhältnisse zuvorkam, und zwar mit einer derartigen Schärfe, daß man nicht umhinkam, sich zu fragen, warum sie eigentlich so aggressiv war. Liefen die Sachen doch nicht so hundertprozentig zufriedenstellend? Versuchte sie nur Kritik abzubiegen?

Die interessanteste Sache dabei war, daß Shirley niemals für sich in Anspruch nahm, ihrem Ehemann treu zu sein. Wie sie so schön meinte: »Monogamie ist keine der angeborenen natürlichen Fähigkeiten.«

Immer wieder betonte sie, daß das Leben dazu da war, um gelebt zu werden, und sie genoß jede einzelne Minute davon. Es stimmte, daß sie viele Dinge ausprobiert hatte – einschließlich Drogen. Aber eine Frau, die stark genug war, um so viele herkömmliche Konventionen umzustoßen, machte sich nicht allzu viele Gedanken darüber, was die Menschen über sie dachten.

Sie hatte nichts Stärkeres als Marihuana ausprobiert. Aber sie vermittelte immer den Eindruck, daß es schließlich ihre Angelegenheit gewesen wäre, selbst wenn es Kokain oder Heroin gewesen wäre, und daß sie imstande gewesen wäre, es genauso leicht wieder aufzugeben, wie sie damals vor den Dreharbeiten zu *Sweet Charity* mit dem Rauchen aufgehört hatte. Shirley ließ sich genausowenig darauf ein, zu versprechen, niemals mehr Pot zu rauchen, wie sie für immer zu Steve nach Tokyo ziehen würde.

»Das ist, als würde man sagen: Trinkst du morgen wieder einen Martini?« Wenn man Lust auf einen Martini hat, ist die Antwort ziemlich klar. Natürlich wollte Shirley alles machen, was sie reizte. Aber andererseits wollte sie es nicht einfach nur machen, um jemanden zu ärgern.

Man muß die Dinge, die Shirley MacLaine sagte, nicht immer zu wörtlich nehmen. Wie bei vielen anderen Topstars, lag auch in ihren geringschätzigen Bemerkungen über sich selbst ein beträchtlicher Reiz, der niemals als falsche Bescheidenheit ausgelegt werden sollte. »Wie sehe ich aus?« fragte sie zum Beispiel in ihrem Ankleidezimmer, nachdem sie sich ziemlich herausgeputzt hatte. »Ziemlich scheußlich, oder?«

1969 reizte sie am meisten ein Film namens *Two Mules For Sister Sara* (Ein Fressen für die Geier), in dem sie als Nonne auftrat – obwohl sie auch in diesem Streifen eigentlich genauso wenig eine Nonne war, wie sie in *Meine Geisha* eine Geisha gewesen war. Tatsächlich spielte Shirley auch diesmal wieder eine Nutte, eine Frau, deren Tugendhaftigkeit – den Eindruck hatte man jedenfalls zunächst – von einem herumreisenden Söldner beschützt wird.

Und wieder einmal durfte sie in dieser Geschichte, in der sogar eine Revolution vorkommt, ihr tapferes, goldenes Herz zeigen. Shirleys einzige Sorge war, ob sie reiten konnte, egal ob mit oder ohne ihre Nonnentracht. »Ich bin hier der Esel«, sagte sie, nachdem sie zweimal in einer Woche von ihrem Reitpferd gefallen war.

Das *Time Magazin* drückte es sehr treffend aus: »Shirley MacLaines Leinwandkarriere steigert sich vom Kissen zum Laternenpfahl.« Die Tatsache, daß sie eine Nutte und keine Nonne war, war für Clint Eastwood eine größere Überraschung als für das Publikum, behauptete Jay Cocks, der Kritiker des Magazins.

Cocks war von Shirley, aber nicht von Sara beeindruckt. Und was er sagte, sollte sich dieses goldene Herz zu Herzen nehmen: »Shirley MacLaine... hat eine beachtliche Bandbreite und sehr viel Charme, aber beides ist von der ewig gleichen Art ihrer Rollen ziemlich abgestumpft worden. Und für die Zukunft steht wenig anderes zu erwarten. Nächstes Jahr wird sie für die Fernsehsaison 1971/72 eine Serie drehen, und das wird so sein, als würde sie aus der Haft ins Gefängnis gehen.«

»Ich liebe eine ganze Menge«, sagte Shirley, und es fiel einem nicht schwer, ihr zu glauben. Und doch, wenn die Leute sie bei öffentlichen Auftritten sprechen hörten, schien sie nicht gerade von Liebe durchdrungen zu sein.

Shirley MacLaine kämpfte mit einer tiefen Überzeugung und einer Zähigkeit, die manchmal irritierend wirkte. Als die Theatre Community For Peace (Theatergemeinschaft für Frieden) 1969 auf dem Times Square eine Massenversammlung abhielt, war es klar, daß Shirley dabei sein würde. Leonard Bernstein und sie teilten sich die Ehre, angegafft zu werden.

In diesen Tagen bezeichnete sie sich selbst nicht als Schauspielerin, sondern als Kommunikatorin, als Mitteilerin sozusagen – und das paßte sehr gut zu dem Buch, das gerade veröffentlicht wurde.

So wurde sie jedenfalls angekündigt, als sie in der New Yorker Madison Avenue vor den National Democratic Club Of America trat. Sie war seit hundertsiebenunddreißig Jahren die erste Frau, die dort sprechen durfte – und man kann sich vorstellen, was sie daraus machte. Shirley betrachtete es als große Gelegenheit, nicht, um für die beiden Filme Werbung zu machen, die sie praktisch hintereinander gedreht hatte, und die beide gleichzeitig veröffentlicht werden sollten – *Desperate Characters* (Verzweifelte Menschen) und *The Possession Of Joel Delaney* (Die Besessenheit des Joel Delaney) –, sondern um die amerikanischen Politiker wissen zu lassen, was sie von der Überbevölkerung hielt.

Mit dem anfeuernden Ruf »Laßt uns Windeln besteuern« forderte sie Unterstützung für Menschen, die Familienplanung betreiben wollten, und Geldstrafen für diejenigen, die das nicht taten. Sie behauptete nicht, daß die Tatsache, daß sie ihren Nachwuchs auf nur ein Kind beschränkt hatte, ihr Beitrag dazu wäre, die Welt vor dem sofortigen Untergang zu bewahren, aber man hatte verstanden, was sie meinte.

An diesem Tag im August 1971 konnte man bereits ahnen, was sie im Sommer und Herbst des folgenden Jahres tun würde. »Gott«, sagte sie, »George McGovern ist ein außergewöhnlicher Mann.« Für die meisten Leute war der Senator aus Süd-Dakota nichts anderes als ein unbedeutender Mensch, der vor der nächsten Wahl ein paar Parteiversammlungen abhalten würde. Shirley sagte voraus, daß er der Kandidat der Demokraten gegen Nixon sein würde – und sie hatte damit recht.

Den Demokraten, die an diesem Tag in New York

versammelt waren, schien es zu gefallen, wie Shirley die Welt sah, auch wenn ein paar von ihnen ihre Anwesenheit mit freundlicher Nachsicht und Shirley selbst als eine Exzentrikerin betrachteten. Sie schlug ihnen vor, sich sterilisieren zu lassen.

»Die Frage der Überbevölkerung sollte nicht alten Damen in Turnschuhen oder den Ivy League-Universitäten überlassen werden«, sagte sie. »Die Anzahl der Kinder, die man hat, hat nichts damit zu tun, wie oft man Liebe macht. Männer müssen doch keine Kinder haben, um ihre Männlichkeit zu beweisen, oder?«

Sie ritt weiter auf ihrem Steckenpferd herum – und zwar sehr viel erfolgreicher als auf den Maultieren in *Ein Fressen für die Geier*.

Wieder deutete sie an, daß Senator McGovern der Mann wäre, den sie gern eines Tages im Weißen Haus sehen würde. Senator Wer? Sogar wenn die Leute von ihm gehört hatten, sagten sie in den frühen siebziger Jahren, daß sie nicht für ihn stimmen würden. Also, warum sich darüber Gedanken machen? Der Mann und sein Wahlkampf trugen überall den Stempel »Verlierer«.

Shirley hatte eine Antwort parat. »Ist es unser Geschäft, Gewinner zu machen oder Präsidenten?« fragte sie. »Wenn ihr einen Schauspieler haben wollt, dann wählt John Wayne.« Seltsam, daß niemand Ronald Reagan vorschlug. »Wenn ihr einen Präsidenten haben wollt, dann wählt jemanden, dessen moralische Tapferkeit seiner Position entspricht. Wie auch immer, er kämpft gegen Mr. Nixon und nicht gerade gegen einen Mr. Charisma.« Shirley war sich immer noch ganz sicher, daß McGovern es schaffen würde, auch als ihm niemand auch nur die geringste Chance dafür zugestand. Seit sie den Senator 1968 bei der Parteiversammlung in Aktion erlebt hatte, war sie davon überzeugt, daß er der einzige wäre, für den sich die Leute einsetzen sollten. Er war den Idealen von Bobby Kennedy enger verbunden als jeder andere, den sie kannte. Aber wie konnte der Senator seine Botschaft den Menschen übermitteln?

Shirley wußte, daß Publicity lebenswichtig war. Darin unterstützte sie ihn auf jede ihr mögliche Weise – und ihre lobenden Worte halfen ihm sehr viel. Shirley wußte, daß McGovern unbedingt mit anderen einflußreichen Personen bekannt gemacht werden mußte – und deshalb gab sie eine Party für ihn. Es schien zu funktionieren. Viele Prominente unterstützten ihn daraufhin – und das war für Shirley Grund genug zu glauben, daß ihm die kalifornische Delegation helfen würde.

Shirleys Reden brachten ihr die Beachtung der Politiker und der Zeitungen ein. Aber es waren ihre Filme, die vom Publikum gesehen wurden – oder auch nicht gesehen wurden, wie es durchaus auch der Fall war – denn an den Kinokassen brachte sie keine sensationellen Umsätze mehr.

Aber das spielte keine Rolle für sie, wenn sie ihre Reden hielt. Sie hatte gerade einige Verträge abgeschlossen, die ihr, auf die eine oder andere Weise, sehr viel Geld garantierten, und sie brauchte eine Abwechslung. Sie konnte zu diesem Zeitpunkt nicht gewußt haben, wie sehr sie diese Abwechslung brauchen würde, wenn ihre Filmprojekte erst einmal liefen.

Im September 1970 unterschrieb sie den Vertrag für *Verzweifelte Menschen*, ein Film, den sie mit Frank D. Gilroy co-produzieren würde. *Die Beses-*

senheit des Joel Delaney stand erst später auf dem Programm.

Der Film sollte von Sir Lew Grades damaliger ATV Company veröffentlicht werden, und Sir Lew stellte auch den größten Teil des Geldes zur Verfügung. Es war eine einzigartige Zusammenarbeit, bei der beide ihre Ideen mit der Geschwindigkeit der Tennisspieler in Wimbledon austauschten.

Grade wollte Shirley für eine Fernsehserie haben. Das war etwas, über das sie sich noch nie vorher Gedanken gemacht hatte. Shirley sagte, sie würde die Serie drehen, aber nur unter denselben Bedingungen, die sie mit ihm schon für die Filme ausgehandelt hatte – nämlich mit ihr; am Filmemachen war sie jetzt nurmehr dann interessiert, wenn sie dabei als Partner akzeptiert wurde.

»Ich werde für Sie kein Fernsehen machen, ehe Sie nicht mit mir Spielfilme machen«, erklärte sie.

Sie legte ihr eigenes Gesetz fest, daß Lew akzeptierte. Er war von dem ganzen Plan völlig hypnotisiert.

»Lew und ich werden eine kleine Feier abhalten, um anzuzeigen, daß wir geheiratet haben«, lachte sie, sobald sie handelseinig geworden waren. Sir Lew übersandte ihr als Geschenk einen riesigen Farbfernseher – etwas, was im London des Jahres 1970 noch ziemlich selten war –, doch das war genauso gut ein Zeichen ihrer Verbindung, wie es ein Ring gewesen wäre.

Sie hatten vereinbart, daß sie nach dem zweiten Film die Fernsehserie drehen würde. Das wäre für Shirley dann die größte Veränderung. Noch ehe eine Kamera angeschaltet oder auch nur das Drehbuch getippt worden war, war die Serie bereits für fünf Millionen Dollar an eine amerikanische Fernsehstation verkauft worden.

»Er ist ein außergewöhnlicher Mann«, sagte Shirley über ihren neuen Partner. »Wenn er einen haben will, sagt er zu allem Ja und Amen. Auf diese Art und Weise leitet er schließlich den Laden.« Der Laden wurde tatsächlich größtenteils von ihm geleitet, obwohl sich sein Geschäftsführer noch mit Shirley herumschlagen sollte.

Wenn der Vertragsabschluß eine Heirat gewesen war, dann war das Treffen, bei dem sie beide den Gesamtplan ausarbeiteten, ein Brauttanz. Shirley berichtete von »einem wundervollen Gefühl der Übereinstimmung zwischen uns«.

Grade lud sie in sein modernes Büro ein, bestellte Kaffee, gab seiner Sekretärin den Auftrag, daß er nicht gestört werden wollte, schloß die Tür und verbrachte dann drei Stunden damit, Shirley zu erklären, was das Fernsehen seiner Meinung nach bedeutete.

Er plante eine Mammut-Serie, deren einzelne Teile auf der ganzen Welt gedreht werden sollten. Das würde zwar eine Menge Geld kosten, aber das wäre es wert. Er schaffte es, das Ganze so unwiderstehlich darzustellen, daß Shirley bereit war, einen der goldenen Füller von seinem Schreibtisch zu nehmen und sofort alles zu unterschreiben, vorausgesetzt ihre Anwälte waren mit den Einzelheiten einverstanden, was sie dann auch bald waren.

Tatsächlich war der einzige Vertrag, den Shirley hatte, nur ein Brief, den Grade in einem Flugzeug über dem Atlantik diktiert und »Lew« unterschrieben hatte.

Später sagte Shirley MacLaine darüber, daß das irgendein Lew hätte sein können. Aber das spielte keine Rolle. »Sir Lew sah die Möglichkeit, einen Fuß sowohl in den amerikanischen als auch in den internationalen Fernsehmarkt zu bekommen, und zwar mit etwas, was er schwergewichtige Stars nennt«, sagte Shirley, offensichtlich sehr geschmeichelt.

Dieser ganze Vertrag war sehr attraktiv für Grade, der den Ruf hatte, erwachsene Männer zum Zittern und Beben zu bringen. Er rauchte Zigarren, die selbst Winston Churchill als zu extravagant betrachtet hätte. Er betrat beim ersten Morgengrauen sein Büro und verließ es erst spät abends wieder und verstand nicht, daß nicht jeder diesen Lebensstil bevorzugte. Shirley MacLaine war genau sein Typ – nicht weil sie, wie die meisten Favoritinnen von Grade, nachgiebig war, sondern weil sie mitdachte und unter Umständen Widerstand leistete.

Verzweifelte Menschen, der erste der gemeinsamen Filme, besaß immer noch absoluten Vorrang. Er wurde billig – sehr billig sogar, mit einem Budget von lediglich dreihundertfünfzigtausend Dollar. Nach der Fertigstellung kostete er schließlich sogar noch fünfzigtausend Dollar weniger. Der Film wurde ausschließlich in einem Haus in Brooklyn Heights und dessen Umgebung gedreht, und Shirley trug sogar ihre eigene Garderobe. Shirley kam jeden Tag mit der Subway von ihrer Wohnung am Beekman Place ins ›Studio‹. Dieses Apartment war eine der acht Wohnungen, die sie inzwischen an verschiedenen Orten auf der ganzen Welt besaß.

Frank Gilroy war Autor und Regisseur des Films und außerdem Shirleys Co-Produzent. Doch Shirley beteiligte sich auch an der Regieführung. Dazu gab sie eine Erklärung ab, die sie jedoch keinesfalls als anmaßend, sondern lediglich als zutreffend verstanden haben wollte: »Wenn sich Künstler zusammentun, um sich etwas auszudenken, was Film genannt wird, dann sollte man ihnen auch zugestehen, daß sie genau wissen, was sie tun. Als Papst Julius ein Kunstwerk wollte, fragte er nicht lange, was sich die Jugend vielleicht vorstellte. Er engagierte Michelangelo und gab den Auftrag.«

Der Film handelte von der lieblosen Ehe eines Ehepaares mittleren Alters in New York. Für diese Rolle gab Shirley ihr ganzes überspanntes Gehabe auf und wurde sehr ernst. Dabei entblößte sie, sehr zum Mißfallen ihres Vaters, ihre Brüste und zeigte ihren Widerwillen, ihre Lebensumstände zu verändern.

Die Tatsache, daß sie an diesem Film beteiligt war, half ihr aus vielerei Gründen – nicht zuletzt auch deshalb, weil Frank Gilroy sich ursprünglich für die weibliche Hauptrolle »einen Joanne-Woodward-Typ« vorgestellt hatte. Aber er hatte in dieser Angelegenheit nicht allzuviel zu sagen. Shirley gelang es endlich, ihrem Nutten-Image zu entkommen. Sie verdiente mit diesem Film nicht sonderlich viel Geld.

Shirley sagte, sie versuche mit diesem Streifen eine Lücke im amerikanischen Film zu füllen. Den Inhalt beschrieb sie als achtundvierzig Stunden »im Leben zweier Menschen, die das Beste haben, was New York bieten kann – mit anderen Worten, es ist eine Horror-Story«.

Der Film wurde gut aufgenommen. Beim Berliner Filmfestival im Juli 1971 teilte sich Shirley den Silbernen Bären als beste Schauspielerin mit Simone Signoret, die die Auszeichnung für ihre Rolle in *Le Chat* bekommen hatte, und zwar als Ehrung sowohl für die beste Darstellung als auch für den Film selbst.

Shirleys Erlebnisse in Berlin erwiesen sich dann als ebenso aufregend wie die in Rußland. Sie machte natürlich einen Ausflug nach Ost-Berlin. Am Checkpoint Charly, an dem praktisch jeder andere Amerikaner ziemlich nachlässig durchgewunken wurde, wurde Shirley drei Stunden lang festgehalten, ehe ihr die Wachsoldaten erlaubten, nach West-Berlin weiterzufahren. Dann knöpften sie ihr zehn Mark ab und befahlen ihr, zwei neue Paßfotos machen zu lassen, ehe sie die Grenze überqueren durfte.

Sie durchsuchten ihr Gepäck und nahmen alles auseinander – einschließlich einer Tafel Schokolade, die sie sorgfältig, sehr sorgfältig auswickelten, ehe sie sie Shirley zurückgaben. Sie hielten das keinesfalls für so komisch wie sie. Das Dumme war, daß Shirley sich inzwischen ihr Haar hatte lang wachsen lassen, fast bis zu den Schultern, und das Paßfoto zeigte sie mit einer Kurzhaarfrisur. Offensichtlich hatten die Ostdeutschen ihre früheren Filme nicht gesehen.

Verzweifelte Menschen wurde als gutes Beispiel für andere potentielle Filmemacher betrachtet. Die hervorragende britische Journalistin Penelope Gilliatt schrieb im *New Yorker*: »Wenn dieser Streifen so gut ankommt, wie er es eigentlich sollte, dann ist bewiesen, daß man auch mit wenig Geld gute Filme machen kann. Romanschreiber und Poeten und Maler sind bereit, für wenig Lohn zu arbeiten – warum nicht auch die Leute, die Filme machen?«

Zu dem Zeitpunkt hatte Shirley ganz anderes im Sinn. Ihr Buch war, mit einem neuen Titel, veröffentlicht worden. *Don't Fall Off The Mountain* (Raupe mit Schmetterlingsflügeln) hatte sie in ihrer neuen Rolle als ›Mitteilerin‹ bestätigt, die die Menschen mit ihrem gedruckten Wort genauso effektiv erreichen kann wie mit ihrer Stimme.

Die *New York Times* besprach das Buch zusammen mit mehreren anderen, deren Thema der Feminismus war, obwohl der Kritiker John Leonard anmerkte, daß Shirleys Autobiographie wesentlich poetischer war als die Parolen anderer Frauen, was im Grunde genommen ein Lob war. Offenbar hatte sich ihre Sammlung von Schmierzetteln ausgezahlt. »Miss MacLaine hat keinen Ghostwriter beschäftigt und braucht auch keinen. Sie schreibt flüssig und witzig ...«

Die Zeitung wurde mit Briefen überschwemmt – einige stammten von Leuten, die der Meinung waren, es sei falsch, Platz für ein Buch zu verschwenden, das von einem Hollywood-Star geschrieben worden war. Andere beschwerten sich, daß es eine Unverschämtheit wäre, daß ein Mann dieses Buch besprochen hatte, denn nur eine Frau könnte die Psyche einer anderen Frau verstehen.

Das Buch wurde sofort ein Bestseller. Plötzlich war die Autorin Shirley MacLaine sogar noch erfolgreicher als die Schauspielerin. Man bedrängte sie unaufhörlich, sofort ein weiteres Buch zu schreiben. Das war ein Vorschlag, den sie nicht ablehnen konnte. Shirley kündigte einen Roman an, obwohl sie eigentlich noch keine richtige Idee dafür hatte.

Über ihren politischen Standpunkt herrschten keine Zweifel, und sie behauptete auch nicht mehr, daß sie kein Interesse mehr an politischen Aktionen hätte. Shirley demonstrierte gegen den Vietnamkrieg, und zusammen mit Shelley Winters und zehn weiteren ›wohl bekannten Müttern‹ rief sie die Frauen Amerikas dazu auf, den Muttertag 1970 dazu zu benützen, gegen die Ausbreitung des Konflikts nach Kambodscha zu protestieren.

Sie forderte, daß sich die Frauen des ganzen Landes sofort an ihren Kongreßabgeordneten wenden sollten, um ihren Standpunkt klarzumachen. Dabei würde zwar nicht viel herauskommen, aber Shirley und ihre Gesinnungsgenossen glaubten, daß die Politiker wenigstens aufmerksam würden.

Gegen Ende dieses Jahres forderte sie mit Bella Abzug, der wichtigsten Feministin im Kongreß – die sowohl wegen ihrer riesigen Hüte als auch wegen ihres massigen Körpers berühmt war – und der Komödiantin Joan Rivers den Bürgermeister von New York auf, kostenlose Abtreibung und Kindergärten zu ermöglichen.

Noch erfolgreicher war jedoch die Arbeit, die sie im Fernen Osten leistete. Shirley war für hundertvierzehn japanische Waisenkinder verantwortlich, die sie mit allem Lebensnotwendigen versorgte.

»Schließlich«, erklärte sie, »bin ich sehr reich.« Und abgesehen von ihren Häusern und ein paar Schmuckstücken besaß sie praktisch keine wertvollen Dinge, und sie legte auch keinen Wert auf Besitz.

Bei ihrer letzten Reise nach Indien hatte sie der fürchterliche Zustand von achtzig Kindern erschüttert, die von einem Priester vor dem schlimmsten Elend auf den Straßen gerettet worden waren. Diese Kinder gingen auf allen Vieren und bellten – denn das hatten sie von den Hunden gelernt, unter denen sie gelebt hatten. Shirley schickte ihnen Geld, erkundigte sich nach ihrer körperlichen Verfassung. Sie kannte ihre Namen und ihre individuellen Bedürfnisse. Shirley nahm solche Aufgaben noch ernster als ihre Arbeit beim Film. Was Shirley auf beruflichem Gebiet interessierte, war Regiearbeit. Sie versicherte, daß sie sehr bald selbst etwas inszenieren würde. Aber auch das war für sie nicht so wichtig wie den Armen und Heimatlosen zu helfen.

Shirley lebte weiterhin in ihrem großen Haus in Kalifornien und in ihren sieben anderen Wohnungen. War daran irgend etwas falsch? Eigentlich nicht, aber trotzdem nahmen ihr die Leute das übel. »Ich bin sehr reich«, sagte sie abermals. »Aber ich habe nicht das Gefühl, daß ich, um den Armen helfen zu können, in einem Mietblock wohnen muß. Ich möchte immer noch ein nettes Haus haben, und ich habe mir das Recht, darin zu wohnen, sauer verdient. Das müssen Sie auch in die Waagschale werfen.« Sie war der Meinung, daß sie diese »ausgeglichene Waagschale« am besten in ihrer Arbeit zeigte, von der sie »sehr reich« geworden war.

Die Besessenheit des Joel Delaney und *Verzweifelte Menschen* waren irgendwie nicht zeitgemäß, und die breite Masse konnte sich nicht begeistern. Im Gegensatz zu *Sweet Charity*, aber das verhalf *Charity* auch nicht zu einem guten Einspielergebnis.

Die Besessenheit des Joel Delaney handelte von einer verrückten, verwirrten Frau, die in New York lebte und, obwohl sie wohlhabend war, niemals genügend Geld für die Kleidung zu haben schien, die sie sich zwanghaft kaufte. Das entsprach nicht gerade Shirleys Typ. Shirley konnte sich nicht vorstellen, ein Nerz-Cape zu tragen, wie es das Script für diese Rolle vorschrieb. Die Tage, an denen sie mit einem Pelz am Flughafen Eindruck schinden wollte, waren schon lange vorbei. Aber die Frau im Film liebte diesen Nerz so sehr, sie hatte das Gefühl, darin zu leben – und beschloß, ihn den ganzen Winter über zu tragen. Die Frau läßt sich mit einer Gruppe merkwürdiger Puertoricaner ein, die an einem okkulten Ritualmord beteiligt sind und an Dingen, die Shirley MacLaine ganz bestimmt nicht guthieß. Ihr jüngerer Bruder ist der »besessene« Joel Delaney. Er sammelt Teufelsdinge, die in seinem ganzen Apartment herumliegen und zu denen auch zum Beispiel ein abgetrennter Kopf und die entsprechende Menge Blut gehören.

Auch dieser Film wurde in Manhattan gedreht, teilweise in der öffentlichen Bibliothek von New York, in der die verrückte Frau sich durch Bücher fraß, Zeitungen durchblätterte und über ihren neuen Hut nachdachte. Dabei war sie von Menschen umgeben, die wirklich nur deswegen in der Bibliothek waren, um Bücher und Zeitungen zu lesen.

Es gab Leute, die sich über Shirleys Bekehrung zur Mode den Mund zerrissen. Shirley selbst betrachtete Kleidung nur als Teil ihres Handwerkzeuges, und sie half der amerikanischen Bekleidungsindustrie.

»Das, womit du deine Haut bedeckst, zeigt, wer du bist«, erzählte sie Bernadine Morris von der *New York Times*. »Jeder von uns, der behauptet, es wäre ihm egal, was er anzieht, ist nicht ehrlich.«

Shirley war sogar fest davon überzeugt, daß sie die Persönlichkeit einer Frau aufgrund ihrer Kleidung beurteilen könnte. Als sie nach London fuhr, machte sie auch einen Abstecher in die Carnaby Street und King's Road. Die Swinging Sixties waren vorbei, und die Kleider sahen inzwischen so aus, wie Miss MacLaine es für normal hielt. Die Farben waren düster. Die Kleider bedeckten jeden Zentimeter Haut unterhalb des Nackens, und Shirley behauptete, sie wüßte ganz genau, daß bei der nächsten Wahl jeder konservativ wählen würde – und genau das traf auch ein. Es muß erwähnt werden, daß niemand daran dachte, Shirley als Prognosenstellerin zu beschäftigen, die ihr Urteil aufgrund der Mode traf, aber es wäre vielleicht eine gute Idee gewesen.

Der *Joel Delaney*-Film basierte auf einem Roman, den Shirley gelesen hatte. Sie sagte, sie betrachtete die Geschichte als »eine elegante Mischung aus psychologischen und okkulten Elementen«.

In den *Illustrated London News* bemerkte Michael Billington dazu: »Einige sehen diesen Film als politisches Sinnbild; ich sehe es als ein Stück politischen Unsinns.«

Aber für Shirley sollte er auch ein gutes Geschäft sein – wieder konnte sie in einer Privatwohnung arbeiten, dieses Mal war es ein Luxusapartment im Central Park South. Für Shirley war das Lesen einer Bilanz oder des Budgetplans eines künftigen Films auch nicht schwieriger als das Lernen eines Scripts. Wenn sie ein Buch bekam, überprüfte sie es automatisch auf seine filmischen Möglichkeiten, und wenn sie einmal beschlossen hatte, daraus einen Film zu machen, war sie imstande, fast auf den Pfennig genau auszurechen, was seine Herstellung kosten würde.

Sie gestand, daß es für sie nicht mehr so einfach war, mit Filmen viel Geld zu verdienen. Es gab keine Schecks mehr über achthunderttausend Dollar. Sie brauchte im Moment auch kein Geld, und zweifellos brachte ihr *Delaney* soviel ein, daß sie sich damit ihre nächsten Flugtickets kaufen und sich zumindest ein paar Nächte in irgendeinem Luxus-Hotel in einem fernen Land leisten konnte.

Das bedeutete aber nicht, daß sie nicht mehr als

Star galt. Das ungebrochene Interesse der Presse an ihrer Person zeigte sehr wohl, daß sie noch »in« war.

»Wenn das Wort ›Star‹ überhaupt etwas bedeutet, dann höchstens einen Anhaltspunkt zur Identifikation. Die Menschen gehen in die Filme, um Menschen zu sehen. Der Star muß etwas in seiner oder ihrer Persönlichkeit haben, auf das das Publikum anspricht.«

Als unabhängige Produzentin in den frühen siebziger Jahren zeigte Shirley MacLaine, daß sie genau wußte, wie künftig Filme gemacht wurden. Das alte System war verschwunden, und sogar die größten Stars konnten sich nicht länger einfach nur hinsetzen und darauf warten, daß man ihnen eine Rolle anbot.

Noch bezeichnender war vielleicht die Art und Weise, in der Shirley arbeitete. Für die jüngeren, nicht so erfahrenen Kollegen streifte sich Shirley den Mantel der gütigen Mutter und Lehrerin über – und übernahm die Rolle der Vermittlerin. Jetzt erkannte sie, daß die Tatsache, ein Topstar zu sein, auch Verantwortung mit sich brachte, wenigstens denjenigen gegenüber, die mit ihr arbeiteten. Aus Shirley MacLaine, dem Star, wurde Shirley MacLaine, die Lehrerin. Einer derjenigen, dem sie etwas beibrachte, war Perry King, der in diesem Film die Hauptrolle spielte und sich in letzter Zeit als Fernsehstar einen Namen machte. Perry spielte Joe Delaney, und Miss MacLaine half ihm sehr.

»Sie brachte mir sehr viel bei«, erzählte King. »Shirley ist voller Kraft und sehr dynamisch. Doch man kann keine Spielchen mit ihr spielen. Man muß sehr genau wissen, was man tut.«

Deshalb weigerte sie sich, trotz ihrer Bereitschaft, anderen zu helfen, Dummköpfe oder Nichteingeweihte bereitwillig zu akzeptieren. Wer auch immer mit ihr in Berührung kam, fand sehr bald heraus, daß eine Mitwirkung von beiden Seiten erforderlich war – egal, ob es sich um eine politische Diskussion handelte oder ob es darum ging, wie ein Film entstehen sollte. Über Themen wie Republikaner gegen Demokraten oder Amerikaner gegen Südvietnamesen zu sprechen, geschah auf eigene Gefahr.

»Wenn man sich wirklich darauf einließ, mit ihr über Politik zu reden, mußte man schon sehr gute Argumente anbieten können«, sagte King.

Zu dieser Zeit plante Shirley ihre erste Fernsehserie, »und sie hatte außerdem noch eine Million anderer Dinge zu tun. Gleichzeitig war sie auch mit der Produktion dieses Films beschäftigt. Ich konnte mich nur auf meine Filme konzentrieren«, berichtete King. »Es war kolossal, zu dieser Zeit jemanden wie sie um sich zu haben. Für mich war nur dieser Film wichtig. Keiner wußte, was zum Teufel passieren würde: Jeder war wie von Sinnen. Ich versuchte, meine Arbeit zu machen, aber das klappte nicht besonders.«

In einer dieser Situationen fühlte er plötzlich eine leichte, weibliche Hand auf seiner Schulter. »Perry«, sagte eine unüberhörbar vorwurfsvolle Stimme, »du hast deinen Einsatz verpaßt.«

King erinnerte sich, daß er »überhaupt nicht wußte, was los war.« Shirley, die sich vielleicht an ihre Probleme mit Hal Wallis erinnerte, oder an ihre Schwierigkeiten mit Hitchcock und Wyler, hatte beschlossen, ihm zu helfen. Sie wußte, daß er Mühe hatte, sie verstand, daß er verwirrt war durch die vielen Techniker und Mitarbeiter, die herumschwirrten und den Drehort wie die Grand Central Station aussehen ließen. Sie forderte, daß der Drehort geräumt wurde.

»Innerhalb einer halben Stunde gab sie mir einen detaillierten Unterricht über das Filmemachen«, erinnerte sich Perry King. »Sie erklärte mir sämtliche Techniken des Filmens. Wenn man eine Woche lang einen Film dreht, dann findet man am Ende dieser Woche vielleicht heraus, was eine Marke bedeutet. Shirley erklärte mir, warum diese Marke da war – und noch eine ganze Menge anderer wichtiger Dinge. Sie bewahrte mich davor, jahrelang lernen zu müssen. Es war eines der besten und nettesten Dinge, die mir je passierten.« King sagte, daß Shirleys Benehmen einen derart tiefen Eindruck auf ihn machte, daß er feierlich gelobte, es später einmal genauso zu machen. »Heute versuche ich mich gegenüber Anfängern genauso zu verhalten – und zwar dank Shirley MacLaine.«

Das war eine Seite von Shirley MacLaine: die hilfsbereite Shirley, die rücksichtsvolle Shirley, die Shirley, die die Anstrengungen eines Menschen respektierte, der mit allen Mitteln versuchte, in diesem harten Geschäft seinen Weg zu machen. Aber Perry sah auch ihre andere Seite. »Wenn sie das Gefühl hatte, daß jemand nicht sein Bestes gab, war sie nicht sehr rücksichtsvoll«, erinnerte er sich. »Rücksichtsvoll? Sie war sogar voller Verachtung.«

Das erfuhr der Regieassistent dieses Films. Shirley hatte das Gefühl, daß er seine Arbeit ruhig etwas enthusiastischer verrichten könnte. Shirley teilte ihm unverholen mit, was sie dachte. »Sie machte ihn einfach fertig«, erzählte King. »Aber zu mir war sie weiterhin freundlich. Ich erinnere mich, daß ich einmal genau in ihrem Scheinwerferlicht stand. Sie ging einfach um mich herum. Sie war unglaublich geduldig.«

Wenn Shirley bemerkte, daß jemand bei den Dreh-

Mit Steve zu der Zeit, als sie »Der Fehltritt« drehte.

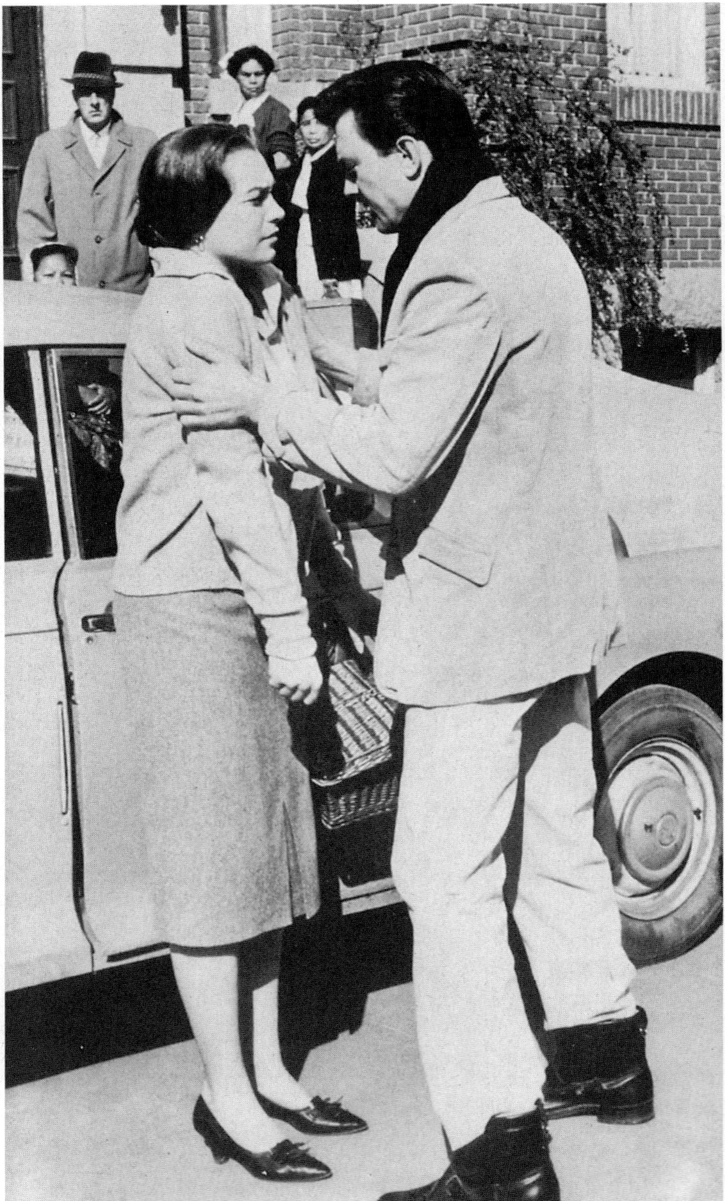

Oben: Mit Tony Franciosa und Dean Martin in »Viele sind berufen«.

Rechts: Mit Jack Lemmon in »Das Apartment« – für beide Schauspieler ein Meilenstein in ihrer Karriere.

Linke Seite: Selbst die schöne Shirley MacLaine konnte aussehen wie eine alte Jungfer, wenn es die Rolle erforderte.

Nicht nur Yves Montand war von ihr als Geisha begeistert.

Irma La Douce war die Rolle, für die sie – genau wie Jack Lemmon – am meisten recherchierte.

Links: Mit Gene Kelly in »Immer mit einem Anderen«.

Rechts: Shirley mit Anne Bancroft in »Am Wendepunkt«.

Unten: »Hey Big Spender« – die Mädchen aus »Sweet Charity«.

Sie sah sehr viel älter aus – und gewann damit einen Oscar für »Zeit der Zärtlichkeit«.

arbeiten unfreundlich zu King war, machte sie sofort klar, daß sie damit nicht sonderlich einverstanden war. Einen jüngeren, weniger selbstsicheren Schauspieler zu ärgern, hielt sie für äußerst feige, und ein Mann legte sich tatsächlich mit dem jüngsten Mitglied der Besetzung an. Shirley machte ihn fertig, wie Muhammed Ali im Ring einen Fliegengewichtler fertig gemacht hätte. Ihre Worte waren verletzender als jeder Schlag von einem Boxhandschuh. Der Mann, von Natur aus ein Rabauke, sah den Rest der Dreharbeiten über aus wie ein Schaf.

Sie nahm Perry zur Seite und gab ihm mütterlichen Rat: »Laß dich nie auf einen Kampf ein, außer es geht nicht anders – und wenn du kämpfen mußt, dann finde heraus, wie du den anderen auf der Stelle fertig machen kannst. Wenn du kämpfen mußt, dann kämpfe, um zu gewinnen.«

Es gab noch andere Lektionen für weniger erfahrene Schauspieler. Die stets geschäftige Shirley MacLaine, die inzwischen sechsunddreißig Jahre alt war, hatte die Kunst entdeckt, ihre Energien zu aktivieren. Zwischen den einzelnen Takes hielt sie ein Nickerchen. Sie fühlte sich dadurch erfrischt und war danach immer voll da, wenn der Regisseur oder der Kameramann wieder weiterdrehen wollten.

Am Ende des Films mußten Perry und Shirley miteinander kämpfen. Und wieder zeigte sich seine Unerfahrenheit. Shirleys Haarteil fiel herunter, und der Kampf wurde abgebrochen, ehe noch mehr passieren konnte. Und das sollte sehr bald der Fall sein.

Als Perry sie schlug, schlug er sie wirklich. Er bewegte sich ungeschickt, Shirley rutschte aus, schlug sich den Kopf an und verrenkte sich den Knöchel. Sie war so schlimm verletzt, daß sie sich in medizinische

Behandlung begeben mußte. Das Team war derartig in Aufregung, als wäre der Ort eben von einem Erdbeben der Stufe zwei auf der Richter-Skala erschüttert worden.

»Ich verstehe einfach nicht, warum wir keine Doubles verwenden«, murmelte ein Mann aus Lew Grades Büro, dem die Auswirkung dieses Vorfalls auf das Budget ebenso am Herzen lag wie Shirleys schnell anschwellender Knöchel.

»Es tut mir so leid, Shirl«, jammerte Perry.

»Ist schon in Ordnung«, erwiderte sie, und die Art, wie sie es sagte, klang wie eine Zeile aus einem Film, in dem sie die Heldin spielte, die gerade von einer Generaluntersuchung zurückkam und erfahren hatte, daß sie noch sechs Monate zu leben hätte.

»Ich habe sie wirklich schlimm verletzt, aber sie verlor kein Wort darüber, andere Leute hätten mich dafür fertiggemacht. So eine Erfahrung hatte ich vorher noch nie gemacht – und mit einer Frau, einer wirklichen und sehr, sehr sinnlichen Frau.«

Er hatte allen Grund, das zu denken. Denn am Schluß der Kampfszene muß der junge Delaney einen langen inzestuösen Kuß auf die Lippen seiner Schwester drücken. Die arme Shirley, nach dem Kampf fühlte sie sich viel zu zerschlagen, um das Ganze zu genießen. Aber es stellte sich heraus, daß das gar nichts war im Vergleich zu den Wunden, die sie sich in naher Zukunft einhandeln sollte.

Jetzt brauchte die »wirkliche« Frau das, was Königin Elizabeth I. oft als den Mut eines sehr starken Mannes bezeichnet hatte. Shirley war dabei, es mit Lew Grade und dem Fernsehen aufzunehmen.

9. Kapitel

Sie gab es zwar damals nicht zu, aber Shirley wußte eigentlich von Anfang an, daß das ein Spiel war, an dem sie sich nicht hätte beteiligen sollen. Ihr erster Schritt ins Fernsehen war - abgesehen vom trügerischen Schein – mehr ein Sprung ins kalte Wasser, den sie vielleicht nicht hätte machen sollen, ohne sich vorher zu informieren.

In den Jahren danach hat sie ein paarmal betont, daß sie bedauern würde, *Shirley's World*, wie die Serie hieß, gemacht zu haben. Den größten Teil der Schuld schiebt sie offensichtlich Lew Grade – der damals noch auf seine Berufung ins House of Lords wartete, die erst später kommen sollte – und Sheldon Leonard zu, den amerikanischen Produzenten.

In ihrem zweiten Buch *You Can Get There From Here* – das übrigens kein Roman war und wieder ein Bestseller wurde – scheint sie über beide ziemlich verärgert zu sein. Sie beschuldigt sie praktisch, sie zu etwas überredet zu haben, was sie überhaupt nicht wollte. Shirley schrieb, daß Grade nur einen Raum betreten mußte, um abflauende Begeisterung wieder zu entfachen. Er sagte ihr, er wolle sie einfach deshalb, weil sie so ungemein populär wäre, daß alles, was sie machen würde, Erfolg versprach – und deshalb würde er ihr auch mehr Geld bezahlen, als irgendeinem anderen Star in der Geschichte des Fernsehens jemals bezahlt worden sei.

Shirley selbst sagte, als der Vertrag kurz vor dem Abschluß stand, daß das Besondere an dem Tycoon sei, daß er ihr beigebracht hatte, ein Medium zu respektieren, das sie vorher verachtet hatte.

In der Fernsehserie sollte Shirley eine Journalistin spielen, die sehr viele Aufgabengebiete bearbeitet, die sie an die verschiedensten Schauplätze auf der ganzen Welt führen – diese Woche England, nächste Woche Japan, die Woche darauf Hongkong. Das kam natürlich Shirleys Interessen sehr entgegen. Natürlich war das eine ganz besondere Art, um die Welt zu reisen, und Shirley wußte vom ersten Augenblick an, daß es keine Erholung werden würde. Sie reiste lieber, wenn sie genau wußte, daß sie ganz allein über ihre Zeit verfügen konnte. Jetzt saßen ihr Sir Lew und Mr. Leonard im Nacken und bestimmten ihren Zeitplan. Das sollte aber keineswegs heißen, daß Shirley lediglich eine Angestellte war. Wenn Aufnahmen gemacht werden mußten, war sie es, die Anordnungen erteilte – und nicht immer war der Regisseur ihrer Meinung. Aber, wie Shirley bereits früher geäußert hatte, die besten Filme waren oft das Resultat der Zusammenarbeit zwischen dem Regisseur und dem Star – nur diese Serie gehörte beim besten Willen nicht zu den besten Filmen.

Mr. Leonard mag es nicht unbedingt notwendig erschienen sein, Qualität abzuliefern. Was er vermutlich im Sinn gehabt hatte, war, möglichst schnell möglichst viel Geld für seine Produktionsfirma zu verdienen. Wenn ihm nur annähernd der Umsatz gelingen konnte, den er mit der *Dick Van Dyke Show* und anderen Shows gemacht hatte, dann würde er mit Sicherheit wieder ein Vermögen verdienen. Was konnte bei *Shirley's World* schon schiefgehen? Shirley MacLaine war *der* Name. Jeder kannte ihn, und jeder würde sich die Serie schon allein ihretwegen ansehen.

Dazu kam noch, daß selbst die Fernsehstationen und TV-Anstalten rund um die Welt, die bislang gezögert hatten, die Serie zu kaufen, nach der ersten Folge garantiert dazu bereit wären, einen Vertrag zu unterzeichnen.

Das alles war ein riesengroßer Irrtum. Denn trotz aller Bemühungen sollte *Shirley's World* nur sehr wenig Geld einbringen. Außerdem sollte sich die Serie als Nagel für den Sarg erweisen, den sich Sir Lew Grade – den jeder bis dato als den Midas des Unterhaltungsgeschäfts betrachtet hatte – selbst zimmerte.

Die Serie hieß zunächst *The Shirley MacLaine Show*, doch der Name wurde bald in *Shirley's World* umgeändert. Eine öffentliche Namensänderung ist gewöhnlich kein gutes Zeichen für Erfolg.

Shirley war sich nicht sicher, ob sie Shirley Logan, die Fotografin, spielen wollte. Sie war sich noch weniger sicher, ob sie den ersten Entwurf des Drehbuchs akzeptieren sollte. Und dazu kam, daß sie Sheldon Leonards Schweißgeruch und die Zigarren, die er rauchte, überhaupt nicht ausstehen konnte.

Leonard mußte sie bei der Stange halten. Ohne Shirley MacLaine als Zugpferd hatte er seinen Geldgebern nichts anzubieten. Genauso wie Grade marschierte er in ihr Zimmer und überredete sie, das Angebot anzunehmen.

Die Show wurde wie ein neues Rezept von Coca Cola unter Verschluß gehalten. *Dailey Variety* bemerkte dazu: »Nur wenige Filmstars betraten in dieser Saison mit derart aufwendigem Brimborium den Fernsehboden wie Shirley MacLaine.«

Sehr bald schon warb Shirley so für diese Serie, als wäre sie die wichtigste Sache, die sie jemals gemacht hatte.

Sie betrachtete sie als eine Art Abenteuerserie, die mit Humor gewürzt war.

»Wenn ich schon in die Wohnzimmer der Leute komme, dann will ich ihnen die Welt wenigstens witzig ins Haus bringen.«

Sie ging in dem ganzen Promotionsrummel völlig auf. Und manchmal wirkte dieser Rummel etwas verzweifelt. »Wenn ich in einem Film mit zwanzig Millionen Menschen in Verbindung treten kann, dann kann ich mit dem Fernsehen hundertfünfzig Millionen erreichen. Durch das Fernsehen kann ich so viel mehr machen.« Der Wille war vorhanden, allein es fehlte der Weg – und welchen Weg Shirley auch einschlagen wollte, jeder schien blockiert zu sein.

Als sie bemerkte, daß die Serie nicht sehr vielversprechend war, gab sie in aller Öffentlichkeit zu, daß die Dinge nicht so liefen, wie sie es sich vorgestellt hatte. Sie entschuldigte sich schon im voraus – und erklärte, daß sogar solche Berühmtheiten wie James Garner und Tony Curtis auf den TV-Zug aufgesprungen wären. Sie sagte, wie die beiden würde auch sie das machen, weil es Arbeit wäre, und wer konnte schon wissen, wann sie wieder Arbeit bekommen würde? Das klang überhaupt nicht nach der Shirley MacLaine, die bis jetzt jeder Schwierigkeit die Stirn geboten hatte. Weiter erklärte sie: »Wir müssen alles tun, was in unseren Kräften steht, damit das Publikum wieder in die Kinos geht und seine Lieblingsschauspieler ansieht – und zwar in Geschichten, die den heutigen Anforderungen der Filmunterhaltung entsprechen.« Deshalb betrachtete sie ihre Fernsehauftritte als Öffentlichkeitsarbeit, um ihr Kinoimage am Leben zu erhalten. Wenn sie den Leuten in ihren Heimkinos gefiel, würden diese Leute auch dafür bezahlen, sie in Filmtheatern zu sehen.

Sie machte in der Öffentlichkeit niemanden für den Mißerfolg verantwortlich – noch nicht. Sie behauptete, daß für sie selbst das größte Problem darin bestehen würde, die Figur, die sie darstellen sollte, herauszuarbeiten. Shirley sollte jede Woche in einem neuen Film auftreten. Das war harte Arbeit, doch das Härteste daran war, daß sie an etwas mitarbeiten mußte, für das sie sich offenbar nicht im geringsten begeistern konnte.

Bezeichnend für die Art und Weise, wie die Dinge liefen, waren auch die einander widersprechenden Statements, die Shirley darüber abgab. Einmal gab sie ganz freimütig zu, daß sie lediglich daran interessiert sei, weil sie bekannt bleiben wollte, dann wiederum behauptete sie: »Ich bin aus idealistischen Gründen zum Fernsehen gegangen. Sicher, ich habe ihnen dafür eine ganze Menge Geld abgenommen. Aber finanziell bin ich auf diese Serie nicht angewiesen. Ich *muß* nicht mehr arbeiten.«

Sie wollte, daß die Serie gut werden sollte. »Aber es ist sehr schwierig, die Qualität des Fernsehens zu heben. Da gibt es den Zeitfaktor. Aber was eine viel größere Rolle spielt, die Verantwortlichen haben nur wenig Respekt vor ihrem Publikum. Ich bin mir sicher, daß die Zuschauer klüger sind, als diese Verantwortlichen annehmen. Und das sage ich als Zuschauer.«

Die Serie sollte Shirley ungefähr fünfzehn Millionen Dollar einbringen, und das war angeblich mehr, als irgendein Hollywoodstar jemals beim Fernsehen bekommen hatte. Dazu kam, daß Shirley, weil sie Lew Grades Partnerin war, auch am Gewinn beteiligt war. Folglich schien die geschätzte Einnahme von fünfzehn Millionen Dollar nicht zu hoch gegriffen zu sein. Es sollten sechsundzwanzig Folgen gedreht werden, und Sir Lews Büro teilte mit, daß es durch Verträge mit dem Ausland bereits zwei Millionen Pfund verdient hätte.

»Was bei diesem Geschäft wichtig ist«, sagte Sir Lew, »sind die Filme, die wir für das Kino machen werden. Wir haben unseren eigenen Vertrieb, das bedeutet, wenn wir einem Star eine Beteiligung am Gewinn anbieten, bekommt er auch wirklich etwas. Das wird Shirley sehr viel Geld einbringen – mehr als sie normalerweise bei einem Film verdienen kann. Das beläuft sich auf ungefähr eine Million Dollar plus zehn Prozent des Gewinns.«

Die Serie sollte von den Pinewood Studios gedreht werden, wo auch die ganzen Innenaufnahmen gemacht werden sollten. Das war wegen der Planung sehr bequem und auch wegen des luxuriösen Hauses, das Grade für Shirley in Windsor gemietet hatte.

Die Person, die sie darstellte, lebte in London und leitete dort auch so eine Art von Waisenhaus.

Die ersten drei Folgen wurden in Hongkong gedreht, das für Shirley durch die Anwesenheit des Fernsehteams geradezu entweiht wurde. Es wird behauptet, daß Shirley, als die Folgen den Chefs von ABC Network gezeigt wurden, hörte, wie die Männer murmelten, daß sie schon dankbar dafür wären, daß die Bilder scharf wären. Ansonsten war daran nämlich nichts in Ordnung. Kurze Zeit später wurden diese ersten Folgen vernichtet.

In London wurde eine neue erste Folge gedreht. Darin hatte Shirley Logan die brilliante Idee, ein Mitglied eines Männer-Clubs zu erpressen – und zwar, um ihn durch Fotos, die sie von ihm mit ein paar Stripperinnen gemacht hatte, zu einem Interview zu zwingen.

Stellen Sie sich irgendein sattsam bekanntes malerisches Motiv vor, und Sie können sicher sein, daß es in dieser Serie Verwendung fand. Man sah – natürlich – die Wachablösung vor dem Buckingham Palast, wie die Tauben auf dem Trafalgar Square auffliegen und auf Shirleys Schulter landen und sie wurde – natürlich – im Tower gefilmt.

In dieser Zeit war Shirley MacLaine Gastgeberin einer Party im Savoy Hotel, um ihr Buch vorzustellen. Das war ein derart Aufsehen erregendes Ereignis, daß nicht genügend Platz für all die Journalisten zur Verfügung stand, die daran teilnehmen wollten. Shirley schaffte es, daß sie zwischen den vielen Autogrammen, die sie geben mußte, mit einem bedeutenden Mann der Fleet Street sprechen konnte. Sie war von dem ganzen Trubel so verwirrt, daß sie ihren Füllfederhalter in das Champagner-Glas des Journalisten tauchte.

Nach England zeichnete auch Amerika ihr Buch mit einem Platz in der Bestseller-Liste aus. PEN-International, die internationale Schriftsteller-Vereinigung, wählte Shirley sofort zum Mitglied. Man kann davon ausgehen, daß diese Wahl für Shirleys Selbstzufriedenheit genauso viel wert war wie ein Oscar.

Graham Lord schrieb im *Sunday Express* über dieses Buch: »Das ist keine von den Geschichten, die viele Hollywoodstars ihren engsten liebsten Freunden erzählen würden.« Und Mr. Lord fuhr fort: »Miss MacLaines Bescheidenheit läßt vergessen, daß sie ein Star ist. Ihr Buch ist lesbar, ehrlich und menschlich.« Das schienen viele Leute, die Shirley kannten, zu entdecken, obwohl nicht jeder alle Einzelheiten kannte. Es gab Dinge in ihrem Leben, die sogar Shirley lieber verschwieg. Sie schaffte es immer noch, mit ihrem sommersprossigen Gesicht gewinnender als jeder andere zu lächeln. Aber sie konnte auch ein Pokerface aufsetzen, wenn gewisse Dinge angesprochen wurden.

Oberflächlich gesehen, gab es in London nicht viel, das sie glücklich machte. Sie wurde dort sogar ausgeraubt – und zwar zweimal. Ihr gefiel die Arbeit an *Shirley's World* immer noch nicht, obwohl es Zeiten gab, in denen sie versuchte, Spaß daran zu haben.

Ihr Partner in der ersten Folge war der britische Charakterdarsteller Ron Moody, der einen heruntergekommenen, langhaarigen Künstler spielte, dem sie ihre Unterstützung anbot. Ron, der mit seiner hinreißenden Darstellung des Fagin in *Oliver* das Publikum wieder in die Kinos gelockt hatte, sagte, daß er damals ungemein beeindruckt gewesen war, in einer Sendung, in der Shirley die Hauptrolle spielte, aufzutreten.

Er erzählte: »Ich konnte es damals genausowenig verstehen, wie ich es heute verstehe. Ich fragte mich ständig: Was macht Shirley MacLaine in einer Fernsehserie?« Das war Moodys typische Aufrichtigkeit. Sein Cockney-Dialekt drückte einen Grad von Ungläubigkeit aus, den sich nur wenige Amerikaner erlauben würden. »Ich halte sie für eine der größten Komödiantinnen der Welt, und sie macht eine Fernsehserie!« Oberflächlich gesehen, schien das genau die Meinung des Publikums auszudrücken. Warum vergeudete Shirley MacLaine ihre Zeit und ihr Talent in einem derartig gnadenlosen Medium, das andere Darsteller von Rang und Namen bei lebendigem Leib aufgefressen hatte?

Ron sagte: »Aber damals hielt ich das für ein großes Kompliment für das Fernsehen.«

Doch im Licht der Jahre, die seit damals vergangen waren, war sich Ron beider Dinge nicht mehr so sicher, weder der Show noch der Ehre, die Shirley dem Fernsehen damit erwiesen hatte. Er erzählte mir: »Von dem Tag an, an dem wir mit dem Drehen begannen, wußten wir, daß das Ganze ein schrecklicher Reinfall werden würde.«

Was Ron nicht wußte, war, was für eine Art von Mensch Shirley wirklich war. Er behauptete, daß er einfach nicht aus ihr klug wurde. »Und es gab auch keine Möglichkeit, sie zu durchschauen. Jedesmal, wenn wir uns trafen, war sie wieder eine andere Frau. Ich konnte bei ihr nie sicher sein. Ich sagte abends immer Cheerio zu ihr. Manchmal blickte sie mich dabei nicht einmal an, ganz zu schweigen davon, daß sie den Gutenachtgruß zur Kenntnis nahm oder ihn gar erwiderte. Bei anderen Gelegenheiten jedoch war sie mir gegenüber überaus herzlich. In einem Moment benahm sie sich wie eine alte Freundin, daß es fast schon peinlich wirkte. Im nächsten Augenblick war man über ihre abweisende Art erstaunt. Das brachte einen irgendwie aus der Fassung. Manchmal war sie großartig, warmherzig, charmant und richtig vertraulich. Dann wieder merkte man, daß sie nicht mit einem sprechen wollte. Trotzdem sagte sie ständig, daß sie sehr glücklich sei, mit uns arbeiten zu können. Mir ist es lieber, wenn ich weiß, woran ich mit jemandem bin. Ich mag Beständigkeit, denn das beweist einen gewissen Grad von Aufrichtigkeit. Wie soll man jemanden beurteilen können, der seine Stimmungen so oft ändert?«

Ron Moody merkte, daß die Serie nicht gut war, schon lange ehe Shirley selbst anfing, Zweifel zu hegen. »Oh«, erinnerte er sich, »trotz des vielen Geldes, das sie dafür ausgaben – und es war wirklich ein Vermögen –, wirkte die Serie billig. Es war wie *The Saint* oder *The Pretenders*. Obwohl Shirley MacLaine die Hauptrolle spielte und die Serie von Sheldon Leonard produziert wurde, jenem Mann, den ich wegen all der Gangsterrollen, die er gespielt hatte, so sehr bewunderte, trug die Serie den Stempel einer englischen Seifenoper. Das bedeutete, daß ihr der Glanz und die Aufregung fehlte, die die Amerikaner in ihre Fernsehserien hineinbringen können.«

Das war ein Punkt, der Mr. Leonard oder sogar Sir Lew zuzuschreiben war. Wie auch immer, keiner von beiden äußerte sich darüber. Was beide aber wußten, und sogar besser als Shirley MacLaine und Ron Moody, war, daß diese Serie, die von Leonard als die teuerste angekündigt worden war, die jemals produziert wurde – zu diesem Zeitpunkt garantierte sie angeblich Einkünfte in Höhe von zwanzig Millionen Dollar – in gewaltigen Schwierigkeiten steckte.

Viermal bat Shirley Sir Lew, die Drehbücher, die man ihr gegeben hatte, zu ändern. Jedesmal antwortete er ihr, daß sie das Ganze viel zu ernst nehmen würde und zu kritisch sei.

Shirley mochte die Person, die sie spielen sollte, nicht. Sie fand die Frau dumm und ihre Moral äußerst fragwürdig. Sie sollte einen Freund in London haben. Shirley meinte, das wäre soweit in Ordnung. Aber was machte sie in Hongkong oder am Mittelmeer? Shirley fand, sie sollte in jedem Hafen einen Liebhaber haben. Leonard aber, laut den Ausführungen von Shirley in ihrem Buch *You Can Get There From Here*, hatte das Gefühl, das würde sie in eine Schlampe verwandeln. Und damit wurde klar, wie weit entweder diese beiden Generationen auseinanderklafften oder wie sehr sich der Geschmack des Publikums inzwischen geändert hat. Shirley sprach die Dinge nur so aus, wie sie sie sah. Sie selbst war ja in einer ähnlichen Situation und hatte mit ihrem Mann ein Übereinkommen geschlossen, das beiden auch in sexueller Hinsicht Freiheit garantierte. Natürlich verurteilten das viele Menschen – zumal Shirley nicht mehr ganz jung war.

Sie sagte, das wäre ihre Zeit der Promiskuität gewesen. »Ich war der Meinung, daß das auf eine Frau befreiend wirken würde.« Sie hat niemals zugegeben, daß sie damit unrecht hatte, und, soweit es sie betraf, war das vermutlich auch nicht der Fall. Wenn sie einen Mann wollte, dann hatte sie gewöhnlich auch einen. Und wenn sie allein sein wollte, war sie es.

Als die erste Folge der Serie im amerikanischen Fernsehen ausgestrahlt wurde, bestätigten sich die Zweifel. Es war ein totaler Reinfall.

In *The New York Times* schrieb A.D. Coleman: »Während mein Respekt vor ihren schauspielerischen Fähigkeiten unbeeinträchtigt weiterbesteht, kann ich mich andererseits nur darüber wundern, ob dem Beruf des Fotojournalisten geholfen wird, indem man sein öffentliches Erscheinungsbild so ummodelt, daß es auf Shirley MacLaine paßt.« Und bezüglich Shirley Logans Methode, ein Club-Mitglied zu erpressen, fügte Mr. Coleman hinzu: »Wenn Miss MacLaine dem Beruf und dem Medium nicht noch mehr Schaden zufügen will, als es David Hemmings mit seinem *Blow Up* bereits getan hat, hoffe ich, daß sie alle Anstrengungen unternehmen wird, den unsäglichen Unsinn zu mildern, zu dem derartige Serien nun leider neigen.«

Doch es war zu spät.

Lew Grade war nicht daran interessiert, irgend etwas zu ändern. Er wollte sechs geplante Folgen überhaupt kippen. Sie wurden einfach zu teuer – ganz egal wie billig sie, nach Meinung von Ron Moody, aussahen.

Am 16. November 1971 wurde *Shirley's World* von ABC abgesetzt, zusammen mit *The Nanny And The Professor* und Anthony Quinns *Man And The City*. Diese beiden Serien waren am selben Abend wie die MacLaine-Show gestartet und hatten dieselben niedrigen Einschaltquoten. Seit der ersten Folge waren erst zwei Monate vergangen.

Die Neilsen-Organisation hatte angeblich – inoffiziell – behauptet, daß die Einschaltquoten bei dieser Serie die niedrigsten gewesen wären, die eine große Fernsehserie gebracht hätte, seit Neilsen ins TV-Geschäft eingestiegen war.

Sheldon Leonard versuchte den Schaden wieder gutzumachen. Vermutlich war er der Meinung, daß sich dieser Flop auf seinen Ruf als Mann mit dem »goldenen Händchen« für Fernsehserien auswirken könnte. Mit typisch amerikanischer Doppelzüngigkeit sagte er: »Grade wurde mit der Aussicht auf große Verluste konfrontiert, die man nicht wieder hereinholen konnte, und deshalb bat er die Fernsehanstalt, vorzeitig aus seinen Verpflichtungen aussteigen zu dürfen.« Was er sagte, entsprach der Wahrheit.

Sir Lew stellte die Sache folgendermaßen dar: »Von der Serie wurden ungefähr sechzehn oder siebzehn Folgen gedreht, und sie alle wurden hier (in Großbritannien) gezeigt. Um ehrlich zu sein, ich beendete sie, weil sie einfach zu viel Geld kosteten. Es wurde zu teuer, die ganzen Leute nach Hongkong, Japan, und weiß der Himmel wohin noch, zu schikken.«

Für Shirley MacLaine, die Schauspielerin, die in ihren letzten Spielfilmen mit Vergnügen riesige Budgets für Qualität und Verpflichtungen ausgegeben hatte, waren derartige Aussagen beleidigend. Sheldon Leonard kam ihrem Protest zuvor. »ABC entschied aufgrund der niedrigen Einschaltquoten der Show sehr realistisch, daß sie für den Preis, den sie dafür bezahlten, nicht das erwartete Resultat bekommen würden. Wenn die Show vielversprechender gewesen wäre, dann hätte ABC sich dazu entschlossen, sie in der Mitte des Jahres zu senden. Aber durch die extrem hohen Kosten und den nicht eindeutigen Showtyp, der sich weder zu einer Komödie, noch zu einem richtigen ernsthaften Film entwikkelte, war es nicht besonders verlockend, dafür einen anderen Sendeplatz zu suchen.«

Die Serie wurde jeweils an einem Mittwoch ausgestrahlt, und das erwies sich als schwieriger Tag für alle Programme, nicht allein nur für *Shirley's World*.

Inzwischen machte Shirley weder den Sendetermin noch ABC dafür verantwortlich.

Im Dezember 1971 verkündete Shirley Studenten

bei einem Dinner der Senior Class in Yale ziemlich grob und beleidigt: »Hollywood und das Fernsehen haben, mit sehr wenigen Ausnahmen, überhaupt keinen Bezug zur Kultur.« Sie sagte, daß sie damit ihre Regisseure und Autoren meinen würde.

Joyce Haber, die Kolumnistin der *Los Angeles Times*, die den Platz von Hedda Hopper eingenommen hatte, schrieb sehr spitz darüber: »Sie sollte besser damit aufhören, Hollywood für ihre mißlungenen Unternehmungen verantwortlich zu machen und lieber ihrer eigenen Karriere mehr Aufmerksamkeit zollen. Sie ist eine begabte Frau, deren Talente zu oft falsch eingesetzt wurden – und Talent rechtfertigt nicht, auf der Industrie herumzutrampeln, die dieses Talent genährt hat. Besonders dann nicht, wenn diese Industrie sowieso schon auf einem Tiefpunkt angelangt ist.«

Sobald die Nachricht von der Absetzung der Serie bekannt wurde, kam es zwischen Shirley und ihrem Partner Sir Lew zu Spannungen. Sie behauptete, daß er fast einen Herzanfall bekam, als klar wurde, daß die Serie ein Flop war.

Sein Gesundheitszustand war für Sir Lew genauso wichtig wie für jeden anderen Schauspieler. Wenn Grade ein Unternehmen im Showbusiness leitete, fanden sich gewöhnlich rasch Geldgeber. Aber wenn der Eindruck entstand, daß er krank war, war er bestimmt nicht mehr kreditwürdig. Vermutlich schaffte er es trotzdem, die Bedenken von Bankern einfach dadurch zu zerstreuen, in dem er in deren Zimmer marschierte.

Der Tycoon schätzte Shirleys Bemerkung nicht sonderlich und widersprach ihr sofort. »Mir ist egal, was sie sagt«, fuhr er fort. »Meine Beziehung zu Shirley MacLaine ist ausgezeichnet, so wie bei jedem anderen in diesem Geschäft ... Wir sind gute Freunde. Und was den Herzanfall betrifft, das war einfach nur ein Scherz. Ich bin der gesündeste Mann, den Sie in ganz England finden können.«

Nachdem sich die Gemüter etwas abgekühlt hatten, schien Shirley etwas nachsichtiger gestimmt zu sein. »Wissen Sie«, sagte sie, »ich liebe Sir Lew Grade. Doch es gibt Leute, die die Freiheit und das Geld, das er zur Verfügung stellt, zu ihrem Vorteil ausnützen, und so etwas ist mit unserer Show geschehen.«

10. Kapitel

Niemand war überrascht, daß Shirley MacLaine auch weiterhin mit aller Macht die Fahne für Senator George McGovern hochhielt – und anschließend zu einem wichtigen Rad in der gewaltigen Wahlmaschinerie wurde.

»McGovern«, erklärte sie eindringlich, »ist der einzige Mann, der die Wahrheit sagt. Er ist der einzige Mann, der selbst angesichts eines möglichen Verlustes von Wählerstimmen moralischen Mut erkennen läßt.«

Währenddessen erklärte sie, warum sie sich überhaupt bei dieser Wahl engangierte. Früher hatte sie laut verkündet, daß sie kein Interesse an Wahlkämpfen hätte. Sie mußte ihren Gesinnungswandel also in der Öffentlichkeit rechtfertigen.

Shirley sagte, der Grund, warum sie sich dazu hatte hinreißen lassen, wäre die Aussicht, daß Präsident Nixon drei neue Richter an den Obersten Gerichtshof berufen würde, die alle seine politische Linie vertreten würden.

Später meinte sie dann, daß sie McGovern unter den verschiedensten Gesichtspunkten sehen würde, aber nicht alle wären überzeugend genug. Doch ehe der Wahlkampf richtig in Gang kam, äußerte sie: »Meiner Meinung nach können wir nur überleben, wenn wir das tun, was wir für richtig halten, ganz egal ob es uns Stimmenverluste bei der Wahl einbringt, oder sich als Verlust an den Kinokassen erweist. Ich weiß, daß möglicherweise die ganze Arbeit, die ich für McGovern machen werde, umsonst ist, aber zumindest werde ich mir danach auch weiterhin in die Augen schauen können. Ich werde alles tun, was er will. Ich werde ihm sogar Schauspielunterricht geben, wenn er das will.«

McGovern wollte nicht – aber es wäre eine gute Idee gewesen, wenn er diesen Vorschlag angenommen hätte. Doch in diesem frühen Stadium sahen die Dinge noch recht vielversprechend aus – bis er dann, leider, den Republikanern und nicht nur den Mitgliedern seiner eigener Partei gegenübertreten mußte.

McGovern schlug seine Rivalen bei der Nominierung für die Demokratische Partei in die Flucht, und einer nach dem anderen blieb besiegt auf der Strecke: John Lindsay, Hubert Humphrey, der Präsidentschaftskandidat von 1968, Humphreys früherer Mitbewerber Ed Muskie, der beim letzten Mal einen sehr großen Eindruck hinterlassen hatte, und von einigen als das Gewissen der Partei betrachtet wurde. Eugene McCarthy, der zu Beginn der Wahlschlacht des Jahres 1968 eine sehr starke Kraft des linken Flügels gewesen war, fiel aus dem Rennen, genauso wie Ted Kennedy.

Shirley hatte Amerika mitgeteilt, daß McGovern ihr Mann wäre, und jetzt waren die Amerikaner bereit, ihr zu glauben.

Schon seit Jahren spielte das Showbusiness beim Austragen von Wahlkämpfen eine Rolle. Irving Berlin hatte Wahllieder für Eisenhower geschrieben und vorher schon für Roosevelt und Wendell Willkie. 1924 hatte Al Jolson das Loblied auf Warren G. Harding gesungen.

Shirley begab sich also auf einen ausgetretenen Pfad. Nur ihre Methoden waren neu.

Hier stand eine Schauspielerin, die oft leichte Mädchen mit dem goldenen Herzen gemimt hatte, die für den Mann, den sie als Präsidenten sehen wollte, nicht nur bei ihren Freunden um Unterstützung warb, sondern die für ihn sogar Reden hielt. Shirley war Mitglied von McGoverns kalifornischer Delegation. Aber sie war ein Mitglied, das nicht nur einen Strohhut auf dem Kopf hatte, Fähnchen schwenkte und auf dem Parteitagsgelände Luftschlangen herumwarf.

Natürlich konnte Shirley nicht wissen, was später Nixon tat, oder was bei der Watergateaffäre passieren würde. Sie war nur, wie so viele andere, mit Nixons Stil nicht einverstanden und argwöhnte, daß er einiges zu verbergen hatte. Nixon hatte vier erfolgreiche Jahre als Präsident, vor allen Dingen in der Außenpolitik, hinter sich. So hatte er zum Beispiel Beziehungen zu China geknüpft. Und doch traute Shirley ihm nicht über den Weg.

Sie mochte Nixon nicht. Aber sie mochte und bewunderte den bis dato völlig unbekannten George McGovern, und sie hatte vor, ihn mit allen Kräften zu unterstützen. Es gab Leute, die für Shirley einen Sitz im Kabinett von George McGovern sahen – vielleicht als Kulturministerin, so wie später Melina Mercouri in Griechenland – aber das strebte Shirley nicht an. Sie wollte lediglich einen Mann wie den Senator aus Süd-Dakota als Präsidenten sehen.

Die ersten Wahlgänge waren, wie üblich, in New Hampshire. Shirley zog herum und hielt Wahlreden für McGovern – obwohl der Begriff *für ihn* in den Augen ihres Publikums nicht unbedingt zutreffend war. Denn sie verwirrte dieses Publikum, in dem sie Statements abgab wie: »McGovern hat ziemlich viel Platz zwischen seinen Gedanken.« Jeder, der eine derartige Aussage ohne tiefer gehende Erklärung macht, könnte beschuldigt werden, ziemlich viel Platz zwischen seinen Ohren zu haben. Aber Shirley wußte, was sie damit meinte – McGovern sprach langsam und bedächtig, ganz im Gegensatz zu Richard Nixon. McGovern äußerte in der Eile des Gefechts keine Bemerkungen, die ihm später leid taten.

Es gab noch einige Dinge, über die sie bei ihren frühen Wahlreden sprach, die ihrer Sache nicht sehr hilfreich waren. Sie sagte, daß McGovern, im Gegensatz zu anderen Politikern, die »Bambus-Theorie« verstünde und sprach über die »angeborene Flexibilität der Asiaten.« Obwohl beide Aussagen sehr eindrucksvoll klangen, wurden sie niemals erklärt.

Shirley ließ sich durch Kritik nicht aus der Ruhe bringen. Sie sagte, sie wüßte vorher nie, was sie sagen würde, wenn sie vor ein Mikrophon trat. Es wäre auch keinem aus McGoverns Gefolgschaft jemals eingefallen, ihr vor ihrem Auftritt einen geschriebenen Text zu übergeben.

McGovern war der Mann, der wie sie die Welt verändern wollte. Und die Welt brauchte wirlich eine Veränderung.

Shirleys Reden waren wesentlich linksgerichteter, als McGovern jemals geklungen hatte, und auch das hätte für ihn gefährlich werden können, aber das spielte in Wirklichkeit keine Rolle.

An dem Tag, an dem McGoverns Kandidatur als ernstzunehmend betrachtet wurde, wurde Shirley zu seiner wichtigsten Mitarbeiterin. Über Nacht wurde sie das willkommene – sehr willkommene – Gesicht, sowohl der Demokratischen Partei als auch von Hollywood. Sie war sogar so willkommen, daß manchmal die Gefahr bestand, daß sie den Kandidaten selbst überschatten würde. Sie war überall und sprach über alles – sie griff Nixon und die Vietnampolitik, die Politik der Menschenrechte und die Frauenpolitik an. Shirley kämpfte verbissen für die Rechte der Frauen. Sie wollte die Stellung der Frau verbessern und setzte sich für die Abtreibung ein. Ihre Hauptsorge war, daß Nixon ihr und McGovern aus dieser Forderung einen Strick drehen könnte. McGovern selbst durfte sich ohnehin in keine Diskussion darüber einlassen. »Er versteht davon überhaupt nichts«, sagte Shirley. »McGovern war meiner Meinung nach«, äußerte sie, nachdem die Wahl vorbei war, »ein konservativer Farmer aus Süd-Dakota mit einem großen Schuß missionarischem Eifer. Er war und ist ganz bestimmt kein Radikaler. Sein Problem ist, daß er nicht radikal genug war. Er wollte die Abtreibung möglich machen, aber er wollte sich nicht gegen die Staatsrechte auflehnen. Er wollte, daß die Strafen für den Gebrauch von Marihuana herabgesetzt werden, aber er glaubte nicht an dessen Legalisierung.« Das war eine späte Einsicht.

Sie sagte in diesem Wahlkampf so viel über die Rechte der Frauen, daß das Risiko bestand, daß sie die Sache übertrieb.

Ihr Bruder Warren stand mit ihr beim Kampf für McGovern an vorderster Front, und das glich ihren Übereifer ein wenig aus.

Einige Kritiker behaupteten, daß die Beatty-MacLaine-Familie dem Mann, den sie gern zum Präsidenten gehabt hätten, zu nahe auf den Pelz rückte. Damit zeigt sich mal wieder, daß man es nicht jedem immer recht machen kann.

Zusammen mit Warren, Jack Nicholson und Dustin Hoffmann war Shirley eine der berühmten Platzanweiser bei einer Massenversammlung im Madison Square Garden, bei der der Sitzplatz hundert Dollar kostete. Dieses Spektakel wurde von einem Besucher zum ›Rock'n'Rhetoric‹ ernannt.

Als McGovern im Juni 1972 ein Kriegsverteranen-Hospital in Newport, Long Island, besuchte, war Shirley auch dabei. Ein betagter Patient fragte sie flüsternd: »Was haben Sie von June Haver gehört?«

Ein anderer erzählte Monate danach jedem, der es hören wollte: »Ich habe mit Shirley MacLaine geschlafen.« Wäre sie tatsächlich so weit gegangen, um Stimmen für den Senator aus Süd-Dakota zu bekommen? Natürlich nicht, aber sie hatte sich tatsächlich auf das Bett dieses Mannes gesetzt und ihre Füße hochgezogen.

»Mach den Leuten die Hölle heiß, Shirley«, rief ihr ein anderer neuerworbener Fan zu.

»Ich mach' die Leute lieber auf George heiß.« Scheinbar war das genau das, was die Menge hören wollte. Ganz sicher war es das, was George hören wollte. Shirley MacLaine war sein bester Aktivposten. Sie hätte genausogut auch sein Untergang sein können, denn man hätte ihn verdächtigen können, sich mehr mit den Filmstars als mit Politik zu beschäftigen. Aber dafür gab es keinerlei Anzeichen.

Für Shirley waren es stets die Angelegenheiten der Frauen, die ihre größte Aufmerksamkeit beanspruchten. Shirley sagte zu den applaudierenden Delegierten bei der Podiumsdiskussion für die Wahlversammlung in Miami Beach, daß das Fortpflanzungssystem einer Frau nur diese Frau und ihren Arzt etwas anginge, oder die Personen, die diese Frau deswegen zu konsultieren wünsche, aber daß es kein geeigneter Punkt für die Wahlkampagne eines Präsidenten ist.

Shirley sang Loblieder auf McGovern bei jedem, den sie traf. Für ihre mächtigen Freunde in Hollywood und für all die anderen Menschen, die sie in den Jahren vorher kennengelernt hatte, hatte sie nur eine einzige Botschaft: McGovern ist der Mann, der Amerika am meisten nützt.

Aber ihre Kontakte waren eigentlich nur unbedeutend. Wesentlich wichtiger waren die Männer und Frauen auf den Straßen Amerikas, zu denen sie sprach. Das scheint für einen Star nicht ganz einfach zu sein. Wohin Shirley auch ging, sie war sofort von einer Menge umringt. Doch dieses Mal hatte nicht der Star eine Botschaft zu verkünden, sondern die Bürgerin Shirley Parker. Es war bemerkenswert, daß sie, trotz des ganzen Werberummels, der bei ihren Auftritten veranstaltet wurde, tatsächlich immer ungeschoren davonkam.

Shirley Parker sah überhaupt nicht wie Shirley MacLaine aus. Sie trug keinerlei Make-up – und wer hätte schon jemals von einem großen Filmstar ohne Make-up gehört?

Drei Monate reiste Shirley herum, sprach mit Menschen und fragte sie, was sie sich von einer neuen Regierung erwarteten. Sie sagte, daß diese Menschen ihr alle dieselbe Antwort gegeben hätten: »Mir liegt nur daran, mein Stück vom großen Kuchen zu bekommen.«

Also mußte sie helfen, den Kuchen zu verteilen, und ihn vorher so backen, wie sie es wollte.

1972 war das Jahr, in dem der »Clan« auseinanderbrach – und zwar aus rein politischen Gründen. Zum einen waren Shirley MacLaine und der »Vorsitzende« auf völlig gegensätzlichen Seiten. Zusammen mit Dean Martin und Sammy Davis jr. schlug sich Frank Sinatra voll und ganz auf die Seite von Richard Nixon. Nicht einmal ihre uralten Freunde Sinatra und Konsorten konnten Shirley beeinflussen. Zusammen mit ihr unterstützten auch Prominente wie Woody Allen, Billy Eckstein, Jack Lemmon – keineswegs überraschend – Burt Lancaster, Richard Widmark und Ryon O'Neal McGovern. Sogar Frank Sinatras Tochter Tina bekannte sich zu McGovern.

Aber mit dem »Vorsitzenden« und folglich gegen Shirleys Intention, standen Fred Astaire, Hoagy Carmichael, Glenn Ford, Zsa Zsa Gabor, James Stewart, Charlton Heston, Fred MacMurray und, natürlich und unvermeidlich, John Wayne.

Es ist interessant, daß Shirley, wenn sie jetzt vorgestellt wurde, als »Schauspielerin und Autorin« betitelt wurde. Und diese Berufsbezeichnung kam mit ihren politischen Aktivitäten nicht ins Gehege – im Gegenteil, sie machte sie nur noch glaubwürdiger.

Nachdem sie ihre Freunde aus dem Showbusiness mit ihrem Kandidaten bekannt gemacht hatte, war Shirley mehr und mehr damit beschäftigt, die Kampagne auf solide Beine zu stellen. Sie veranstaltete Parties, die McGovern Geldspenden bringen sollten, und stellte immer wieder seine Vorzüge heraus und verlieh ihm damit den Glanz, den er selbst nicht ausstrahlte.

Was auch immer man über Richard Nixon sagen konnte, auch er verbreitete nicht unbedingt Glamour. Aber er hatte eine mesmerisierende Kraft – und das beunruhigte Shirley. Er kam bei den jungen Leuten an, und das bedrückte sie noch mehr. »Kein Wunder, daß Nixon will, daß das Wahlalter auf achtzehn Jahre herabgesetzt wird», sagte sie damals. »Die Jungen haben genauso viel Angst wie die Alten. Der Großteil der jungen Leute klammert sich immer noch an das alte Wertesystem. In Kansas sah ich, wie sie Nixon stehend Beifall gespendet haben. Ich sah, wie sie das gleiche für Bobby Kennedy taten. Sie scheinen einfach auf Präsidenten abzufahren.«

Jetzt wollte Shirley, daß sie auf *ihren* Präsidentschaftskandidaten abfuhren, aber es sah nicht so aus, als könnte sie Erfolg haben.

Im Spätsommer 1972 sah sie dann, wie ihr Traum zumindest teilweise wahr wurde. George McGovern wurde nominiert. Trotzdem fielen gleich von Anfang an Schatten auf seine Kandidatur, die während der Vorwahlen niemals ganz verschwanden.

Zuerst schlug Edward Kennedy, der jetzt der Erbe seiner Brüder war, das Angebot, als McGoverns Vizepräsident zu kandidieren, aus. Danach wurde Thomas Eagleton aufgestellt und mußte wieder zurücktreten, nachdem bekannt wurde, daß er in psychiatrischer Behandlung gewesen war. Als schließlich Sargent Shriver die Kandidatur als Vizepräsident übernahm, hatte die Demokratische Partei schon einen irreparablen Schaden erlitten.

In ihrem zweiten Buch schreibt Shirley, daß MacGovern zwar Eagleton öffentlich seine volle Unterstützung angeboten hatte, aber privat mit allen Mitteln versuchte, ihn loszuwerden.

Während des Parteitages selbst sah Miami Beach so hinreißend aus wie nie zuvor – und, das muß man sagen, auch Shirley hatte nie zuvor so bezaubernd ausgesehen. Sie war zwar inzwischen siebenunddreißig Jahre alt und mit ihrem schlichten schwarzen Kleid und ihrem Haar, das ihr bis zur Taille herabfiel, wirkte sie einfach überwältigend. Sie war von einer Direktheit, die sogar bei einer Shirley MacLaine bislang unbekannt war.

Zusammen mit ihrer Freundin Miss Bella Abzug wurde sie Vorsitzende des McGovern-Shriver National Advisory Council. Und wieder wurde die Frage gestellt: Warum bewirbst du dich nicht selbst um ein Amt? Die Antwort, die sie dem *Playgirl*, einige Zeit, nachdem die Sache eine Angelegenheit für die Geschichtsbücher geworden war, gab, lautete, daß das so sein würde, als würde sie Sex verwenden, um den Leuten ihre politischen Grundsätze schmackhaft zu machen, und dazu könnte sie sich nicht überwinden.

»Ich glaube, daß ich eine recht gute Stimmenfängerin bin. Sie brauchen eine Frau, eine gutaussehende Frau, um die Tatsache zu vertuschen, daß sie keine Frauen in der Partei haben. Doch diesen Kompromiß kann ich nicht eingehen.« Shirley MacLaine war sehr daran gelegen, einen der wichtigen Grundsätze der amerikanischen Verfassung zu verteidigen. »Wenn es auf diesem Planeten jemals eine kolonisierte Rasse gegeben hat, dann ist es die Rasse der Frauen. Das steht außer Frage.« Sie war und blieb eine Kämpferin für die Frauenbewegung. »Eines der Hauptziele der Bewegung sollte es sein, nicht nach dem Recht zu jammern, von dem Kuchen genauso viel wie die Männer abzubekommen, sondern sie sollte sich dafür stark machen, einen völlig neuen Kuchen zu backen.« Inzwischen benahm sich Shirley so, als läge der neue Kuchen bereits auf dem Tablett.

Sie tat alles, um die momentane Situation zu verändern: »All diese unaufhörlichen Anstrengungen, um noch mehr Geld nach Hause zu bringen, damit man eine fröhliche Nummer schieben kann – dadurch werden die Frauen zu Prostituierten und die Männer zu ihren Zuhältern. Erst wenn sich das Wertesystem vom Konzept des Besitzens wegbewegt... ich glaube, erst dann werden wir uns auf eine natürliche Gleichheit zubewegen.«

Der texanische Gouverneur Preston Smith hielt in Austin eine Rede, in der er sagte, daß er Shirley gerne zur Ehrenbürgerin seines Staates machen würde.

Eine Ehre? Nicht für Miss MacLaine. »Wenn ich das nächste Mal in Texas bin«, sagte sie, »hoffe ich, daß ich diese Auszeichnung von Cissy Farenthold bekommen werde.« Die Kongreßabgeordnete Farenthold hatte vergeblich für das Amt des Gouverneurs kandidiert. Der Gouverneur, der genau fühlte, wie wertvoll es war, in diesen Zeiten Shirley MacLaine auf seiner Seite zu haben, antwortete: »Miss MacLaine und ich, wir sind beide Demokraten. Das bedeutet aber nicht, daß ich mit dem, was alle anderen Demokraten meinen, einverstanden bin.«

Das Schlimmste, was man zu Shirley sagen konnte, war, daß sie politisch oder in ihrem Beruf versuchen würde, in der Männerwelt Fuß zu fassen.

»Die einzige Welt des Mannes, die ich kenne«, erklärte sie, »ist das Männergefängnis.«

Sie meinte, daß sie das alles in ihrem nächsten Buch darlegen würde, das »wesentlich herausfordernder« sein würde als das erste, das sie, wie sie jetzt zugab, herausgebracht hatte, ehe es fertig war. Über ihr nächstes Buch sagte Shirley: »Es wird nicht von Politik handeln, denn da trügt der Schein.« Andere Leute hatten das auch schon festgestellt.

Wenn es nicht so eine Knochenarbeit gewesen wäre, hätten vielleicht manche Leute glauben können, daß Shirley bei dieser Wahlkampagne nur ihre Reiselust befriedigen wollte.

Sie hielt Reden und arbeitete bis in die frühen Morgenstunden. Shirley wurde von unzähligen Fernsehstationen in Kleinstädten interviewt. Das ist der Beweis für die Hingabe, mit der sie sich im Herbst des Jahres 1972 ihren politischen Aktivitäten gewidmet hat. Und sie fand immer die richtigen Worte – so sagte sie zum Beispiel: »Hm, hier riecht's lecker nach Kuchen«, als sie zu einem Mittagessen einer Frauenversammlung erschien.

Dieser Duft und die Reaktion darauf brachte Mr. McGovern ungefähr tausend Stimmen ein. Es gibt nichts, was weibliche Teilnehmerinnen lieber hören, als wenn man sagt, daß das Produkt ihrer Kochkünste duftet. Angesichts dessen waren alle anderen Dinge unwichtig, und Shirley, das ausgebuffte Schlitzohr, wußte das ganz genau.

Sie hatte sich so sehr dem politischen Spiel verschrieben, daß sie jetzt behauptete, sie wäre sich gar nicht sicher, ob sie eine Rückkehr in die Unterhaltungsbranche überhaupt in Betracht ziehen würde. irgendwie war dem Showbusiness der Glanz abhanden gekommen. Die Wahlkampagne war für sie eine Möglichkeit, in der Öffentlichkeit »aufzutreten« und gleichzeitig etwas zu erreichen. Es schien die Sache wert zu sein, denn sie bekam einige der besten Kritiken ihres Lebens.

Das *Newsweek* Magazin lobte sie: »Sie war beredsam, ausdrucksstark – und auch elegant. Sie sieht bei ihren Wahlreden reizend aus, sie klingt hinreißend und entläßt wohlformulierte Sätze aus ihrem höchst ausdrucksvollen Mund. Ihre Sommersprossen reflektieren das Sonnenlicht, und das Sonnenlicht scheint wie ein gigantischer Scheinwerfer nur für sie da zu sein.«

Shirley war mehr Politikerin als jeder Politiker. Niemand unterstellte ihr, daß sie sich selbst für das Präsidentenamt bewerben würde, aber wenn der Wahlkampf der Demokraten jemanden hätte anbieten können, der nur halb so attraktiv wie sie gewesen wäre, dann hätte das Resultat vermutlich völlig anders ausgesehen.

Shirley mochte McGovern, doch für die meisten Amerikaner – und die Umfragen ließen das schon lange vor dem Wahltag im November erkennen – war er immer noch farblos und hatte nur wenig von dem Charme.

Auch Shirley wußte das. »Ich habe lieber einen Kandidaten, der murmelt, als einen Kandidaten, der mordet«, sagte sie damals. Das hätte durchaus als Angriff auf Richard Milhous Nixon gewertet werden können, doch zum Glück für sie und für ihren Kandidaten kümmerte sich Mr. Nixon nicht um diese Äußerung.

Shirley sagte, daß der Präsident ein »Gauner« wäre. Wenn man abermals in Betracht zieht, daß die Watergateaffäre noch nicht stattgefunden hatte – abgesehen vom nächtlichen Einbruch –, könnte diese Bemerkung heute als prophetisch angesehen werden.

Doch die Dinge entwickelten sich ganz und gar nicht so, wie Shirley es sich wünschte. Sie beklagte sich, daß McGovern nicht methodisch genug vorging, daß er zu ihr etwas sagte und zu seinen Helfern etwas ganz anderes. In ihrem Buch schrieb sie, daß ihr am meisten Sorgen machte, daß er sich in Gegenwart von Frauen so unbehaglich fühlte. Das war für sie natürlich ein weiterer Grund für ihn zu arbeiten, ein weiterer Abgrund, über den sie ihn geleiten mußte.

Shirley war auf Stimmenfang und sammelte Geld. »Mit jedem, der für unseren Wahlkampf fünftausend Dollar stiftet, fahre ich nach Acapulco«, sagte sie bei mehr als nur einer Gelegenheit – und bei mehr als nur einer Gelegenheit wurde ihr Angebot angenommen. Doch sie hielt nicht Wort. Manchmal wurde ihr offensichtlich doch klar, daß mehr auf dem Spiel stand, als nur die Wahl eines Präsidenten der Vereinigten Staaten von Amerika.

Ihre Einfälle waren klug und wohldurchdacht. Ein derartig heikles Angebot schadete, im Ganzen gesehen, überhaupt nicht. Sie versicherte sofort den weiblichen Wählern, daß sie dieses Angebot niemals in die Tat umgesetzt hätte. Sie wollte damit nur zeigen, daß sie zwar Master, aber nicht Mistress des Sexspiels war. Und das wiederum machte den Männern Spaß, die befriedigt waren zu wissen, daß Shirley sowohl für einen Flirt als auch für einen Klaps zu haben war; diese Frau war eine Frau für alle Gelegenheiten.

Andere Leute bezweifelten, daß McGovern der Mann war, der das Banner der Demokraten wirklich hochhalten konnte. Konnte so ein Mann tatsächlich in die Fußstapfen der Kennedys treten?

Wie Bobby Kennedy, sprach auch Shirley von einer sanften Gesellschaft. »Ich halte das nicht für idealistisch«, sagte sie. »Ich halte das nicht für naiv. Ich halte das nicht für unpraktisch. Und ich glaube fest daran, daß ein George McGovern nötig ist, um das Werk zu vollenden.«

Wieder einmal hatte sie Punkte gesammelt, die im Grunde genommen George McGovern zugute kamen.

»Als Künstlerin interessieren mich die Gefühle der Menschen«, sagte sie in New Jersey, »als Künstlerin muß ich die Gefühle der Menschen, die ich in meinen Filmen darstelle, studieren. Ich denke, als Künstlerin habe ich das Vorrecht, einen besonderen Einblick in die Art, wie Menschen leben, zu erhalten und auf die Kernfragen unserer Zeit einzugehen.«

Ein Pluspunkt dafür, daß sie eine Künstlerin war, ein weiterer Grund für George McGovern, beim nächsten Treffen einen dicken Kuß auf die MacLainsche Wange zu drücken. Auch das brachte ihm mehr ein, als stundenlang über Haushaltsdefizite oder nukleares Wachstum zu reden. Natürlich machten sich die Leute auch darüber Gedanken, aber die Stimmen kamen von jenen, deren Politik in der Entscheidung besteht, ob sie nun eine große oder eine kleine Tüte Popcorn kaufen, wenn sie ins Kino gehen.

»Mein Eindruck von Amerika ist der«, sagte Shirley, »daß die Menschen verwirrt sind, daß sie ängstlich sind, daß sie wütend sind über die Art und Weise, wie ihr Land regiert wird.«

Und dann kam das Urteil, auf das die Demokratische Partei gewartet hatte, klar und nachdrücklich erklang es: »Shirley MacLaine gibt keine Vorstellung, sondern reagiert instinktiv auf die Angst Amerikas, und zwar auf positive Weise durch politische und soziale Aktivitäten.«

Das hieß aber nicht, daß Shirley im Verlauf dieses Wahlkampfes überhaupt keine Vorstellungen gab. Zusammen mit Chita Rivera, Gwen Verdon und Cass Elliott von den »Mamas und Papas« ging sie im Madison Square Garden bei einer anderen Frauenversammlung auf die Bühne und sang und tanzte.

Mrs. Rose Kennedy, die Vorsitzende des Kennedy-Clans und – wie manche meinten – auch der Partei, führte die Liste der auserwählten Gäste an und George McGoverns Ehefrau Eleanor trat zum ersten Mal nach schwerer Krankheit während des Wahlkampfes in der Öffentlichkeit auf.

»Für George McGovern zu stimmen, bedeutet«, wurde dem Publikum im Madison Square Garden erklärt, »daß man hinterher niemals sagen muß, daß es einem leid tut.«

Shirley war sich jedoch nicht immer sicher, was sie zu welchem Publikum sagen sollte – und manchmal mußte es ihr hinterher durchaus leid tun. Manchmal waren ihre Entschuldigungen sogar schwerer zu akzeptieren als die ursprüngliche, eher milde Beleidigung.

Bei einem Treffen farbiger Frauen sagte sie: »Was George McGovern von uns verlangt, ist, daß wir uns unsere Geldgier abgewöhnen.«

Das war natürlich ein Fehler. Anschließend wurde ihr von einer der Organisatorinnen dieses Treffens mitgeteilt, daß die Schwarzen keineswegs auf ihren Anteil an den Gütern dieser Welt verzichten wollten.

Shirley hatte nicht über »die Geldgier« einer wichtigen Wählergruppe nachgedacht. Um das Ganze noch schlimmer zu machen, erklärte sie, daß sie nicht verstehen würde, was überhaupt schiefgegangen wäre. Sie hatte sich lediglich mit »einem Meer von Hüten mit Früchten drauf« gegenübergesehen. Die Frauen, zu denen sie sprach, betrachteten sich als Ehefrauen von erfolgreichen Männern der Mittelklasse. Sie legten keinen Wert darauf, daß jemand sie für Teilnehmerinnen eines Erweckungsgottesdienstes hielten.

Natürlich interessierte man sich in dieser Zeit nicht nur für die politisch engagierte Shirley MacLaine. Man wollte wissen, wann sie ihren nächsten Film machen würde. Man fragte sie nach Warren und, natürlich, nach ihren Ansichten über sexuelle Moral. »Ich verteidige sexuelle Freiheit auf allen Gebieten«, sagte sie. Ob sie McGovern mit solchen Antworten tatsächlich nützte, sei dahingestellt.

Es gab immer noch Leute, die davon überzeugt waren, daß sich Shirley über kurz oder lang selbst um ein Amt bewerben würde, vielleicht um einen Sitz im Senat, möglicherweise auch um den Gouverneursposten, der 1974 frei wurde.

Nein, widersprach sie, sie würde so etwas nicht einmal in Betracht ziehen. Shirley MacLaine war keine Jane Fonda, die intrigierte und kämpfte. »Ich habe *innerhalb* des Establishments gearbeitet«, erklärte sie, als die Wahl nur noch eine Erinnerung war, »und das werde ich auch immer tun. Ich sehe mich selbst nicht im Rampenlicht stehen und sagen: Jetzt werde ich euch mal mitteilen, was bei euch nicht stimmt.«

Um weiter bei McGoverns Wahlkampf mitmachen zu können, lehnte sie drei Filmangebote ab. Doch sie blieb mit dem, was offensichtlich einmal ihr Beruf *gewesen* war, in Berührung. In einem Flugzeug nach New Mexico traf sie Marlon Brando. Sie gab später zu, daß sie allen Mut zusammenraffen mußte, aber sie ging zu ihm hin und sagte ihm, daß sie seinen Auftritt in *Der letzte Tango von Paris* für das Beste hielt, was sie jemals gesehen hatte. Marlon Brando war so schüchtern, daß er tatsächlich errötete.

Shirleys Zeitplan war inzwischen so vollgestopft, daß sie manchmal nicht nur vergaß, in welcher Stadt sie sich befand, sondern auch nicht wußte, welches Datum man schrieb.

Als McGovern an einer Versammlung der Stahlarbeiter in Atlantic City, New Jersey, nicht selbst teilnehmen konnte, vertrat ihn Shirley. Die Erleichterung und die Begeisterung waren unüberhörbar. Es war ihr bester Auftritt als Zweitbesetzung seit *Picknick im Pyjama*. Sie sagte den Arbeitern, daß MacGovern ihr Mann wäre, und daß er sich um ihre nächsten Lohnvereinbarungen kümmern würde – und setzte hinzu, daß er sich natürlich große Sorgen machen würde über den Druck, dem die Ehefrauen der Arbeiter durch deren Beruf ausgesetzt wären.

Bei der Wahl des Jahres 1972 sollten zwar Industriearbeiter in Scharen die Demokratische Partei verlassen, aber man kann nicht wissen, wieviel schlimmer die Situation geworden wäre, wenn Shirley nicht da gewesen wäre, um zu Gruppen wie den Stahlarbeitern in Atlantic City zu sprechen. Sie spendeten ihr stehend Beifall.

Aber bei der Präsidentschaftswahl reichten die Stimmen hinten und vorne nicht. George McGovern wurde von Richard Nixon geschlagen, der wiederum nicht einmal zwei Jahre später von Watergate erschlagen wurde und dadurch zum ersten amerikanischen Präsidenten wurde, der zurücktreten *mußte*. Aber nicht nur deswegen und wegen all der Tonbänder, die den Skandal offenkundig machten, war er in aller Munde.

Nixon hatte eine ganze Liste von Feinden. Die umfaßte eine Gruppe von Leuten, darunter zahlreiche Hollywoodstars wie Gregory Peck, die er auf keinen

Fall um sich haben wollte. Auch Shirley stand auf dieser Liste. Viermal durchwühlte der CIA ihre Wohnung in New York, aber viermal mußten die Agenten zugeben, daß sie nichts Diskriminierendes hatten finden können. Diese Aktionen vergrößerten Shirleys Zuneigung für den Geheimdienst keineswegs.

Und doch fuhr Shirley 1973 nach Washington und nahm an Nixons Amtseinführung teil. Als ihr Vater davon erfuhr, sagte er, er wäre sehr erfreut darüber, daß Shirley endlich doch noch klug geworden wäre. Doch Shirley hatte anderes im Sinn. Sie wollte das Lager des Feindes beobachten und herausfinden, wie dieser Feind einen derart überwältigenden Sieg hatte erringen können. Die Antworten waren keineswegs befriedigend. Und das war vielleicht das Traurigste an der ganzen Sache. Shirley hatte hart für diesen Wahlkampf gearbeitet – härter, als sie es sich möglicherweise vorher vorgestellt hatte – und trotzdem muß einiges schiefgelaufen sein.

11. Kapitel

Es war nicht einfach, über die Wahlniederlage hinwegzukommen. Der Beginn des Jahres 1973 machte die Ereignisse der Kampagne und die blauen Flekken, die sie auf Shirleys Psyche hinterlassen hatten, ganz bestimmt nicht ungeschehen.

Sie fuhr weiter fort, »Tricky Dicky« Nixon zu bekämpfen. Als er nach Hollywood kam, um an einem Galadiner teilzunehmen, das vom amerikanischen Filminstitut im Februar 1973 zu Ehren von John Ford gegeben wurde, schlug Shirley – neben einigen anderen Stars – vor, ihm keinen begeisterten Empfang zu bereiten. Der Präsident setzte sich zu diesem Zeitpunkt gerade für den Plan einer bundesweiten Zensurbehörde ein, die vom Kongreß verabschiedet werden sollte. Shirley sagte, daß die Filmindustrie dieses Vorhaben mit allen Kräften bekämpfen sollte.

Zwischen dem rechten und dem linken Flügel der Filmhauptstadt kam es zu lautstarken Auseinandersetzungen, dazwischen stand der AFI-Präsident George Stevens jr., der darum bat, Nixon, dem man Achtung zollen sollte, nicht zu verärgern.

Als Resultat boykottierte die Hälfte der Hollywood-Gemeinde das Ereignis, einschließlich Katharine Hepburn und Barbra Streisand, aber Shirley wurde dafür beschimpft.

Charlton Heston, der Vorsitzende der AFI, erklärte beißend: »Die AFI hat Besseres zu tun, als sich mit Politik abzugeben – an John Ford wird man sich noch erinnern, wenn der Name Shirley MacLaine schon lange vergessen sein wird.«

Shirley nahm das recht gelassen hin. Sie konnte sich, wie sie sagte, nicht einmal dazu bringen, Nixon zu hassen. Das brachte ihr zwar ein paar Probleme, aber sie mußte damit fertig werden.

Jetzt mußte sie sich etwas einfallen lassen, wie sie sich das alles von der Seele schaffen konnte. Sie schrieb darüber. Sie redete darüber. Sie entschloß sich, nach China zu reisen und lebte das verrückte, wilde Leben, das die Leute eigentlich von ihr erwarteten.

Shirley selbst war nicht der Meinung, ihr Leben wäre wild oder auch nur ungewöhnlich. Der Frau, die sich noch nie für Schmuck begeistern konnte, gefielen ein paar Diamanten, die sie in einem Schaufenster sah. Sie ging in den Laden, um sich nach dem Preis zu erkundigen – neuntausendeinhundert Dollar. »Viel zu teuer«, sagte sie. »Die kann ich mir in Hongkong für tausend Dollar nachmachen lassen.«

Tatsache war, daß sie das wirklich konnte. Shirley MacLaine wußte über derlei Dinge eine ganze Menge. Wenn sie gewollt hätte, hätte sie ein Beratungsbüro speziell für wirtschaftliche Unternehmungen aufmachen können. Mit Shirley MacLaine, Schauspielerin und Autorin, war nicht zu spaßen.

Wenn sie in ein Kleidergeschäft ging, musterte sie derart fachmännisch das Angebot, daß die Verkäufer zu flüstern anfingen. »Sind Sie in der Modebranche?« wurde sie einmal von einer Verkäuferin gefragt.

»Stoffe«, antwortete Shirley in einem Ton, als würde sie eine Ein-Wort-Rede in einem neuen Film halten. Die Frau fragte nach ihrem Namen. »Mrs. Sam Parker aus Beverly Hills«, antwortete sie. »Oh«, staunte die Frau und war fast überzeugt davon, sie schon einmal gesehen zu haben.

Mrs. *Sam* Parker? Was war mit Mrs. *Steve* Parker? Sie und Steve standen zwar regelmäßig miteinander und mit Sachi in Europa in Verbindung, aber jeder von den beiden lebte sein eigenes Leben.

Shirley hatte, wie schon gesagt, beschlossen, nach China zu fahren – nicht nur, um ihre Reiselust zu befriedigen oder die chinesische Mauer zu sehen; dieses Mal hatte sie einen offiziellen Auftag.

Das Mädchen, das *Irma la Douce* und *Sweet Charity* gespielt hatte, war von Chiao Kuan Hua, dem Außenminister der Volksrepublik China, eingeladen worden, weil er glaubte, daß das ein Weg wäre, den Menschen von Amerika zu zeigen, wie das echte China war. Der Glaubensbote des Kommunismus hatte die kapitalistische Waffe der Werbung und Kommunikation entdeckt und wollte, daß Shirley ihm half, die Botschaft seines Landes zu verbreiten.

Shirley war nur zu bereit, ihm dabei zu helfen. Ein Jahr vor der Wahl hatte sie die Situation in China betrachtet und anschließend verkündet, daß sie von den Dingen dort sowohl fasziniert als auch verwirrt wäre.

Sie konnte nicht verstehen, warum Präsident Nixon nach Peking fahren wollte, warum Tschu En Lai ihn überhaupt einladen wollte, und warum der Präsident die Einladung annahm. Jetzt hatte sie Gelegenheit, das selbst herauszufinden.

Die Bedingungen dieser Reise wurden bei etlichen

Gesprächen festgelegt. Shirley wurde nicht einfach nur als Einzelperson eingeladen. Die Idee des Außenministers war, daß sie eine Delegation von Amerikanerinnen anführen sollte, die zu Hause von ihren Erlebnissen in China berichten sollten. Shirley hatte vor, einen Dokumentarfilm über diese Reise zu drehen.

Insgesamt sollten sich zwölf Personen auf den Weg nach China machen: acht Delegierte und vier Filmleute.

Obwohl Shirley Männer liebte, ihre Begleitung und die sexuellen Annehmlichkeiten schätzte, genoß sie auch die Gesellschaft von Frauen. Shirley wollte das gewaltige, riesige Land auf der anderen Seite des Ozeans sehen und gleichzeitig etwas für die Frauenbewegung tun.

Shirley sollte voll des Lobes über die Arbeit, die die chinesischen Frauen leisteten, nach Amerika zurückkommen. Sie hatte selbst gesehen, daß die Frauen in diesem Land mit den Männern gleichberechtigt waren.

Wie die meisten anderen Leute, hatte auch Shirley von den Ärztinnen, den Ingenieurinnen, den Landarbeiterinnen in China gelesen. Aber nun konnte sie auch die praktischen Auswirkungen der echten Emanzipation kennenlernen.

Gleichzeitig konnte Shirley auch mehr über das Leben der chinesischen Frauen herausfinden – wie machten sie das alles? Verloren sie durch ihre Arbeit ihre Weiblichkeit? Wie kamen sie mit ihren Familien zurecht? Gab es nicht doch unüberwindliche Schwierigkeiten einfach deshalb, weil sie eben doch Frauen waren? Wie hatten sie es geschafft, die abergläubischen Bräuche zu überwinden, die lange Zeit Teil des chinesischen Lebens gewesen waren?

Das waren die offenkundigen Fragen. Die Probleme, denen sich Shirley und die anderen elf Frauen gegenübersahen, waren nicht immer die, die sie erwartet hatten.

Als gefragt wurde, warum sie ihrer Meinung nach als Anführerin der Delegation ausgewählt worden war, antwortete Shirley auf eine rätselhafte Art und Weise, die den Chinesen sicher gefallen hätte: »Wer weiß schon, aus welcher Richtung der chinesische Wind weht? Vielleicht bin ich nur eine gute Propaganda.«

Das war natürlich genau das, was sich die Chinesen erhofften, und es war die Art von Antwort, die sie eigentlich nicht hätte geben sollen, doch es gab damals überraschend wenig Beschwerden darüber. Noch ehe sie überhaupt an dem Ort angekommen war, der früher die Verbotene Stadt genannt wurde, sagte Shirley Dinge, die dem gesamten rechten Flügel des Establishments von Hollywood die Haare zu Berge stehen ließen. »In China ist die Gleichberechtigung der Frauen eine offizielle Tatsache, eine akademische Tatsache. In Amerika haben wir das nicht erreicht.«

Wenn schon Shirleys frühere Handlungen – nämlich ihre Ehe mit Steve, ihre ausgedehnten Reisen, ihre Arbeit für George McGovern – für einen weiblichen Filmstar ungewöhnlich waren, so war doch nichts davon vergleichbar mit dieser neuen Rolle, auf die sie sich eingelassen hatte.

Was in den Augen der Amerikaner als etwas ziemlich Verdächtiges begann, wurde innerhalb kurzer Zeit eine Angelegenheit, die Bewunderung hervorrief. Obwohl Shirley und ihre Reisegruppe nach China gefahren waren, um Informationen über das

Land zu sammeln, wurde doch sehr schnell klar, daß sie ja umgekehrt auch Botschafter für Amerika waren.

Wenn Shirley eine derartige Reise fünfzehn Jahre vorher unternommen hätte, wäre sie sofort aus Hollywood hinausgeworfen worden. Doch trotz Richard Nixon, der schwankend auf seinem Stuhl im Oval Office im Weißen Haus saß, hatten sich die Zeiten geändert. Der Präsident selbst war einer der ersten gewesen, der auf seinen eigenen Reisen nach China das Hohelied der Entspannungspolitik gesungen hatte.

Wie schon gesagt, sahen die Amerikanerinnen die chinesischen Frauen in den Docks die Kräne bedienen und in den Fabriken harte Arbeit verrichten. In einem Krankenhaus beobachteten sie Operationen – darunter auch einen Kaiserschnitt, bei der als einzige Betäubung Akkupunktur verwendet wurde.

Vor der chinesischen Mauer machte sich Shirley einen Spaß daraus, Präsident Nixon nachzuäffen – und nahm damit keinerlei Rücksicht auf die diplomatische Höflichkeit, die besagte, daß man im Ausland nicht die eigene Regierung angreift. Sie sagte: »Das ist eine große Mauer. Das amerikanische Volk ist ein großes Volk.« Ganz egal, ob ihre chinesischen Gastgeber wußten, was sie damit meinte, oder nicht, sie klatschten jedenfalls höflich Beifall.

Die Delegation besuchte Handelsmessen und Kinderheime.

Die Frauen dieser Gruppe waren über einige Dinge verschiedener Meinung, und manche Diskussionen wurden sogar ziemlich heftig. Sie lernten Tschu En Lai kennen, der ihnen sagte, daß sie sich erst selbst erkennen müßten, um die anderen Menschen, die sie sahen, schätzen zu können. Die Frau des Premierministers ordnete an, daß die Kameras diesmal auf Shirley und ihre Begleitung gerichtet werden sollten.

Shirley war von China beeindruckt. In Shanghai nahmen sie an einem Treffen des Revolutions-Komitees der Volkskommune teil. Shirley war erstaunt, daß von den Intellektuellen erwartet wurde, Seite an Seite mit den Landarbeitern zu arbeiten. Sie sagte, daß es ihr leid täte, den chinesischen Geist nicht fotografieren zu können.

Shirley war begeistert und gleichzeitig verwirrt. War die Chinareise ein Erfolg? Oder war sie nur einfach ein gewaltiges Propaganda-Unternehmen gewesen?

Shirleys Film erwies sich als gewaltiger künstlerischer Erfolg. Er ließ zwar nicht die Kinokassen klingeln, aber das hatte auch niemand erwartet, doch Paramount war stolz darauf, diesen Streifen als seinen Beitrag zur Völkerverständigung zeigen zu können.

Im Mai 1974 wurde der Film bei den Filmfestspielen in Cannes gezeigt. Shirley fuhr nach Cannes, erzählte der Weltpresse von ihren wundervollen Erfahrungen, die sie in China gemacht hatte, und lobte ihre Co-Regisseurinnen Claudia Weill und Aviva Slesin, die den Film zusammen mit ihr geschnitten hatten.

»Ich versuche immer noch herauszufinden, warum ich in China so glücklich gewesen war«, sagte sie im September 1974 dem *Playgirl* Magazin. »Der Kommunismus«, fügte sie hinzu – und bei diesen Worten drehte sich Senator McCarthy garantiert im Grabe um – »ist weder negativ noch unterdrückend, noch unbeugsam.« Wenn sie mit chinesischen Frauen sprach, dann immer nur mit einem Lachen.

Shirley war von den Unterschieden betroffen, vor allen Dingen soweit es Sex anbetraf. In China gab es keinen vorehelichen Geschlechtsverkehr. Kein Mensch hatte Affären – das unterschied sich sehr von den Zuständen vor der Revolution, denn damals gingen in Shanghai die teuersten Prostituierten der Welt ihren Geschäften nach. »Im alten China bedeutete sexuelle Freiheit allein die sexuelle Freiheit des Mannes – und deshalb die sexuelle Ausbeutung der Frauen.«

Ein anderes Mal sagte sie, was sie in China am meisten beeindruckt hätte, wäre, daß jeder dort eine innere Kraft zu haben und zufrieden zu sein schien. »Natürlich herrscht dort kulturell gesehen Wüste, ohne Freiheit im Ausdruck, ohne Auseinandersetzungen in Kunst, Philosophie und Gedanken. Und für eine Individualistin wie mich, die die Hälfte der Zeit nur deshalb anderer Meinung ist, um anderer Meinung zu sein, ist das sehr hart. Freiheit, wie wir sie verstehen, hat es in China niemals gegeben, und deswegen versuche ich auch weiterhin den Begriff Freiheit zu deuten.«

Sie war nicht der Meinung, daß sie jetzt alt wurde, doch sie dachte, daß sie bald ins Klimakterium kommen würde, und das empfand sie als recht angenehm. Sie wartete darauf, daß »endlich die Sauerei jeden Monat« aufhörte. Zumindest erzählte sie das dem *Playgirl* Magazin.

»In dieser Gesellschaft kann man nicht vergessen, daß man vierzig ist«, sagte sie in einem Interview mit dem *Ladies Home Journal*. »Das lassen sie nicht zu. Aber das kümmert mich nicht. Um Zahlen habe ich mich noch nie gekümmert. Ich hatte immer das gegenteilige Problem, nämlich nicht ernst genommen zu werden, weil ich so jung aussah und so eine jugendliche Natur habe. Ich mußte immer sagen: »Halt, warten Sie eine Minute, Mister, ich bin vierzig Jahre alt. Nehmen Sie mich gefälligst ernst.«

Darüber hätte sie sich keine Gedanken zu machen brauchen. Die Leute nahmen sie schon seit langem ernst – und das war, trotz allem, sehr schwierig. *Alles*, was sie tat, war im Grunde genommen Allgemeingut gewesen, und das war wirklich überraschend für eine Schauspielerin, die inzwischen mit Schauspielerei oder Auftritten im üblichen Sinne so wenig Zeit verbrachte.

Nachdem sie die Reise nach China gemacht hatte, gefilmt hatte, darüber gesprochen hatte, schrieb sie jetzt auch noch darüber. Diese Reise und der McGovern-Wahlkampf waren die Hauptthemen ihres Buches *You Can Get There From Here*, das die *New York Times*, unter anderem, enthusiastisch besprach.

»Sie sind eine ausdrucksstarke, kluge Weltenbürgerin, die genauso gut schreibt, wie sie spricht«, schrieb Mel Gussow. »Man weiß, daß diese Guerilla-Reisende bald wieder unterwegs sein wird, eine weitere *Shirley's World* erforschen wird und ein weiteres Buch, in dem ihr eigenen lebhaften, unangepaßten Stil schreiben wird.«

Andererseits schrieb Jean Zorn, eine Universitätsprofessorin an der Universität von Papua, Neu Guinea, in einem anderen Artikel in dieser Zeitung, das Buch sei eine »Enttäuschung«. Sie behauptete, es wäre »so wie einer dieser Elliott Gould-Filme, die mit allen möglichen gegensätzlichen Themen beginnen, aber stets mit Der-Junge-bekommt-das Mädchen aufhören«.

Shirleys Film *The Other Half Of The Sky* wurde

auch nicht generell gutgeheißen. Doch das ist leicht zu verstehen.

Die *Times* war über diesen Dokumentar-Film empört. Walter Goodman behauptete, er wäre »Propaganda« und das hätte er nicht erwartet. Shirley ärgerte sich nicht nur über diesen Artikel, sie rief auch den Herausgeber an – dessen war sie durchaus fähig, wie inzwischen wohl jedermann wußte –, und sie schrieb selbst einen Artikel.

Propaganda sei etwas, erklärte sie, mit dem man nicht übereinstimmte – was viele andere Protagonisten, um nicht zu sagen Propagandisten, genau wissen sollten.

»Nicht nur, daß unsere Regierung sich auch der Propaganda bedient, nein, auch unsere nicht von der Regierung gesteuerten Mittel der Kommunikation werden davon infiltriert ...« – Und auch der Zeitung selbst wusch sie gehörig den Kopf. »... Obwohl die *Times* einen durch und durch konservativen Mann wie William Safire anstellen kann, um die Ansichten des Establishments zu verteidigen, hat sie bis jetzt noch keinen reinen Sozialisten oder Kommunisten angestellt.« Sie gab zu, daß es in Hollywood vielleicht sogar noch schlimmer sei. »Es wäre sehr schwierig, einen einzigen amerikanischen Film zu finden, in dem der Held ein Sozialist ist. Es hat Tausende von Bullen, Cowboys und Mafiosi gegeben – die alle den Begriffen Eigentum und Wettbewerb Ehererbietung zollen –, aber es gab nie einen Film über Eugene V. Debs, niemals einen amerikanischen Film über Sacco und Vanzetti ... Wieviel Folgen der Serie *The FBI* sind im Fernsehen gelaufen, in denen man Edgar J. Hoover sehen konnte, wie er seine Privatakten über amerikanische Kongreßmänner anlegte, oder das Telefon von Martin Luther King abhörte ... ?«

In dem sie das schrieb, tat Shirley MacLaine sowohl den Medien als auch der Filmindustrie einen großen Gefallen. Sie weckte damit ihre Gewissensbisse. Schon bald sollten sich die Dinge radikal ändern, und Hollywood sollte die Geschichte des Watergate-Skandals verfilmen, sowohl fürs Kino als auch fürs Fernsehen; die McCarthy-Ära wurde auch in vielen Serien und halbdokumentarischen Filmen sehr anschaulich ins Gedächtnis zurückgerufen; Edgar Hoover und seine diversen Aktivitäten sollten einer sehr genauen Untersuchung unterzogen werden; das Laster der Korruption auf beiden Seiten der amerikanischen Industrie wurde später ebenfalls in diesen Strudel gezogen. Die Ergebnisse waren zwar nicht immer völlig zufriedenstellend, aber kein Mensch konnte sich weiterhin beschweren, daß die Konflikte ignoriert würden.

Falls Shirleys Artikel etwas mit dieser Änderung zu tun hatte, dann hatte sie einen bemerkenswerten Beitrag geleistet.

Goodman hatte sich über die lächelnden Kinder in Shirleys Chinafilm aufgeregt.

»Es war absolut wichtig, in meinem Film Kinder zu zeigen«, erwiderte Shirley. »Schließlich bestand unsere Delegation ausschließlich aus Frauen. Unter anderem hofften wir, auch herauszufinden, wie die Chinesen ihre Kinder erziehen. Wir wollten sehen, ob wir von ihnen irgend etwas lernen könnten, was wir auf unsere Erziehungsmethoden in Amerika anwenden konnten. Einige Frauen unserer Delegation waren von dem, was sie sahen, beunruhigt, andere waren ziemlich bewegt. Aber die Kinder schienen glücklich zu sein. Ich sah keine Kinder, die mit den Ratten und dem Unrat aufwachsen mußten, wie ich es in Brownsville, in der South Bronx oder in Newark gesehen habe. Ich sah keine Kinder, die im Alter von dreizehn Jahren ins Krankenhaus gebracht werden mußten, weil sie eine Überdosis Heroin genommen hatten.«

Man muß nicht extra betonen, daß diese Dinge, wenn es sie in China gab, von Shirleys Reisegesellschaft sicher ferngehalten worden wären – genauso wie amerikanische Gastgeber chinesische Besucher davon abgehalten hätten, die Ratten in Brownsville, der South Bronx oder in Newark zu besichtigen.

Aber es war durchaus vernünftig zu glauben, daß es derartige Probleme in China nicht gab. Die Reisegruppe war tatsächlich beeindruckt, und Shirleys Film vermittelte diese Eindrücke sehr anschaulich.

Shirley sagte, sie und ihre Gruppe hätten ein Land besucht, »in dem jedermann, mit dem ich in Kontakt kam, einen wichtigen Beitrag für die Allgemeinheit leistete. Wir kehrten alle mit dem Gefühl zurück, daß auch wir etwas tun sollten«. Obwohl die Kollektivierung die persönliche Freiheit des einzelnen offensichtlich beschnitt, glaubte Shirley, daß Amerika einiges von China lernen könnte.

Shirleys wichtigste und überzeugendste Aussage in ihrem Artikel in der *New York Times* aber war, daß sie nicht nur nach China gegangen war, um alles gutzuheißen, sondern auch um Kritik zu üben. »Ich reiste nach China, um meine Erfahrungen zu machen. In der Sowjetunion und in den kommunistischen Polizeistaaten von Ost-Europa war ich von der Paranoia, von der unausgesprochenen Brutalität und dem Gefühl von alles durchdringender Angst und

Unterdrückung entsetzt.« Diesen Eindruck hatte sie in China nicht, obwohl es keine Garantie dafür gab, daß das Land in Zukunft nicht auch diesen Weg einschlagen würde – doch es gab ja auch keine Garantie dafür, daß nicht auch die Vereinigten Staaten eines Tages diesen Weg gehen würden.

»Man kommt aus China zurück und stellt fest, daß Sartre mit seinem Ausspruch, daß es nichts gibt, was der menschlichen Natur vergleichbar wäre, vielleicht recht gehabt hat. Man fragt sich: Fühlen die Chinesen wirklich die Hoffnung und Liebe und Freundlichkeit und Heiterkeit, die man dort sieht, oder sind sie nur darauf konditioniert, das zu führen? Gleich darauf denkt man: Fühlen wir uns wirklich frei, oder sind wir nur darauf konditioniert, an den Mythos der Freiheit zu glauben?«

»Der Mythos der Freiheit«? Das klingt tatsächlich nach einer Art von Konditionierung – aber Shirleys philosophische Erörterungen waren sicher nicht mehr als ein Gedankenspiel. Shirley war ein viel zu listiger Vogel, um sich in der Falle der Gehirnwäsche zu verstricken.

Ihr Chinafilm erregte öffentliches Interesse. Die *New York Times* druckte Leserbriefe darüber ab.

Peter Rupert Lighter schrieb aus Princeton, New Jersey: »Nachdem ich auf Kanal 13 die Ausstrahlung von Shirley MacLaines chinesischer Phantasie-Geschichte ertragen mußte, fühle ich mich dazu gezwungen, meinen Ansichten darüber Ausdruck zu verleihen. Obwohl ich in keiner Weise eine wissenschaftliche Präsentation der derzeitigen Gegebenheiten in diesem Land erwartet hatte, war ich doch offengestanden schockiert von der erstaunlichen Unwissenheit der Reisegruppe über China und von der daraus resultierenden groben Verzerrung der Situation ... Miss MacLaines schändlicher Film und dessen erschreckende, unkritische Meinungsmache werden noch auf breiter Basis bloßgestellt werden.«

Es bestand jedoch kein Zweifel daran, daß ihre Ansichten sogar vom sogenannten Establishment respektiert wurden – und diese Leute wollten sie persönlich darüber reden hören. Kingman Brewster, der Präsident der Universität von Yale, bat sie, vor der Abschlußklasse eine Rede zu halten. Das Thema blieb ihr selbst überlassen. Sie entschied sich für »Die persönliche Freiheit.«

Und was ist mit Hollywood? wurde sie gefragt. Shirley antwortete, daß es den Anschluß an die zeitgenössische Kultur verloren hatte. Einige Leute warfen ihr vor, daß sie die Hand beißen würde, von der sie so großzügig gefüttert worden war. »Aber überhaupt nicht«, antwortete sie, »ich bin ein Produkt von Hollywood. Dieser Ort bot mir Arbeit, und ich hatte die Chance, herauszufinden, welche Position ich in meinem Beruf einnehme. Alles, was ich will ist, an der Weiterentwicklung mitzuwirken.«

Jeder, der einen Beruf ausübt, hat das Recht, seine Meinung über diesen Beruf zu äußern. Und Shirley tat mit ihren Bemerkungen eigentlich nur ihr Interesse an der Filmbranche und der Kultur kund. Doch – und da stimmten ihr ihre Fans zu – sie war zu lange von der Bildfläche verschwunden gewesen.

In dem Augenblick, in dem China abgehakt war, ihre Schreiberei und der Film darüber erledigt waren, wollte sie wieder die Shirley MacLaine sein, an die sich ihre Zuschauer vielleicht erinnerten.

Das Willkommen, das sie erwartete, war außergewöhnlich herzlich.

12. Kapitel

Es sollte eine andere Shirley MacLaine, Beruf Darstellerin, werden. Sie hatte sich in den Kopf gesetzt, eine Darstellerin mit einem großen »D« zu werden, eine Bezeichnung, die man den Bezeichnungen »Schauspielerin« und »Autorin« hinzufügen konnte.

Sie war davon überzeugt, daß das Showbusiness die Gesellschaft widerspiegelte. Darum war auch *No, No Nanette* so gut angekommen. Amerika steckte mitten in einer neuerlichen Depression, und Ruby Keelers Tanzen bewies, daß die Leute auch heute die Art von Flucht wollten, die sie schon bevorzugt hatten, als die Wallstreet »zusammengebrochen« war.

Der Film *Love Story* deprimierte Shirley. Er war für sie ein Symbol der kranken Gesellschaft. Sie bezeichnete den Film als »warmen Sirup, der über meinen Rücken rinnt«. Nun, sie hatte nicht vor, sich auf derlei Geschäfte einzulassen. Sie hatte nicht die Absicht, eine *Love Story* im Shirley MacLaine-Stil zu drehen.

Doch das war kein Entschluß, den sie ausschließlich der Emanzipation zuliebe faßte. Wie Shirley schon sagte, eine der Ironien des wachsenden Fortschritts, den die Frauen politisch errungen hatten, war, daß die Zahl von interessanten Frauenrollen abnahm. Und tatsächlich sollte es von Shirley noch nicht so bald einen neuen Film geben. Aber sie machte sich wirklich wieder an die Arbeit, und zwar ganz gehörig; und in einem Medium, in dem sie sehr lange Zeit nicht mehr aufgetreten war. Zum ersten Mal seit *Picknick im Pyjama* ging sie wieder auf die Bühne zurück.

Sie versprach, der Star zu werden, über den am meisten gesprochen wurde, und zwar in Las Vegas – in jener Stadt, die ihre früheren »Clan«-Partner Frank Sinatra und Dean Martin mehr oder weniger zu der ihrigen gemacht hatten.

Zwei Fragen tauchten bei der Ankündigung, daß der Showroom des MGM Grand Hotels künftig bei den Klängen von ›If They Could See Me Now‹ erbeben würde, sofort auf: Warum tat Shirley das? Und *was* genau hatte sie vor?

Sie tat es, weil sie seit Jahren darum gebeten wurde, auf einer der Bühnen in Las Vegas aufzutreten. Und sie wollte tanzen und singen und Witziges aus ihren Filmen und über die Leute, die sie kannte, erzählen.

Aber Shirley machte es sich nicht leicht.

Die Hotels entlang des berühmten »Strip« hatten Shirley seit Jahren gebeten, ja fast angefleht, dort aufzutreten. Sie hatte immer abgelehnt. Der Grund dafür war einfach – sie hatte Angst davor. Aber im Juli 1974 lautete ihre Antwort ja.

Sie behauptete immer, daß es ihre Beine gewesen wären, die sie dazu gebracht hatten, mit vierzig Jahren diesen Schritt zu unternehmen. Fünf Jahre lang hatte sie immer Hosen getragen und völlig vergessen, wie ihre Beine aussahen. Dann sah sie sich diese Beine eines Tages zufällig im Spiegel an und entschied, daß man so etwas den Leuten nicht vorenthalten durfte. Und jetzt sollten die langen Beine wieder auf der Bühne zu sehen sein.

Für manche Zuschauer war die abendliche Unterhaltung eine reine Zugabe zu den Spielen, die sie den Tag über hatten, für andere war es der Höhepunkt des Abends. Selbst ein sehr guter Entertainer, auch diejenigen, die bereits weltweit als Stars akzeptiert wurden, mußte in Las Vegas beweisen, daß er oder sie etwas ganz Besonderes ist. Shirley bewies es – und gestand dann, davon überraschter zu sein als jeder andere.

Mit Überraschung reagierte tatsächlich der Großteil des Publikums, das sie im MGM Grand Hotel sah. Zwar hatte Shirley in *Sweet Charity* getanzt und gesungen, und ein paar erinnerten sich auch noch an ihren Cancan, aber für die meisten war Shirley MacLaine eigentlich »nur« eine Schauspielerin.

Viele Prominente aus dem Showbusiness saßen im Zuschauerraum, um Solidarität zu demonstrieren. Sinatra war da, genauso wie Sammy Davis jr. Am dritten Abend kam auch Warren Beatty und sagte, daß er so viel Angst um seine Schwester hätte, daß er darauf vorbereitet sei, sich vor lauter Verlegenheit unter dem Tisch zu verkriechen, und sein Gesicht unter dem knisternden weißen Tischtuch zu verstekken. Das brauchte er nicht zu tun. Er jubelte Shirley zu.

Die Anwesenheit der berühmten Kollegen machte Shirley natürlich besonders nervös. Sie wußte, daß sie es mit ihnen aufnehmen konnte – doch sogar, wenn das nicht der Fall sein sollte, wollte sie unbedingt in dieser Show auftreten. Das Mädchen, das damals die Rolle der Cinderella nicht bekommen hatte, konnte sich gar nicht anders verhalten. Mit

Tanzen hatte sie angefangen, und mit Tanzen wollte sie Erfolg haben. Die neue Show sollte sowohl ihre Ambitionen unter Beweis stellen, als auch eine Rückkehr zu ihren Wurzeln darstellen.

Als Shirley in ihrer Garderobe saß und vor lauter Lampenfieber so zitterte, daß sie einen gebrochenen Knöchel gar nicht bemerkt hätte, war es, als hätte sie ihr ganzes Berufsleben lang nichts anderes getan. Die Filme, die Wahlkampagne, der Trip nach China und all die anderen Reisen, das waren weit entfernte Dinge, die jemand ganz anderem passiert waren.

Steve war nicht anwesend, aber sie hatte auch keinerlei Veranlassung anzunehmen, daß er kommen würde. Sie sagte zwar nichts darüber, aber dieses Kapitel war beendet.

Shirley hatte plötzlich angefangen, sich für die Reinkarnation zu interessieren. War jeder Mensch schon einmal auf der Erde gewesen? Starben Menschen wirklich? Wenn an Wiedergeburt wirklich etwas dran war, dann war diese Tänzerin in Las Vegas in ihrem vorherigen Leben bereits Dutzende Male die Prima Ballerina in weltberühmten Tanzgruppen gewesen und obendrein vielleicht auch noch eine Jazz-Königin der zwanziger Jahre.

Wie auch immer ihre vergangenen Leben ausgesehen haben mochten, Shirley verließ sich nicht darauf, daß ihr das weiterhelfen würde. Sie trainierte für ihre neue Rolle genauso hart wie für *Sweet Charity* und widmete sich dem Ganzen fast genauso fanatisch wie ihrer Wahlkampagne oder der Reise nach China.

Ihre Erfahrungen in China hatten sie gelehrt, daß sich Menschen gemäß ihren Fähigkeiten einsetzen müssen. Sie arbeitete so hart, wie es ihr Körper und ihr Geist ertrugen – um ihre eigenen Fähigkeiten einzusetzen. Und das war in jeder Beziehung so anstrengend, wie sie es vorausgesehen hatte.

Bis zum Beginn der Show verging kein Tag, an dem sie nicht am Strand joggte. Durchschnittlich lief sie jeden Morgen fünf Meilen und trainierte ihren Körper auch auf andere Weise.

Shirley heuerte die besten Leute an, um mit ihnen zu arbeiten – und zwar auf eigene Kosten, deshalb hatte sie auch dem Angebot des MGM Grand Hotels zugestimmt. Es war das Beste, was ihr hatte passieren können. Sie brauchte das Geld zwar vermutlich nicht, um essen oder reisen zu können. Aber es bestand kein Grund dafür, warum sie Geld verlieren sollte, weil sie Leute einstellte wie Cy Coleman, ihren Mitarbeiter aus *Sweet Charity*-Tagen, den Produzenten Bud Welles und Alan Johnson, der die höchst verantwortungsvolle Rolle des Choreographen übernahm. Shirley sollte als Tänzerin beurteilt werden, und als solche sollte man sich auch später an sie erinnern. Sie hatte sich Johnson von Anne Bancroft »ausgeliehen«. Das war ein kluger Entschluß. Denn wenn ihre berühmten Beine überhaupt Eindruck machen sollten, dann mußten sie mehr sein als nur zwei sehr hübsche Anhängsel. Sie meinte: »Ich glaube, daß die Leute etwas Gutes zu schätzen wissen, wenn man es ihnen präsentiert. Mist zu produzieren, erfordert weder Anstrengung noch Geld oder Liebe.«

Shirley versprach Liebe, und Liebe war es auch, was das Publikum von ihr erwartete. Doch auch das Geld war wichtig. Shirley stellte einen Juristen an, der ihre geschäftlichen Angelegenheiten betreute. Sie war ihr eigener Manager, sie wußte über sämtliche Aktiva Bescheid und auch darüber, wie man sie verbessern konnte.

Doch sie erkannte sehr richtig, daß die besten Aktiva im Juli 1974 ihr Publikum und ihre Beine sind.

Shirley plauderte mit ihrem Publikum zwischen ihren Tanz- und Singnummern. Sie erzählte ihnen von den Charakteren, die sie im Film am liebsten darstellte – den Nutten. Sie sang ›Irma la Douce‹, was sie ja im Film nicht hatte tun können, und trug dazu, genauso wie im Film, ein enges Korsett und eine pompöse Perücke.

Sie kam nur einmal auf die Emanzipation zu sprechen, erzählte tragikomische Geschichten von Frauen, die so oft vorgegeben hatten zu lieben, daß sie es dann schließlich in Wirklichkeit nicht mehr konnten.

Sie sang ›If They Could See Me Now‹ und verließ die Bühne – aber nur zum Scherz. Sie sagte ihrem Publikum, sie wüßte, daß sich die Zuschauer gefragt hatten, was sie denn auf dieser Bühne machen wollte, diese Schauspielerin, die auch in China eine Produktionsfirma hatte. Nun, jetzt wüßten sie es, und sie könne heimgehen. Die Zuschauer waren begeistert.

Jeder große Entertainer konzentriert sich auf eine bestimmte Person im Publikum. Dadurch entsteht das gewisse Etwas zwischen Entertainer und Zuschauern. Shirley sprach jede Nacht dieselbe Person an – einen Autor namens Pete Hamill. Shirley hatte gerade eine sehr tiefe, leidenschaftliche Liebesaffäre mit ihm.

Peter beobachtete jede Bewegung, die Shirley machte, und wie Steve bei *Picknick im Pyjama* gab auch er ihr großzügig seine Ratschläge. Er übersandte ihr regelrechte Mitteilungen. »Die zweite Tänzerin auf der linken Seite muß sich unbedingt schneller bewegen ...«

Die Show war genauso, wie es sich Shirley erträumt hatte. Und auch Pete war begeistert. Warren war auch sehr davon angetan, aber aus ganz anderen Gründen.

Zum zweiten Mal in seinem Leben war er unglaublich stolz darauf, wie seine Schwester auf der Bühne auftrat. Als sie sich das letzte Mal getroffen hatten, hatte er geglaubt, sie hätte sich körperlich gehenlassen. Jetzt war sie in hervorragender Kondition. Die Trainingsstunden und die Arbeit, die sie leistete, hatten an ihrer Figur, die an und für sich schon perfekt gewesen war, Wunder gewirkt.

»Ich habe noch nie so viel Spaß gehabt«, sagte Shirley. »Ich stecke bis zur Taille in Arbeit, und vielleicht stecke ich bald bis zum Hals drin.« Wie schon Sophie Tucker behauptet hatte, das Leben begann für sie mit vierzig – und das war vielleicht die allerbeste Wiedergeburt.

Das einzige Unangenehme war, daß Shirley schrecklich vorsichtig sein mußte, »wenn ich aus einem Taxi aussteige, oder eine Straße überquere, damit ich mich ja nicht verletze.«

Cecil Smith schrieb in der *Los Angeles Times*: »Nach dem schrecklichen Reinfall ihrer Fernsehserie ... und einer Reihe von Filmen, die nur wenigen Leuten gefielen, hat sich Shirley MacLaine nun schließlich aufgerafft und sich wieder dem Metier zugewandt, in dem sie angefangen hatte ...

Shirley tanzt wundervoll und singt besser, als ich es in Erinnerung hatte. Sie sitzt auf einem Stuhl und erzählt dem Publikum von sich, ihrer Karriere, den

Filmen, die sie gemacht hat, und dem Leben, das sie führt.«

Alle Welt sprach über diese Show, und sie war so erfolgreich, daß Shirley damit auf Tournee ging. Dabei wurde auch eine Aufzeichnung für das Fernsehen gemacht, die CBS noch im November dieses Jahres ausstrahlte.

Cy Coleman sagte, daß die Arbeit einfach gewesen wäre – für ihn. Shirley konnte nur sie selbst sein. Er arrangierte für sie, aber er mußte keine Nummern »kreieren«. Dazu wäre er nicht imstande gewesen. »Etwas Ähnliches hat es vorher nicht gegeben«, sagte er. Und er hatte recht. Es war eine dieser prickelnden Situationen, die nur wenige hervorrufen konnten. Danny Kaye hatte das in London erlebt, und Al Jolson hatte das über ein halbes Jahrhundert vorher im Winter Garden am Broadway am eigenen Leib erfahren.

Zusammen mit Shirley standen sechs Männer und vier Mädchen auf der Bühne, doch das fiel niemandem auf, genauso wie Shirley und das Hotel es erhofft hatten.

Shirley behauptete, daß ihr die Auftritte auf der Bühne mehr Spaß machten als alles andere, was sie bis jetzt professionell gemacht hatte.

Die Bühne, egal, ob in Las Vegas oder in einem der vielen Theater, in denen sie anschließend auftrat, gaben ihr ein Gefühl der Erfüllung, wie sie es noch nie vorher empfunden hatte. »Ich mache gern Filme, aber das ist eine sehr technische Angelegenheit«, behauptete diese Künstlerin, die zu den technischsten überhaupt gehört, denn alles, was sie machte, war voll durchdacht und ausgiebig geprobt.

Kurz bevor Shirley den Vertrag in Las Vegas unterschrieb, hatte sie gesagt: »Die Bühne interessiert mich überhaupt nicht mehr.« Und doch sah sie jetzt genau dort ihre berufliche Zukunft. »Aber«, sagte sie, »selbst eine vorzügliche Schauspielerin auf dem Niveau einer Magnani zu sein, angenommen ich könnte das, interessiert mich ebenfalls nicht.« War sie bei dieser Aussage ganz ehrlich? Vermutlich nicht. Ihr gefiel der laute Beifall, den sie für ihre Bücher bekommen hatte, denn damit wurde ihr bewiesen, daß sie als talentierte Autorin anerkannt wurde. Sie war ganz begeistert von der Reaktion des Publikums auf ihre Show, denn damit bewies sie sich, daß sie eine überdurchschnittlich gute Tänzerin war. Sie wäre vermutlich nicht weniger glücklich gewesen, wenn man sie als großartige Schauspielerin bezeichnet hätte.

Auf alle Fälle verstand es Shirley MacLaine vorzüglich, mit Worten umzugehen. Die Formulierungen waren zwar nicht unbedingt alle ihr selbst eingefallen, oder waren zumindest nicht ursprünglich ihre eigenen gewesen, aber sie wußte, was sie wie zu sagen hatte.

Die jüdische Literatur ist voll mit Beweisen für das Sprichwort, daß man zwar einen Juden aus dem Getto herausholen kann, aber nie das Getto aus dem Juden. Shirley formulierte dieses Sprichwort fröhlich für ihre Zwecke um: »Man kann zwar ein Mädchen aus dem Chorus herausholen«, sagte sie, »aber man kann nie den Chorus aus dem Mädchen herausholen.« Das war ihr Beweis für eine Tatsache, oder zumindest war es die Art, wie sie eine Tatsache beweisen wollte. Shirley MacLaine war kein Mädchen aus dem Chorus. Sie war eine sehr eigenständige Persönlichkeit.

Es gab noch andere Pläne. Da sie so viele wichtige Leute traf und so viel in der Welt herumreiste, kam sie auf die Idee, diese Leute für das Fernsehen zu interviewen. Dieses Vorhaben wurde zwar nie realisiert, aber es paßte hervorragend zu Shirleys Programm, möglichst alles in Betracht zu ziehen, von dem sie etwas verstand. Und es paßte auch zu ihrer allgemein bekannten Philosophie: »Wenn ich nur eine Sache auf einmal machen könnte, würde mich das fertig machen. Ich bin am glücklichsten, wenn ich vier Dinge gleichzeitig machen kann, oder doch möglichst nicht weniger als zweieinhalb.«

Shirley genoß die ungeteilten Bewunderungen ihrer Berufskollegen, und das war schon immer das allergrößte Kompliment gewesen. Der Orchesterchef Ray Anthony sagte: »Shirley ist einer von jenen Menschen, den andere kopieren wollen. Sie bewundern aufs höchste ihre Energie und ihr künstlerisches Können. Sie hat mehr neue Ideen in Angriff genommen, als jeder andere, den ich kenne. Was für eine Frau!«

Manchmal waren ihre Ambitionen und ihre Ansprüche zu hoch. Mehr als tausendfünfhundert Leute kamen in die Chrysler Hall in Norfolk, Virginia – was ja fast ihre Heimatstadt ist –, um die MacLaine-Show zu sehen und wurden heimgeschickt. ›If They Could See Me Now‹ – ›Wenn sie mich jetzt sehen könnten‹ – lautete der Titel ihrer Show, aber niemand konnte sie sehen. Shirley sagte, ihrer Meinung nach wäre die Akustik in diesem Theater sehr schlecht, also weigerte sie sich dort aufzutreten.

Wenn sie Sorgen hatte, war Pete da. Er tröstete sie, er umsorgte sie liebevoll, und er arbeitete an einem Drehbuch für einen neuen Film für sie. Es sollte ein

Film werden über Amelia Earhart, die Frau, die als erste um die Welt flog.

Shirley und Pete waren zu diesem Zeitpunkt drei Jahre befreundet. »Ich war schon mit vielen Männern zusammen«, gestand Shirley, »aber Pete... nun, unsere Beziehung ist etwas Besonderes. Er entwikkelt sich ständig. Und wir verschwenden unsere Zeit nicht damit, über Heirat und die Zukunft und dieses ganze Zeug zu reden. Wer weiß schließlich, was kommen wird? Es kann alles schon nächste Woche vorbei sein.«

Sie gab zu, daß die Art, wie sie lebte, skandalös war. »Ich habe so lange Zeit sehr skandalös gelebt, daß sich inzwischen praktisch niemand mehr besonders darüber aufregt. Heutzutage lebt eine ganze Menge junger Leute einfach zusammen. Aber vermutlich nicht allzu viele in meinem Alter.«

Obwohl sie beteuerte, daß ihr sehr viel an Pete lag, zog sie eine Heirat nie in Erwägung. Selbst dann nicht, wenn sie sich von Steve scheiden ließe, aber das hatte sie vorerst noch nicht vor.

»Eine Scheidung käme für mich genauso wenig in Frage, wie eine weitere Heirat«, sagte sie – und das hieß, daß sie und Pete Hamill weiterhin einfach nur zusammenlebten. Er hackte auf seiner Schreibmaschine herum, während sie mit Studiobossen oder Theaterunternehmern telefonierte und über zukünftige Projekte diskutierte.

Amelia geisterte noch jahrelang in ihrem Kopf herum. Es war offensichtlich, warum Shirley von ihr so begeistert war. Amelia Earhart war eine Frau mit starkem Willen, die ihre Pläne stets verwirklichte. Dazu war sie auch noch eine Frau, die mit ihrem Ehemann am Hochzeitstag einen Vertrag abschloß, daß keiner der beiden vom Partner etwas so Lächerliches wie lebenslange Treue verlangen würde. Shirley war von dieser Frau sehr beeindruckt. So sehr, daß sie beschloß, Flugunterricht zu nehmen. Nur als sie den Flügel eines Flugzeugs auseinandernahm – um zu sehen, warum er fliegen konnte –, bekam sie Angst.

Shirley hatte auch eine Idee für einen Roman. Es sollte eine heiße und sexy Geschichte werden – mit einer Hauptfigur, die sie selbst spielen wollte, wenn der Roman verfilmt wurde. Plötzlich erschien ihr nämlich das »technische« Medium Film wieder sehr attraktiv.

Vielleicht nicht so attraktiv wie Hamill, der für sie mehr als nur ein reines Sex-Objekt war. Obwohl es ihr manchmal angeblich schwerfiel zu glauben, daß man über fünfunddreißig noch eine Romanze erleben konnte. Doch Sex war für sie nicht so wichtig wie für Warren. Ihr Bruder, der immer noch unverheiratet war, brauchte Sex und sprach auch jedesmal, wenn er einen Journalisten traf, davon.

Shirley genoß es, mit einem Mann ins Bett zu gehen, aber sie glaubte nicht, daß jeder Mann heiraten wollte.

»Sie fragen eine Frau aus einem Gefühl von Ritterlichkeit heraus, aber meistens sind sie sehr froh, wenn man nein sagt.«

Wenn sie und Pete abends ausgingen, fuhr sie mit ihrem eigenen Wagen, weil sie unabhängig sein wollte.

Shirley hielt sich keineswegs für eine gute Mutter. Sie war der Meinung, daß sie ganz gut mit Sachi zurechtkam, die inzwischen ein attraktiver Teenager geworden war und Shirley wie aus dem Gesicht geschnitten glich. Deshalb versuchten die Zeitschriften oft, die beiden zusammen auf ein Foto zu bekommen, und zwar mit gleicher Kleidung und gleichen Frisuren.

Jedesmal, wenn Shirley die Waisenkinder, die sie in verschiedenen Ländern betreute, besuchte oder von ihnen hörte, war Shirley glücklich.

Im März 1975 erzählte Shirley dem *Ladies Home Journal*: »Im Grunde genommen bin ich ein Mensch, der gerne anonym wäre. Eigentlich bin ich scheu. Ich wäre gern Reporterin geworden, ein Mensch, der herumgeht, die Augen offenhält und dann alles niederschreibt. Sehr oft wäre es mir lieber, wenn ich nicht mehr im Brennpunkt stehen müßte, damit ich mal auf der anderen Seite stehen könnte.«

13. Kapitel

Shirley war eine international bekannte Persönlichkeit – sowohl beruflich als auch politisch und als Mensch. Es war nur noch eine Frage der Zeit, bis sie mit ihrer Bühnenshow auch auf der anderen Seite des Ozeans auf Tournee ging.

Zum Jahreswechsel 1975/1976 war sie auf dem Weg nach London, um im Tempel des Varietés – im Londoner Palladium – aufzutreten. Die Bezeichnung »Tempel« war nicht zu hoch gegriffen. Für die Menschen des Showbusiness waren diese Bretter, auf denen fast siebzig Jahre lang Sänger und Tänzer, Zauberer und Gaukler aufgetreten waren, etwas geradezu Heiliges.

Seine Glanzzeit hatte das Palladium in der Nachkriegszeit gehabt. Damals hatte es sich den Mantel eines Hollywood-Ablegers übergestreift. Amerikanische Stars, wie Bob Hope und Bing Crosby, waren im kriegsgeschüttelten Großbritannien durch Radiosendungen in die Wohnungen der Menschen gekommen – mit Programmen, die eigentlich für die amerikanischen Truppen gedacht waren, die in diesem Land stationiert waren.

Viele dieser Berühmtheiten waren im Palladium aufgetreten und hatten dem Publikum die Möglichkeit gegeben, die Darsteller, die sie aus dem Kino kannten, auch in Fleisch und Blut zu sehen. Bob Hope, Jimmy Durante, Frank Sinatra, Laurel und Hardy, Judy Garland nahmen London – im wahrsten Sinne des Wortes – im Sturm. Sie stellten die berühmten britischen Music-Hall-Künstler und sogar die jährlich wiederkehrenden Pantomimen, die genauso zu Londons Tradition gehörten, wie der Tower und die Wachablösung vor dem Buckingham Palast, in den Schatten.

Und dann gab es da noch Danny Kaye ... Niemand hatte London jemals so für sich eingenommen, und niemanden hatte London jemals so sehr geliebt, wie diesen rothaarigen Jungen aus Brooklyn. Jahrelang war London im Grunde genommen sein Territorium gewesen.

Aber auch hier – im Palladium hatten sich die Zeiten geändert. Die Beatles feierten Erfolge auf der Bühne des Palladiums. Auch Tommy Steele trat dort auf, genauso wie Bing Crosby. Aber irgendwie war das alles nicht dasselbe wie damals, zur Glanzzeit des Palladiums – bis zu dem Tag, an dem Shirley MacLaine ihre Show zeigte.

Dabei hatte es anfänglich überhaupt nicht vielversprechend ausgesehen. Bis zur Premiere im Februar 1976 hatte man den Eindruck, als würde man die ganze Sache leider abblasen müssen. Die Besitzer des Palladiums waren derartig verzweifelt, daß sie Freikarten verteilten. Es gab nichts, was sie nicht versuchten, um es wenigstens so *aussehen* zu lassen, als sei das Palladium an Shirley MacLaines Premierenabend ausverkauft.

Das war gar nicht so einfach. Die Leute sahen sich die Karten an und sagten: »Nein, danke.«

»Der Grund dafür«, sagte mir Louis Benjamin,

der Chef des Stoll-Moss-Theatres, zu denen auch das Palladium gehört, »war einfach der, daß die Leute zwar Shirley MacLaine kannten, sich aber nicht vorstellen konnten, was sie auf der Bühne machen wollte. Sie kannten sie als Schauspielerin. Sie hatten sie in ihren Filmen ein bißchen tanzen sehen, aber in erster Linie erinnerten sie sich an Shirley als Partnerin von Jack Lemmon in *Das Apartment* und *Irma la Douce*.«

Es war sehr freundlich von ihm, nicht an *Shirley's World* zu erinnern. Die Fernsehserie war natürlich in Sir Lew Grades Heimat ausgestrahlt worden, und Shirley wäre, wie jeder andere auch, sehr glücklich gewesen, wenn das nicht der Fall gewesen wäre. Die Filme *Die Besessenheit des Joel Delaney* und *Verzweifelte Menschen* hatten in England keinerlei Eindruck hinterlassen.

Was diesen ersten Abend rettete, war die Tatsache, daß das Theater voll war mit Leuten aus dem britischen Showgeschäft; alle Stars, die die britische Filmindustrie aufbieten konnte, und alle wichtigen Leute der Fernsehstationen saßen im Zuschauerraum. Wenigstens sie würden für Fotos in den Morgenzeitungen garantieren, und dadurch würde auch Shirley MacLaine und ihre Premiere im Palladium Erwähnung finden. Aber Shirley hätte auch ohne Prominenz Aufmerksamkeit erregt.

»Es war wirklich einer der bemerkenswertesten Abende im Palladium, die ich je erlebt habe«, sagte Benjamin, «und ich habe schon einiges gesehen. Ganz plötzlich war die riesige Menschenmenge, die wir schließlich doch noch ins Theater bekommen hatten, von dem, was sie sah, gefesselt. Diese Frau, die man nie auf der Bühne gesehen hatte, wurde über Nacht zu einem der legendären Palladium-Stars.« Der tosende Applaus, den sie erntete, und der bei Danny Kaye auch nicht vehementer hatte sein können, war tatsächlich enorm.

Die gesamte britische Presse überschlug sich fast vor Begeisterung. Der *Daily Telegraph* schrieb: »Es ist schon lange her, seit ich ein Theater sah, das so mit Freude erfüllt war.«

In der *Daily Mail* bemerkte Roderick Gilchrist: »Für eine der lautstärksten politischen Aktivistinnen von Amerika, eine erfolgreiche Autorin und Verfechterin der weiblichen Gleichberechtigung ist Miss MacLaine wirklich eine sehr gute Sängerin und Tänzerin.«

Irving Wardle schrieb in der Times: »Sie kommt in einem paillettenbesetzten schwarzen Anzug auf die Bühne, glänzend und glitzernd wie eine eigene Lightshow, und beginnt schüchtern mit ›If They Could See Me Now‹. Wenn sie und ihre fünfköpfige Crew schließlich den Höhepunkt erreichen, tobt das ganze Haus vor Begeisterung.«

Mr. Wardle war ganz besonders von Shirleys »Abgang« nach der ersten Nummer angetan, den sie bereits erfolgreich vor den Zuschauern in ganz Amerika vorgeführt hatte. Nach ›If They Could See Me Now‹ sagte Shirley zu dem Publikum: »Sie haben sich gefragt, was ich hier wohl machen werde. Nun, das war's.«

»Ich habe keinen von Miss MacLaines Filmen gesehen«, gab Wardle, ohne sich zu schämen, zu, »und nach diesem Auftritt kann ich mir nur schwer vorstellen, sie woanders als auf einer Bühne arbeiten zu sehen.« Es konnte kein schöneres Kompliment geben. »Sie hat die Gabe, zu völlig fremden Menschen einen herzlichen Kontakt herzustellen, und die technische Ausrüstung, um ein Publikum zu erreichen, das zweimal so groß ist wie das im Palladium. Ihre Show bietet den Anblick eines außergewöhnlichen Stars, der die Grenzen sprengt, die einem dramatischen Darsteller gesetzt sind, und sich direkt an das Publikum wendet.«

Wenn die Leute, die auf *Sweet Charity* so, sagen wir mal, ungnädig reagiert hatten, sie jetzt sehen können!

Die *Herald Tribune* berichtete: »Shirley MacLaine hatte gestern abend im Palladium ihren ersten Auftritt und riß alle mit. Das Haus bebte vor Jubelrufen, Tränen, Fußtrampeln und stehenden Ovationen.«

»An der Theaterkasse herrschte plötzlich Hochbetrieb«, erzählte Louis Benjamin. »Sobald die Kritiken herausgekommen waren, stürmten die Leute die Kassen.«

Shirley trat zwei Wochen lang im Palladium auf und wurde dann sofort für eine weitere Saison gegen Jahresende gebucht. Sie eroberte nicht nur London, sondern ganz Europa.

Die Journalisten standen für ein Interview mit ihr Schlange. Vor der Show hatte sie eine Pressekonferenz abgehalten. Nach dem ersten Auftritt wollten Journalisten, die nur routinemäßiges Interesse an einem exzentrischen ›Kook‹ gezeigt hatten, die für ihr politisches Engagement bekannt war, plötzlich mit ihr richtige Unterhaltungen führen.

Sie erzählte ihnen, daß bei ihr im Alter von drei Jahren das soziale Bewußtsein erwacht wäre. Sie sprach davon, daß Edward Kennedy für sie der richtige Mann fürs Weiße Haus sei, daß sie aber davon überzeugt sei, er würde nicht kandidieren, weil er

Angst hätte, erschossen zu werden. Das brachte das Gespräch natürlich sofort auf John F. Kennedy. War sie eine von seinen Frauen gewesen?

Die Antworten, die in den Zeitungen am nächsten Morgen veröffentlicht wurden, zeigten einen Grad von Diskretion, von dem ein Jahrzehnt später niemand zu träumen wagte.

Die Zeitungen schrieben, Shirley hätte gesagt, sie hätte Kennedy allein mit Reden so fertig gemacht, daß er nicht mehr die Energie gehabt hätte, sie ins Bett mitzunehmen, selbst, wenn er es gewollt hätte. Oder sie sagte angeblich: »Ich habe lieber einen Präsidenten, der mit Frauen schläft, als einen, der die ganze Welt in die Luft sprengt.«

Tony Wells, der PR-Mann des Palladiums, der diese Zusammenkunft mit »ausgewählten Journalisten« nach der ursprünglichen Pressekonferenz organisiert hatte, meinte: »Die Zeitungen waren sehr zurückhaltend.«

Tatsächlich hatte Shirley nämlich gesagt: »Ich habe lieber einen Präsidenten, der ab und zu mal eine Affäre hat, als einen, der im Warroom an sich selbst herumspielt.«

Andere Reporter wollten immer noch ihre Meinung bezüglich der Rechte der Frauen hören. Jetzt dachte sie aber auch über die Rechte der Männer nach. »Daß Frauen keine guten Rollen haben, ärgert uns. Wir müssen aber der Tatsache ins Auge schauen, daß wir, daß heißt Frauen wie ich, die Autoren von Hollywood eingeschüchtert haben. Ich spreche über intelligente, einfühlsame, vernünftige Männer, die sich selbst auf der Seite der Gleichberechtigung der Frauen sehen. Sie haben Angst davor, daß sich, wenn sie sich an ihre Schreibmaschine setzen und eine gute Rolle für die Frauen schreiben, ihr männlicher Chauvinismus zeigen wird.«

Sie war der Meinung, daß auch einmal die Art, wie Journalisten arbeiteten, überdacht werden müsse. Warum sollten die ganzen großen Stories, für die Nachforschungen erforderlich waren, nur von Männern geschrieben werden?

Als sie in der ›Parkinson Show‹ auftrat, Michael Parkinsons äußerst erfolgreicher Talkshow im Fernsehen, flirtete sie, machte Scherze und sprach ernsthaft über Politik. Sie räumte ein, daß sie sich von Jane Fonda oder Vanessa Redgrave – zwei politisch äußerst engagierte Damen des linken Flügels, mit denen sie unentwegt verglichen wurde – unterschied. »Die Menschen hören ihnen nicht zu», sagte sie etwas anmaßend. »Ich bin keine von denen, die glauben, daß man erst nach der Revolution lachen darf.«

Pete Hamill begleitete sie nach London, und das war aus einem Grund bemerkenswert. Shirley gab öffentlich zu, daß ihre berühmte Ehe mit Steve vorbei war. »Wir haben uns getrennt«, sagte sie – was an und für sich nichts Neues war. Durch den Pazifischen Ozean waren die beiden praktisch von Anfang an getrennt gewesen. Doch Shirley setzte hinzu: »Das bedeutet Trennung mit einem großen T.«

Aber es gab keine Anzeichen für eine Scheidung. Sie hatte nicht vor, noch einmal zu heiraten, was Pete und ein paar hunderttausend Zeitungsleser inzwischen begriffen hatten.

Hamill selbst sagte nicht viel – tatsächlich war es für jeden Fotografen eine großartige Leistung, ihn dazu zu bringen, sich mit der lächelnden Shirley ebenfalls lächelnd fotografieren zu lassen. Ihre Beziehung war genauso »hitzig« wie die von Elizabeth

Taylor und Richard Burton, auch wenn Shirley das nicht zugeben wollte. Es war jedoch die Art von Hitzigkeit, die die beiden immer weiter auseinandertrieb.

In der Öffentlichkeit behauptete Shirley, daß sie über Reinkarnation und darüber sprechen würden, ob Katzen oder Hunde Seelen hätten. Aber ihre Kämpfe waren genauso heftig wie ihr Liebesleben.

Niemand wußte, daß ein anderer Mann in Shirleys Leben getreten war. Das ist zumindest die Geschichte, die Shirley erzählt. Während ihrer Auftritte im Palladium traf sie angeblich Gerry.

Gerry? Nun, kein Mensch wußte von ihm, bis sein Name in ihrem dritten Buch *Out On A Limb* (Zwischenleben) sieben Jahre später auftauchte. Gerry ist eines ihrer wohlgehüteten Geheimnisse – und mit größter Wahrscheinlichkeit existiert er überhaupt nicht, aber darüber später mehr.

Gerry, behauptete Shirley, sei ein Parlamentsmitglied der Labour Party, dem sie vorgestellt wurde. Er sei ein ungemein entwaffnender, attraktiver Mann, dessen Haar über seine Stirn fiel, dem ein Glied eines Fingers fehlte und dessen Geburtstag im Juli sei. Wer war er? Sie behauptete, daß Gerry eine »Mischung« wäre – von mehreren Männern? Von mehreren Parlamentsmitgliedern der Labour Party? Einmal stritt sie ab, daß sie jemals behauptet hätte, er wäre Engländer. Aber das hatte sie getan. Ein Mitglied des englischen Parlaments. Sie behauptete auch, daß ihre Affäre mit Pete zu diesem Zeitpunkt bereits zu Ende gewesen wäre. Das war sie nicht. Zu diesem Zeitpunkt machten sie London zu ihrem Liebesnest. Aber andererseits kennt Shirley ihr Leben besser als jeder andere und weiß, wovon sie spricht.

Gemäß ihren Angaben, kam und ging Gerry während ihres Londonaufenthalts im Jahre 1976. Doch schon bald sollte ihre Beziehung sehr viel enger werden.

Schnell und elegant eroberte Shirley mit ihrer Show Europa. In Wien tanzte sie mit über vierzig Grad Fieber.

Im April 1976 konnte Shirley tatsächlich von ihren Londoner Erfahrungen profitieren. Sie spielte am Broadway – zum ersten Mal seit *Picknick im Pyjama*. Die Bühne hatte sie in ihren Bann gezogen, und zwar so sehr, wie es dem Film niemals gelungen war. Obwohl sie sich dessen zunächst gar nicht bewußt war, war sie an einem Wendepunkt angekommen.

Das Publikum im weltberühmten Palace liebte Shirley – die amerikanischen Vaudeville-Stars betrachteten dieses Theater gern als das wichtigste Theater der Welt, und Judy Garland sang schon: ›If You Haven't Played The Palace, You Haven't Lived‹ (Wenn du nicht im Palace aufgetreten bist, hast du nicht gelebt). Sie haben damit einfach nicht recht. Das Palladium ist das bedeutendste Theater der Welt, und die meisten Hollywood-Stars waren auch dieser Meinung. Doch wie auch immer, die Auftritte im Palladium und die Shows, die danach folgten, brachten Shirley genau in die richtige Form für ihren Auftritt im Palace.

Sie präsentierte ihrem Publikum eine komprimierte musikalische Autobiographie, die den offensichtlich sehr gut passenden Namen ›Remember Me?‹ (Erinnert ihr euch an mich?) trug.

Aber nicht alles war absolut perfekt. Am Eröffnungsabend verursachte Shirley den größten Knall, den man in Amerika je gehört hatte.

Sie sagte, sie wäre glücklich, wieder in der Karen Ann Quinlan unter Amerikas Städten zu sein. Der Scherz war vollkommen mißlungen. Karen Ann Quinlan war das junge Mädchen, das an lebenserhaltende Maschinen angeschlossen im Krankenhaus lag, seit es nach dem Genuß von Alkohol und Tabletten auf einer Party in ein tiefes Koma gefallen war.

Am nächsten Morgen hängte sich Shirley ans Telefon, um sich bei Karen Anns Eltern zu entschuldigen – die in den nächsten zehn Jahren ihre Tochter täglich besuchten, bis sie schließlich starb.

»Diese Bemerkung ist mir einfach so in den Sinn gekommen«, sagte sie den Eltern. »Ich wäre froh, wenn sie da auch geblieben wäre.«

Später erklärte sie: »Als ich darüber sprach, wie toll es wäre, wieder in New York zu sein, und darüber, was die Stadt inzwischen durchgemacht hatte, kam mir dieser Ausspruch in den Sinn, der gerade in Washington die Runde machte.«

Doch das mußte immer noch etwas genauer erklärt werden. Und so fuhr sie fort: »Jemand anderer als die betroffene Person oder Stadt trifft die Entscheidung über Leben oder Tod. Ich wollte damit sagen, daß New York die Möglichkeit hatte, seine eigenen Entscheidungen zu treffen.«

New York stand damals am Rande des totalen Ruins. Niemand konnte garantieren, daß die Lehrer in der Stadt ihren nächsten Gehaltsscheck bekommen würden, oder der Abfall weggeschafft würde.

In Washington hatte der Spruch vielleicht ganz witzig geklungen, und Shirley machte sich klar, daß er für die Quinlans ganz und gar nicht so klang. Doch manche Leute waren der Meinung, daß sie sich ruhig ein bißchen gefühlvoller hätte entschuldigen können. Aber es entstand kein bleibender Schaden.

Erinnert ihr euch an sie?

Sie erinnerten sich, und das taten auch die Leute in Las Vegas. Diesmal trat sie im Caesar's Palace auf.

Im Juli kam sie wieder in den New Yorker Palace zurück – und diesmal gab es keine Bemerkungen über Städte oder Menschen, die an lebenserhaltenden Maschinen hingen.

»Das Tanzen«, erklärte Shirley, »ist wie Yoga oder Auto fahren. Wenn man es einmal gelernt hat, verlernt man es nicht mehr... Tanzen ist eine ehrliche Kunst. Dabei kann man nicht betrügen, wie man es beim Singen oder der Schauspielerei kann.«

Die Show hatte sich fast gar nicht verändert – Shirley hatte lediglich ›Steam Heat‹ in ihr Programm aufgenommen. Sie behauptete, obwohl sie sich jahrelang nicht darum gekümmert hatte, daß die Leute eine Reprise von *Picknick im Pyjama* zu erwarten schienen.

In diesem Dezember stand sie auf der Liste der beliebtesten Persönlichkeiten an zweiter Stelle. Die Gewinner waren Betty Ford, damals die First Lady der Nation, Fred Astaire – der in dieser Beziehung offensichtlich auf einen Dauerplatz abonniert war – Prinzessin Gracia Patricia, Cary Grant und Katharine Hepburn.

Neben Shirley gehörten zu den Zweitplazierten Königin Elizabeth II., Jackie Kennedy-Onassis, David Niven, die texanische Abgeordnete Barbara Jordan, Alistair Cooke, Prinz Philip und der Modeschöpfer Bill Blass.

Shirleys One-Woman-Shows waren so sensationell, daß eine Reihe davon im Fernsehen gebracht wurde. Auch hier zeigte sie Klasse. Eine der besten dieser TV-Shows war die 76er Produktion *Gypsy In My Soul*.

1976 war wieder ein Wahljahr, und jeder erwartete, daß sich Shirley für die Demokraten wieder ähnlich stark machen würde wie beim letzten Mal. Aber sie hatte keine Lust dazu. Jimmy Carter beflügelte sie nicht so, wie es McGovern getan hatte, obwohl sie bei seinen Einführungsfeierlichkeiten sang und in ihrem Wohnzimmer stolz ein Foto aufstellte, auf dem zu sehen war, wie der Präsident sie küßte; schon bald sollten die beiden gute Freunde werden.

Sie machte allerdings immer noch kein Hehl aus ihrer Meinung. Sie und Elizabeth Taylor waren gemeinsam Gastgeberinnen bei einer Wahlparty für Bella Abzug. Aber ansonsten unternahm Shirley auf politischem Gebiet nicht viel, außer ein paar Bemerkungen auf der Bühne.

»Hallo Demokraten und Möchte-Gern-Demokraten«, sagte sie zu Beginn ihrer Show. Wenn sie ›Hey Big Spender‹ sang, sagte sie, sie würde das Lied einem Politiker widmen, der in der letzten Zeit etwas zuviel Geld ausgegeben hatte.

Sie machte wieder eine Show fürs Fernsehen, und diesmal war der Erfolg nicht sehr groß.

John J. O'Connor bemerkte dazu in der *New York Times*: »Miss MacLaine ist eine Künstlerin, die offensichtlich unfähig ist, eine gewisse Gleichmäßigkeit beizubehalten. Sie neigt dazu, entweder sehr gut oder sehr schlecht zu sein.«

Gypsy In My Soul, meinte er, sei sehr gut gewesen. Die neue Show *Where Do We Go From Here?* sei fast genau das Gegenteil. »Die Show erfüllt eigentlich nie den Anspruch, den sie verspricht. Und der lautet, gemäß Miss MacLaines eigenen Worten: ›In einer wirklich ungewöhnlichen Show einen kleinen Blick in die Zukunft zu werfen.‹«

Sie äußerte Unhöfliches über Königin Elizabeth und Elton John, was genau dem Niveau dieses Auftritts zu entsprechen schien.

Konnte Pete mit all dem etwas zu tun haben? Ihre Affäre war 1977 zu Ende. Wie in einer Seifenoper verließ er sie wegen einer anderen Frau – in diesem Fall handelte es sich um Jackie Kennedy-Onassis.

Sie waren sieben Jahre zusammen gewesen. Als sie später darüber nachdachte, behauptete Shirley, daß das die größte Liebe ihres Lebens gewesen sei.

Von Gerry war noch nicht die Rede gewesen. Es gab keine Zeugen für diese Affäre, was ziemlich bemerkenswert ist. In ihrem Buch schreibt Shirley, daß sie Gerry in Amerika kennengelernt hatte und ihm in London wieder begegnete.

Sie schwammen zusammen im Pazifik und liebten sich in Ländern rund um die Welt. Sie dachte unentwegt an ihn. Er war ein verheirateter Mann und hatte Kinder. Sie hatte deswegen Gewissensbisse – bis er ihr sagte, daß seine Frau die Familie mit eiserner Hand regierte.

Nach drei Jahren glutvoller Liebe und Entbehrungen trennten sie sich. Aber warum wurden die beiden niemals zusammen gesehen? Und zwar nicht von einem einzigen Journalisten oder einem jener Fotografen, die auf eigene Rechnung arbeiten und immer bereit sind, sich eine schnelle Mark zu verdienen?

Shirleys Arbeit war weniger geheimnisvoll. Sie drehte einen neuen Film. In *The Turning Point* (Am Wendepunkt) spielte sie zusammen mit Anne Bancroft. Die beiden Frauen fauchten sich auf der Leinwand wie zwei Katzen an, die sich wegen ein paar Fischgräten in den Haaren liegen.

Arthur Laurents schrieb die Geschichte von zwei ehemaligen Mitgliedern eines New Yorker Ballett-Ensembles, die sich wiedertreffen. Keine von beiden hatte die andere früher besonders gemocht. Als das Ensemble nach Oklahoma City kommt, wo eine der beiden Frauen (Shirley MacLaine) das Leben einer sehr konventionellen Hausfrau führt, bekämpfen sie sich mit kindischem Haß.

In einer Szene mußten Shirley und Anne tatsächlich handgreiflich werden. Der Film war herrliches Kino, auch wenn er manchmal ein bißchen pantomimisch erschien. Shirley sagte, sie hätte zwar schon einmal einen Mann geschlagen, aber noch nie eine andere Frau.

Anne Bancroft hatte bereits einmal eine tätliche Auseinandersetzung mit einer Frau gehabt und gab Shirley einige Tips. Shirley sagte, sie hätte Angst gehabt, ihr zu sehr weh zu tun – schließlich war Anne klein und zerbrechlich; Shirley selbst hielt sich für groß und stark. Doch wie sich herausstellen sollte, hätte Shirley keine Angst zu haben brauchen. Beide zeigten, daß sie durchaus auf sich selbst aufpassen konnten.

Das einzige, was Shirley an der Geschichte nicht verstehen konnte, war das Geständnis, daß sie (die Hausfrau) und ihr Ehemann, ebenfalls ein ehemaliger Tänzer (dargestellt von Tom Skerritt), nur deswegen ein Kind hatten, weil er beweisen wollte, daß er nicht homosexuell war. Der Autor und der Regisseur behaupteten, das wäre notwendig. Shirley war der Meinung, daß es völlig irrelevant sei, doch das war typisch für die Freidenkerin Shirley.

In diesem Film war sie weder eine sexy Tänzerin noch eine Nutte. Sie betrachtete die Rolle als die große Frauenrolle, hinter der sie schon lange Zeit her war.

Der Film wurde oft als Seifenoper bezeichnet. Das Magazin *New Yorker* meinte: »In diesem Film dürfen wir einen kurzen Blick auf etwas Großartiges werfen – auf Michail Baryschnikows Tanz – und diese beiden Seifenopern-Harpyien blockieren den Blick darauf.«

Shirley machte weiter, als hätte es nie Kritik gegeben, oder, was wahrscheinlicher war, als würde sie diese Kritik als eine Art von Treibstoff benötigen. Im Mai 1977 trat sie zum ersten Mal in der Stadt auf, die praktisch ihre Heimatstadt war: im Kennedy Center in Washington D.C.

Die Mitglieder des Weißen Hauses waren vollzählig anwesend; Mrs. Rosalynn Carter mit Sohn Chipp und Schwiegertochter Caron saßen in der Präsidenten-Loge.

Dorothy Padgett, die Assistentin des Protokollchefs, gab anschließend in ihrem Haus in Georgetown für Shirley eine Party.

Shirley hatte sehr guten Kontakt zu prominenten Leuten. Und nicht nur in Amerika. Für eine Sondervorführung von *Am Wendepunkt* flog sie nach Havanna.

Shirley war glücklich, daß Fidel Castro in bezug auf die Rechte der Frauen dieselbe Einstellung wie sie hatte. Sie sagte damals: »Ein Mann, der von mir erwartet, daß ich zu arbeiten aufhöre, könnte für mich niemals in Frage kommen. Mir zu befehlen, mit dem Arbeiten aufzuhören, ist so, als würde man einem Jet befehlen, nicht zu fliegen.« Die Kubaner waren überrascht, daß die Frau, die sie im Film darstellte, tatsächlich aufgehört hatte zu arbeiten. Das war nicht unbedingt mit der Gleichberechtigung der Frauen zu vereinbaren, oder?

Sie und Castro – sie nannte ihn Fidel – trafen sich und diskutierten über diese Angelegenheit. Er war davon überzeugt, daß es wirklich nur eine Rolle gewesen war, die sie gespielt hatte. Er war, wie Shirley sagte, der einzige Mann, mit dem sie gern zusammen war, wenn er Zigarren paffte. Sie hatte von der sexuellen Anziehungskraft gehört, die Castro angeblich mit jeder Rauchwolke aus seiner Zigarre verströmte. Für sie hatte er einen gewissen femininen Touch. »Er hat ein sanftes, liebevolles Wesen, schimmernde Augen und eine ruhige Stimme. Er macht einen geradezu romantischen Eindruck. Ich hatte einen Mann erwartet, der sich wesentlich aggressiver benimmt. Aber wenn man versucht, Fidel mit weiblichen Listen zu umgarnen, wird er sauer. Er spricht lieber über ernsthafte Themen.«

Man braucht eigentlich nicht zu erwähnen, daß über ihren Besuch in Kuba Kritik laut wurde – schließlich war es den Amerikanern immer noch nicht möglich, diese Havannas selbst zu rauchen. Shirley sagte, daß sie Fidel für aufrichtig hielt, widersprach sich aber gleich darauf selbst. »Wenn man die Wahl hätte, entweder Castro oder dem CIA zu trauen, wäre da vermutlich nicht viel Unterschied. Aber er hat für Kuba in bezug auf Bildung und medizinische Versorgung wahre Wunder vollbracht. In nur einem Jahr verschwand dort das Analphabetentum.«

Auch Amerika stand Shirley wohlwollend gegenüber. Ein Journalist war der Meinung, daß durch sie und Jane Fonda die amerikanischen Frauen in Hollywood wieder zum Leben erwacht waren. Die beiden wären die Äquivalente zu früheren Stars wie Bette Davis, Katharine Hepburn, Jane Russell und Joan Crawford. Das war kein schlechtes Kompliment für eine Frau, die ihr Publikum immer noch mit Netzstrumpfhosen zu Begeisterungsstürmen hinriß.

Nachdem sie *Am Wendepunkt* abgedreht hatte, war Shirley für den nächsten Film bereit. Er hieß *Loving Couples* (Ein Walzer vor dem Frühstück) und handelte von einer verheiraten Frau, die mit einem jüngeren Mann eine Affäre hat – welche Überraschung!

»Solche Sachen passieren dauernd«, sagte sie damals. »Das wissen Sie doch sicher, oder?« Die meisten Leute taten so, als ob sie dieser Meinung wären.

Der *New York Times* wäre es lieber gewesen, wenn man diese Story dem wirklichen Leben überlassen hätte. »Ein flacher, lebloser Film«, sagte Janel Maslin darüber in ihrer Besprechung für die Zeitung. Sie mochte die sexy Ärztin nicht, die von Shirley gespielt wurde. Shirley schien nur gut zu sein, wenn sie ärgerlich aussehen sollte. Das war bereits einigen Leuten, die sie kannten, bekannt.

Nur wenige wußten, daß Shirley Forderungen stellen konnte, die in den alten Tagen von Hollywood undenkbar gewesen wären – wie zum Beispiel die Erlaubnis, erst um elf Uhr dreißig am Drehort zu erscheinen. Was sollte das heißen? Brauchte sie jetzt mehr Schlaf als früher? Nein, das war es ganz bestimmt nicht. Bis vier Uhr morgens war sie mit Schreiben beschäftigt.

Und was war mit Pete? Nun, sie war immer noch mit allen Männern, die in ihrem Leben eine Rolle gespielt hatten, gut Freund, und sie konnte nicht verstehen, warum andere Frauen das nicht konnten. Wenn ein Mann so zufriedenstellend gewesen war, daß sie mit ihm ins Bett gegangen war, warum sollte er jetzt, nachdem sie kein Liebespaar mehr waren, plötzlich verabscheuungswürdig sein?

Und Steve gab es ja auch noch, oder? Trotz der früheren Aussagen über ihre Trennung – mit einem großen »T« – behauptete Shirley 1979 immer noch: »Ich habe die beste Beziehung zu ihm. Wir sind sehr gute Freunde geworden. Wir achten uns. Und in meinen Augen ist das sogar noch wichtiger, als sich zu lieben. Wenn man sich respektiert, ist die Beziehung sehr langlebig. Liebe ist etwas Intensives und kann sich selbst verbrennen.«

Es hatte den Anschein, daß die Liebesaffäre, die das Live-Publikum mit Shirley hatte, so stark wie immer war. Als sie im Februar 1979 wieder in Las Vegas auftrat, war sie dort bereits eine Institution. Wie für Frank Sinatra und Dean Martin war Las Vegas jetzt auch ihr Territorium mit der Garantie für stehende Ovationen, wann immer sie auftrat.

»Warum soll ich eine Liebesszene mit Robert Redfort spielen, wenn ich hier sein und alles erreichen kann?« fragte Shirley. Nur wenige kannten die Antwort darauf.

Wie so viele andere Frauen, versuchte auch Shirley herauszufinden, warum ihr Bruder Warren nicht geheiratet hatte. Ein Mann wie er, der Frauen in seinem Bett so brauchte wie andere Leute Butter auf dem Brot oder Zucker im Kaffee, schien eigentlich ein perfekter Kandidat für den Traualtar zu sein. Aber mitnichten. Shirley glaubte die Antwort darauf zu kennen. Er hielt nach einer zweiten Shirley MacLaine Ausschau, meinte sie, nach jemandem, dem er sich anvertrauen konnte.

Falls das irgendwie inzestuös klang, so hatte sie nichts dagegen, auch dementsprechend zu handeln. Es würde ihr nichts ausmachen, mit Bruder Warren eine Liebesszene zu drehen – um herauszufinden, was dahintersteckte. Sie sagte, daß sie ihn, seitdem er sechs Jahre alt gewesen war, nicht mehr nackt gesehen hätte.

Sie machte eine neue Fernsehshow, *Shirley in Paris*, und unternahm eine Konzerttournee von Küste zu Küste. Außerdem drehte sie auch gleich noch einen neuen Film.

In *Being There* (Willkommen, Mr. Chance) war Peter Sellers ihr Partner. Einige Wochen später starb er in London.

Es war der erste Film, in dem die beiden seit *Siebenmal lockt das Weib* zusammen arbeiteten. Gerüchte besagten, daß die beiden eine Affäre miteinander hätten. Beide verneinten das, obwohl Shirley den Verdacht hegte, daß Peter sie eigentlich mit aller Macht in sein Bett bekommen wollte. *Willkommen, Mr. Chance* handelt von einer reichen Frau (Shirley), die ihren etwas zurückgebliebenen Gärtner zu einer geistigen Größe erhebt, die weit über sein Vorstellungsvermögen und seine Möglichkeiten geht. Die banalen Worte, die er über seinen Garten äußert, werden als intelligente Kommentare über die Situation der Welt verstanden. Er hat nicht die geistige Fähigkeit, die Reaktion der Leute ernster zu nehmen als Shirley ihrerseits seine eingebildete Liebe zu ihr nimmt.

Sellers spielte seine Rolle hervorragend. Shirley hätte vielleicht etwas zurückhaltender sein können. Aber abgesehen davon, zeigte sie die anschaulichste Masturbationsszene des modernen Films. Die Szene fiel der Schere zum Opfer, und von Shirley wird berichtet, daß sie das für einen Fehler hielt, denn sie wäre drollig und ehrlich gewesen. Laurence Olivier war jedoch ganz und gar nicht dieser Auffassung – und lehnte deshalb die Rolle von Shirleys betagtem Ehemann ab. An seine Stelle trat Melvin Douglas.

Shirley hatte Angst, daß Peter die Dreharbeiten nicht durchhalten könnte.

Shirley saß mit ihm gerade in einem Wagen und drehte eine Szene, die in Goldwyn spielte, als er sich plötzlich an die Brust griff und ihren Arm packte. Es war derselbe Ort, an dem er 1964 seinen ersten Herzanfall gehabt hatte. Dann fühlte er, wie sein Herz nach dem Stillstand durch Massage wieder zum Schlagen gebracht wurde. Für Shirley kam das einer wirklichen Wiedergeburt nahe.

In *Zwischenleben* beschreibt Shirley Peters Rolle in *Willkommen, Mr. Chance* als die größte seiner Karriere. Damit hat sie nicht unrecht.

Danach ging er wieder nach Europa zurück. Im Juli 1980 stand Shirley gerade in ihrem Haus in Malibu und sprach mit ein paar Freunden, als sie plötzlich zu sprechen aufhörte und fröstelte. »Ich habe plötzlich das Gefühl, daß mit Peter etwas nicht stimmt«, sagte sie zu ihren Gästen.

Zwei Minuten später läutete das Telefon. Es war ein Journalist, der ihr mitteilte, daß Peter gestorben war. Obwohl sie es mit allen Kräften versuchte, dauerte es lange, bis sie darüber hinwegkam.

Die Ehe mit Steve endete offiziell 1982 mit einer Scheidung.

Shirley fing wieder an, über den Mann, den sie Gerry nannte, nachzudenken. Sie nahm an Séancen teil und war allmählich davon überzeugt, daß sie und Gerry schon einmal in einem anderen Leben für einander bestimmt gewesen waren.

1983 erfuhr die Welt von Gerry. Aber wer war er? Und wer war der Mann namens David, den sie in *Zwischenleben* erwähnte, jener Mann, der sie zur Meditation und zum Glauben an Reinkarnation brachte, und der nicht an ihrem Körper interessiert war?

Von Shirleys Buch war ein so großer Teil dem Thema Wiedergeburt gewidmet, daß Warren Beatty es fast als Nachfolger seines eigenen Films *Heaven Can Wait* (Der Himmel kann warten) betrachtete.

Die Metaphysik spielte plötzlich in Shirleys Leben eine große Rolle. Sie sah sich selbst als eine Art Missionarin in Sachen Esoterik.

Gerry erregte die Neugier der Leute. Aber Shirley hatte nicht vor, seinen richtigen Namen preiszugeben. Sie wollte ihn nicht kompromittieren. Und dann tauchte das Gerücht auf, Gerry wäre eine Figur, die aus mehreren Personen zusammengesetzt war.

»Es ist erstaunlich«, sagte Shirley, »daß es so viele Menschen gibt, die mehr an meinen körperlichen als an meinen geistigen Erfahrungen interessiert sind. Und daß die Staatsaffären für sie nicht wichtiger sind als meine Affären.«

Das »Britische« an Gerry war Teil der aus vielen Einzelteilen zusammengesetzen Charakterisierung, sagte sie.

Die Presse war voll von Vermutungen. David Owen, Peter Shore und Tony Benn wurden als mögliche Vorbilder für Gerry gehandelt – wenn auch nur deshalb, weil ihnen das Haar über die Stirn fiel. Sogar Michael Foot, der ältliche Oppositionsführer, wurde in Betracht gezogen. Obwohl es keinen Beweis dafür gab, daß er das oberste Glied eines Fingers verloren hatte, hatte er doch am gleichen Tag wie ›Gerry‹ Geburtstag, am 23. Juli.

Alle »Verdächtigten« leugneten, eine Beziehung zu Shirley zu haben, wenngleich es bestimmt schmeichelhaft war, als möglicher Liebhaber von Shirley MacLaine zu gelten.

Aber wer war Gerry? Shirley äußerte sich nicht darüber. Nichts konnte ihr den Namen entlocken. Könnte er ein Mitglied des britischen Parlaments gewesen sein? Ganz bestimmt nicht. Und zwar aus einem sehr einfachen Grund – das britische Parlament ist nicht der Ort, an dem Geheimnisse lange geheim bleiben.

Ein Parlamentsmitglied der Labour Party erklärte: »Es wäre einfach unmöglich, daß es einer von uns ist, ohne daß es jeder von uns wissen würde. Kein Mensch kann an diesem Ort eine Sache länger als ein paar Wochen geheimhalten – ausgenommen, er ist eine Art von Supermann.« Und sogar Shirley behauptete nicht, daß ›Gerry‹ ein Supermann war.

Auch Andrew Peacock, der Führer der australischen Opposition, war im Gespräch. Man hatte die beiden tatsächlich zusammen gesehen und wußte, daß sie Freunde waren, doch diese Vermutung wurde von niemandem wirklich ernst genommen.

In Großbritannien hielten die Spekulationen an. Michael Foot sagte, er wäre über diese Verdächtigung sehr ärgerlich. Stan Newens wurde genannt. Ebenso Roderick MacFarquhar. Andrew Faulds, ein anderes Parlamentsmitglied der Labour Party, erklärte, er würde die Identität des Mannes kennen, aber das wurde bezweifelt. Wenn der Mann existierte, hätte gerade er dieses Geheimnis lüften können? Unwahrscheinlich. Gerald Kaufmann genoß offensichtlich die Worte, mit denen er bei einem Parteitreffen begrüßt wurde: »Hier kommt Gerry.« Sicher, aber war er Shirleys Gerry? Nein.

Vielleicht war es Olof Palme, der schwedische Premierminister? Diese interessante Idee schien nicht mit Shirleys Geschichten übereinzustimmen, in denen sie davon berichtete, wie sie ihrem Gerry bei einer Debatte im britischen Unterhaus zuhörte, ganz zu schweigen von dem Vergnügen, dort auf Kosten der britischen Steuerzahler zu telefonieren.

Ich selbst bin der Meinung, daß die ganze Affäre der köstliche Scherz einer Frau war, die weiß, wie man Schlagzeilen macht.

Wenn sie über amerikanische Politik diskutierte, befand sie sich auf sichererem Boden. Ja, sie würde Edward Kennedy unterstützen, wenn er sich um das Präsidentenamt bewerben würde. Das wollten die Leute zwar nicht hören, aber Shirley schwieg hartnäckig über Gerry.

War er vielleicht eine Person aus ihrem früheren Leben? Eine Vermutung war so gut wie die andere.

Shirleys ständige Anspielungen auf ein früheres Leben verwirrten die Leute. Da sie sich nicht darüber im klaren war, ob ihre künftigen Leser auch so darauf reagierten, veranstaltete sie ihre eigene Art von Marktforschung. Sie fing an, kleine Parties zu geben, auf denen sie vorsichtig das Gespräch darauf brachte. Die Parties bestärkten sie in ihrer Überzeugung: Die Leute kamen durchaus damit zurecht.

War *Zwischenleben* der Roman, den sie so lange versprochen hatte? Von der Hardcover-Ausgabe wurden 176000 Exemplare verkauft, von der Taschenbuchausgabe weitere zwölf Millionen. Steve wurde in diesem Buch nicht erwähnt, nicht einmal Sachi.

Shirley bezeichnete sich selbst als Einsiedlerin. Und das war sie ganz und gar nicht. Gerade hatte sie einen weiteren Film gemacht, *Change Of Seasons* (Jahreszeiten einer Ehe). Ihre Partnerin war Bo Derek. Shirley sagte, Bo wäre »süß« gewesen, obwohl sie in diesem Film Shirley den Ehemann wegnahm.

Tatsächlich benutzte Shirley die ganze Zeit über die Bezeichnung »süß«, wenn Sie Miss Derek beschreiben sollte, die, sehr zum Vergnügen der meisten Männer, gewöhnlich mehr Zeit damit verbrachte, ihre Brüste zu zeigen als ihren Mund aufzumachen. In *Jahreszeiten einer Ehe* war Bo fast den ganzen Film über angezogen.

Doch die Filmcrew hatte es mit ihr nicht sehr leicht. Sie mag vielleicht süß gewesen sein, aber sie war in erster Linie dafür verantwortlich, daß während der Dreharbeiten der Regisseur ausgetauscht wurde – für Noel Black kam Richard Lang.

Shirley wurde von *Playgirl* gefragt, ob Bo ihr viele Fragen gestellt hätte. Miss MacLaine antwortete: »Sie weiß nicht genügend, um zu wissen, welche Fragen man stellen kann.«

Warren sagte, daß er die Art, wie Shirley in diesem Film agierte, sehr bewundere. »Sie ging einem weder auf den Wecker, noch stopfte sie ihre Rolle mit künstlicher, oberflächlicher, blöder, affektierter Süßlichkeit voll«.

Wie schon in *Ein Walzer vor dem Frühstück*, hatte Shirley auch in diesem neuen Film eine Affäre mit einem jüngeren Mann. Sie verstand diese Frauen. »Junge Männer sind weniger anspruchsvoll«, sagte sie. »Sie haben andere Ansichten über Leben und Spaß. Gefühlsmäßig sind sie sehr viel ausdrucksvoller.«

Vincent Cany, der Veteran unter den Kritikern der *New York Times*, sagte über diesen Film: »Der einzige Auftritt, der in diesem Film Spaß macht, ist der von Miss MacLaine. Sie ist einfach zu gut, um wahr zu sein. Und doch beweist *Jahreszeiten einer Ehe* eines. Eine Komödie über Personen, die von ihren konventionellen Pflichten entbunden wurden, verläuft schnell im Sand.«

Shirley hatte es ja schon immer genossen, Skandale zu entfachen. Aber der Höhepunkt war, als sie und Debbie Reynolds im Juli 1983 in San Francisco vor einem tausendköpfigen Publikum tanzten und einen Stiptease auf die Bretter legten.

Das Publikum bestand in erster Linie aus Homosexuellen. Debbie entblößte ihren Oberkörper. Shirley warf ihr Oberteil und ihren Büstenhalter weg und marschierte barbusig über die Bühne.

Shirley wußte, daß Sachi ganz anders war. Sachi war der Meinung, daß viele Dinge, die Shirley tat oder sagte, unweiblich seien. Shirley behauptete, daß Sachi in einem früheren Leben ihre Mutter gewesen sei. Shirley selbst war davon überzeugt, daß sie sowohl eine Dame als auch eine Tänzerin gewesen war. Und dann gab es da noch diese Prostituierte, die in irgendeiner anderen Zeit existiert hatte, und der Hofnarr – ein Mann – der von König Ludwig XV. enthauptet worden war.

Sie konnte nicht sicher sein, ob ihr dieses Wissen dabei half, sich in den achtziger Jahren des zwanzigsten Jahrhunderts zurechtzufinden. Aber ganz sicher hinderte es Shirley nicht daran, sowohl das Leben als auch die Liebe zu genießen.

Während dieser Periode war André Michalkov-Konchalowsky, ein sowjetischer Regisseur, einer ihrer Liebhaber. »Shirley«, erklärte er, »ist ein Geschoß mit einer Flugbahn, die sich selbständig korrigiert, und einem kraftvollen Antrieb. Wenn man ihr in den Weg gerät, explodiert sie nicht, sondern geht durch einen hindurch, und hinterher hat man vielleicht ein Loch.»

Feststeht, daß sie nicht von einem einzigen Mann glücklich gemacht werden konnte. Das sagte sie auch: »*Ich* bin die einzige, die mich völlig glücklich machen kann.« Sie war nicht unglücklich oder einsam. Wenn sie einen Mann hätte finden können, der zu ihr paßte, wäre sie doppelt zufrieden gewesen.

Nach Pete Hamill hatte es drei Affären gegeben, doch keine davon dauerte lange genug, um zufriedenstellend gewesen zu sein.

Shirley erklärte, warum Warren und sie so völlig unterschiedlich waren. »Wir trafen uns in keinem unserer früheren Leben.«

Soweit man weiß, traf Shirley in ihren früheren Leben auch nicht auf Aurora Greenway. Aurora war die Figur, die sie in *Terms Of Endearment* (Zeit der Zärtlichkeit) spielte, in jenem Film, der ihr im März 1984 den ersten Oscar einbrachte.

Eigentlich war das keine typische MacLaine-Rolle. Doch dann wurde ihr einiges klar. Sie war fast fünfzig Jahre alt, und in dieser Rolle erkannte sie ihr Alter voll an.

14. Kapitel

Zu *Zeit der Zärtlichkeit* wurde Shirley von dem Regisseur James Brooks überredet, der vorher bei Fernsehserien wie *Taxi* und *The Mary Tyler Moore Show* mitgearbeitet hatte. Jetzt wollte er bei diesem Film nicht nur Regie führen, sondern auch das Drehbuch schreiben und selbst produzieren. Er war nervös deswegen und wollte unbedingt, daß Shirley in diesem Film die Hauptrolle spielte. Tagelang saß er geradezu vor ihrer Tür, bis sie zustimmte, die Rolle zu übernehmen. Diesen Vertrag zu unterzeichnen, war für beide Parteien ein guter Entschluß.

Dieses Mal spielte Shirley keine reiche Frau, die einen jungen Mann in ihr Bett lockte. In gewisser Weise ähnelte er dem Film *Am Wendepunkt*. Shirley spielte wieder eine Mutter. Ihre Tochter war todkrank – sie starb an Krebs.

Jack Nicholson spielte ihren Nachbarn, einen ehemaligen Astronauten, der fett und heruntergekommen ist. Beide mußten für diesen Film ziemlich an Gewicht zulegen. Wenn sie mit ihren wabbelnden Bäuchen ins Bett stiegen, dann war ihr Liebesspiel nur eine Erinnerung an längst vergangene Tage.

Es war eine herzerweichende Geschichte, die von sechs Studios als völlig unkommerziell abgelehnt worden war.

Zusammen mit *Betrayal* (Betrug) bekam der Film den Preis der National Board Of Review Of Motion Pictures als bester Film des Jahres. Aber das war nichts, verglichen mit dem, was bei der Oscar-Verleihung in diesem Jahr passierte.

Shirleys Oscar als beste Schauspielerin war nur einer von vielen, die dieser Film bekam. James Brooks erhielt den Oscar als bester Regisseur und als bester Drehbuchautor und noch einen für den besten Film. Jack Nicholson gewann den Oscar als bester Nebendarsteller.

Auf dem Weg zur Preisverleihung wurde Shirley ein Päckchen übergeben. Es war ein Geschenk von Warren, ein sehr kompliziertes Puzzle mit vielen Teilen. Shirley sagte, daß sie nur fünf Teile zusammensetzen konnte. Es war, behauptete sie, das liebevollste Geschenk, das sie je bekommen hatte – von dem Bruder, der ihre Beziehung immer als »kompliziert« beschrieben hatte.

Als sie zum Podium hinaufstieg, um den Preis in Empfang zu nehmen, versuchte Shirley, Ungezwungenheit vorzutäuschen, aber nicht für lange. »Gleich werde ich zu heulen anfangen«, sagte sie kurz darauf, »denn diese Show gibt es schon so lange wie meine Karriere dauert. Sechsundzwanzig Jahre lang habe ich mich gefragt, wie es wohl sein würde, hier oben zu stehen.« Später erklärte sie den Reportern: »Ich habe den Oscar verdient.« Diese Behauptung fand allgemein Zustimmung.

Schon bald trat sie wieder in Las Vegas auf. »Ich weiß, warum ihr alle hier seid«, sagte Shirley. »Ihr könnt keine Karten für *Zeit der Zärtlichkeit* bekommen.« Das war ein guter Spruch. Die gute Schauspielerin war immer noch eine gute Komödiantin.

Die Kritiker mochten den Film offensichtlich. Margaret Hinxman, die für den Londoner *Daily Mail* schrieb, meinte, daß die Story ein wenig an eine Seifenoper erinnerte, eine spöttische Bezeichnung, die gerade in Mode war. Doch sie fügte hinzu – und niemand widersprach ihr –, daß Shirley eine fabelhafte Vorstellung geliefert hätte. »Shirley vollbrachte damit zweifellos ihren besten Auftritt im Film. Und Debra Winger stand ihr in nichts nach ... Es ist ein höchst kluger Film, oft witzig und immer überraschend. Mit schonungsloser Deutlichkeit zeigt er, wie hilflos die meisten von uns in unserer modernen Gesellschaft der schrecklichen Tragödie eines Menschen gegenüberstehen, der eine tödliche Krankheit hat. Vielleicht habe ich zuviel erwartet.«

Shirley hatte niemals wirkliche Zweifel an dieser Rolle. Sie liebte Aurora Greenway vermutlich mehr als jede andere ihrer Rollen. Und so sagte sie auch, daß diese Aurora ihr niemals als die Natter vorkam, die andere Leute in ihr sahen.

Zusätzlich zu ihrem Oscar als beste Schauspielerin wurde Shirley auch noch für ihre Jahre im Showbusiness geehrt. Im Mai 1984 wurde ihr vom Hunter College die Ehrendoktorwürde verliehen. Damit war sie eine von drei Frauen, die auf diese Weise geehrt wurden. Shirley scherzte, daß sie diese Auszeichnung bekommen hätte als »Anerkennung, weil ich es auf die harte Art geschafft habe, ohne Universität«. Das College erklärte, daß Shirley diese Auszeichnung für ihre »stolze Unabhängigkeit, ihre lebenslange philosophische und metaphysische Suche« und für ihre »Unterstützung derjenigen, die in erster Linie die Opfer von Diskriminierung sind, insbesondere die Frauen« verdiente.

Diese Auszeichnung war nicht die erste ihrer Art. 1973 hatte Shirley bereits vom Dartmouth College den Ehrendoktor als Doctor Of Letters erhalten, und zwar für ihre »tiefe Anteilnahme an den Problemen der Menschheit.«

Shirley hatte Pläne für die Zukunft – sehr viele.

Sie hatte immer noch nicht den Amelia Earhart-Film gemacht, doch eines Tages würde sie ihn drehen, erklärte sie. 1984 arbeitete sie an einem Film, den sie nicht ernster nahm, als jeder andere. Wenn jemand *Cannonball II* (Auf dem Highway ist immer noch die Hölle los) ernst genommen hätte, hätte er zugeben müssen, daß das zweifellos der bei weitem schlechteste Film war, den sie jemals gemacht hatte. Doch der Film kam und verschwand wieder, und die Leute nahmen ihr diesen Streifen nicht übel.

Wesentlich wichtiger war, daß der Streifen eine Wiedervereinigung des »Clans« brachte. Frank Sinatra, Dean Martin und Sammy Davis jr. spielten in diesem Film ebenfalls mit, und Shirley behauptete, sie hätte ihn nur gedreht, um wieder mit ihren alten Freunden zusammenzusein. Sie machte sich nicht einmal die Mühe, das Drehbuch zu lesen, bevor sie den Vertrag unterschrieb. Tatsächlich behauptete sie, daß keiner ihrer Kollegen das Drehbuch vorher gelesen hätte, aber sie hatten alle viel Spaß.

Das sagte eine Menge über sie und ihren Standpunkt aus. Sie machte sich um das Später keine Sorgen – es war sowieso nur eines von ihren vorbeigehenden Leben; das nächste würde vielleicht wichtiger sein – sie wollte jetzt ihren Spaß haben.

Shirley hatte nur ein Problem – ihr gefiel keine Rolle, die man ihr anbot.

Mehr und mehr wurde das Fernsehen zu ihrem

Medium. Auf *Shirley MacLaine, Every Little Movement* folgte die Show *Illusions*. Sie wurden von ihrer eigenen Firma, den Shirley MacLaine Enterprises, produziert.

Als Shirley 1984 ihren fünfzigsten Geburtstag feierte, wurde sie als die Große Alte Dame des amerikanischen Showbusiness betrachtet. Und das war für ein weibliches Wesen, das in Netzstrümpfen immer noch eine hervorragende Figur machte, nicht schlecht.

Sie sah auch sehr hübsch aus, wenn sie eine goldene Kette trug, an der etliche Diamanten hingen – jeder von ihnen ein Geschenk eines Liebhabers. Sie war nicht an Besitz interessiert. Das war auch der Grund, warum sie inzwischen nur noch ein Haus in Malibu hatte und warum sie ihren Rolls-Royce und die drei Nerzmäntel weggegeben hatte.

Auch die Biologie forderte jetzt bei ihr bis zu einem gewissen Maße ihren Tribut. Shirley meinte, sich vielleicht eines Tages liften zu lassen, aber sie würde sich nicht für ein Remake von *Saturday Night Fever* in Betracht ziehen.

Als sie im Frühjahr 1984 im Gershwin-Theater in New York ihre Show eröffnete, gab es nicht den leisesten Zweifel daran, daß der Oscar die Leute ins Theater gelockt hatte. Doch es war Shirley MacLaine, die sie dort auch hielt.

Das *Time Magazin* brachte eine Titelgeschichte über sie – doch nur in der Ausgabe der Vereinigten Staaten, was für einen Artikel in dieser Länge unglaublich war.

Das Schwestermagazin *People* machte das gleiche. Shirley MacLaine war ein großer Star – und sie erkannte auch das Genie von anderen an. In der

Nacht der Oscar-Verleihung hatte sie Julius Epstein getroffen, den Veteranen der Drehbuchschreiber, der einen Oscar für *Casablanca* gewonnen hatte. »Sie sind für uns alle eine Inspiration«, sagte sie.

»Mir gefiel das«, erzählte Epstein. »Ich war vierundsiebzig und sie war fünfzig Jahre alt. Vermutlich hat das etwas damit zu tun.«

»Das Leben ist für mich ein Festmahl«, sagte Shirley, als sie 1985 ihren einundfünfzigsten Geburtstag feierte. Manchmal hatte sie Hunger, manchmal nicht. Es war für sie nicht mehr nötig, einen Koffer zu packen und einfach davonzufliegen. Jetzt mußte sie nur mehr in ein Zimmer gehen und über eine Blume meditieren.

Wenn man sie über ihre eigene Persönlichkeit befragt, gibt sie zu, daß es nicht einfach ist, sie zu analysieren. Sie sagte, daß sie ständig ihr Leben in Unordnung zu bringen schien, während andere Leute das ihre richtig schön in die Reihe brachten.

Sie war jetzt noch mehr als je zuvor von der Theorie der Reinkarnation überzeugt – für sie ist es sehr viel mehr als nur eine Theorie.

Sie betrachtet es als Erklärung für alles Gute – wie ihre verschiedenen Liebhaber – und alles Schlechte – wie die ernsthafte Erkrankung ihrer Mutter, zu der sie jetzt ein viel engeres Verhältnis zu haben scheint.

Wiedergeburt – und ihre Liebe für den russischen Filmregisseur – wurde der Mittelpunkt eines weiteren Buches, das im Herbst 1985 in Amerika veröffentlicht wurde. Es hieß *Dancing In The Light* (Tanz ins Licht). Währenddessen tanzte Shirley mit noch größerer Befriedigung als jemals vorher.

Sie spielte sich sogar in einem Fernsehfilm nach ihrem Buch *Zwischenleben* selbst. Charles Dance stellte den geheimnisvollen Gerry dar, und Shirley versuchte zu zeigen, wie sie der Entdeckung entging, indem sie ihr Gesicht mit unzähligen Tüchern verhüllte.

Sie sagte einmal, daß ein Star in einem Augenblick ein Star sein konnte, aber im nächsten Moment konnte ihn der Wankelmut eines Publikums, das plötzlich seine Meinung über ihn geändert hatte, wegfegen. Ein anderes Mal drückte sie es ziemlich kurz und bündig aus: »Ein Filmstar zu sein, ist das, was ich mache, nicht das, was ich bin.« Das klang bescheiden, was Filmstars gewöhnlich nicht sind, und sie meinte es ernst.

Bei ihr hatte man immer das Gefühl, daß gleich etwas ganz Besonderes passieren würde – wie an jenem Abend im Wilshire Theater in Los Angeles, wo diese Geschichte beginnt.

Wenn das Leben für sie ein Festmahl ist, welche Speisen werden ihr dann in Zukunft serviert? Vermutlich sagt die lange, bewegende Geschichte, die sie 1984 auf der Bühne erzählte, eine Menge darüber aus. Diese Geschichte handelte von der Zeit, als sie tagelang im Himalayagebiet herumkletterte, um einen Guru kennenzulernen. Schließlich teilte er ihr seine Botschaft mit. »Das Leben«, sagt er, »ist nur eine Schüssel mit Kirschen.« Eine Zeile für einen Song? Es gab immer eine Zeile für einen Song – und es gab auch immer Leute, die sich über dieses Phänomen namens Shirley MacLaine wunderten. Aber sie würden sich nicht wundern, wenn sie sie jetzt sehen könnten.